呕心沥血五十年，为谋华夏法治篇；

真理无价当奋身，道义千钧担铁肩；

权势利禄身外物，是非功过任评点；

岁月无情终有情，愿留文章在人间。

————李步云

法治新理念

李步云访谈录

李步云 著

人民出版社

中国影响力诉讼评选十周年论坛暨《中国法律评论》创刊一周年纪念会上，三名颁奖人中国人权研究会会长罗豪才教授（左二）、法律出版社社长黄闽先生（左一）、南方周末总编辑王玺先生（右一）和中国法治影响力人物终身成就奖获得者"法治三老"（2015 年 1 月 18 日）

中国影响力诉论评选十周年论坛暨《中国法律评论》创刊一周年纪念会上黄闽社长给李步云先生颁终身成就奖

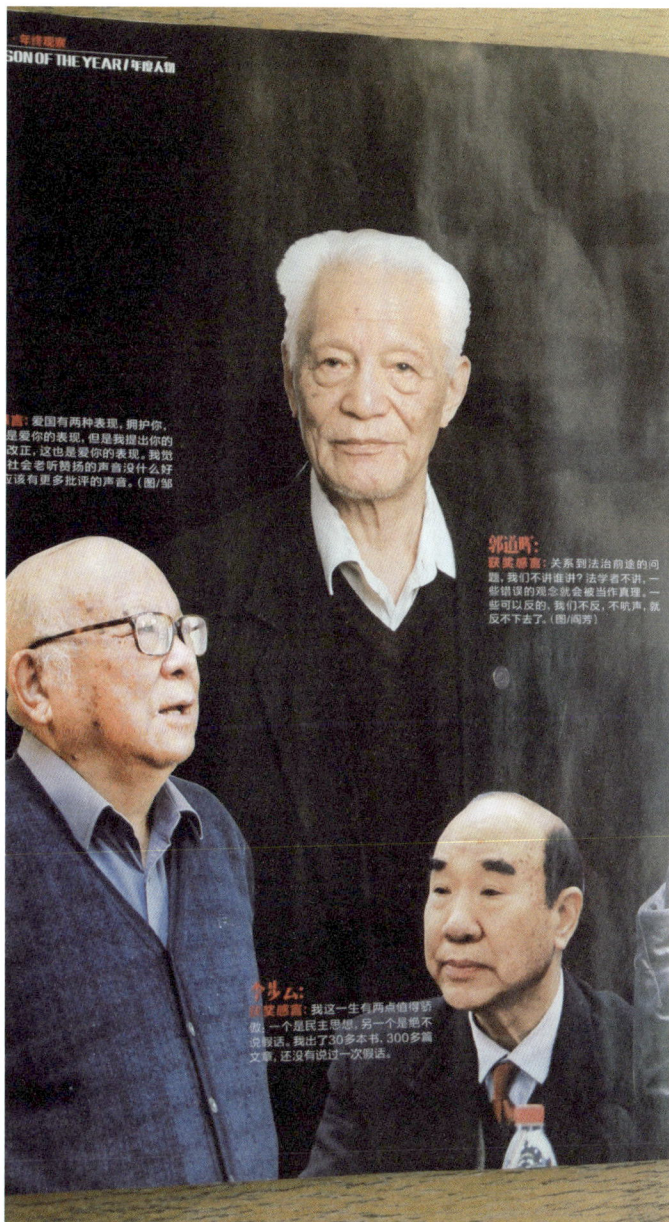

爱国有两种表现，拥护你，是爱你的表现，但是我提出你的改正，这也是爱你的表现。我觉社会老听赞扬的声音没什么好应该有更多批评的声音。(图/邹

郭道晖：
获奖感言：关系到法治前途的问题，我们不讲谁讲？法学者不讲，一些错误的观念就会被当作真理。一些可以反的，我们不反，不吭声，就反不下去了。(图/向芳)

介步云：
获奖感言：我这一生有两点值得骄傲，一个是民主思想，另一个是绝不说假话，我出了30多本书，300多篇文章，还没有说过一次假话。

《南风窗》2014"为了公共利益"年度人物：个体的力量——"法治三老"

2014 年 11 月 30 日，李步云在"1978—2014 影响中国法治图书致敬盛典"领奖及致答谢词

2014 年 12 月 4 日，宪法日，李步云接受中央电视台采访谈"依法治国"

2014 年 11 月，李步云应邀为中共湖南省委理论中心组作《十八届四中全会揭开法治中国建设新篇章》的辅导报告

2014 年 11 月，"1978—2014 影响中国法治图书评选暨法治文化宣传月"李步云讲"法治的突破"

2014 年 7 月 26 日，李步云和本年度"李步云法学奖"获奖人张文显教授、瑞典的古梦德教授

自　序

　　我自 1957 年入北京大学法律系研习法律，至今已 57 个春秋。在长达半个世纪的学术生涯中，我主要做了两件事：一是倡导依法治国，二是倡导保障人权。在百家争鸣的过程中，形成了自己的理论体系，并在推进法治与人权入宪中，作出了自己应有的努力。法治与人权是我魂牵梦绕的两件事，因此，在 10 多年前，决定写一本回忆录时，就已决定将书名定为《我的法治梦》。当我知道，党的四中全会将就依法治国作出全面的决定之后，我通过一切可能的渠道在《决定》公布前后向中央提出各种建议。《决定》公布后，我十分欣喜：认为它比我个人预期的更好，仅新举措就多达 190 项。它为"法治中国"建设，描绘了一幅理想而清晰的蓝图。而且我也深感中央十分重视法学专家的各种建议。因而 2014 年成了我难忘的一年。

　　本书收集的是 2014 年我撰写的论文，发表的演讲、回忆文章以及接受的各种访谈。这一年，我和高全喜教授共同主编的《马克思主义法学原理》一书正式出版发行（它系中国社科院的创新工程），我负责研究和撰写的三章也作为附录收入本书。法治是建立在法学原理基础上，尤其是了解马克思主义法学原理的发展历程是很有意义的。为了让关心我的人了解我的一些基本情况，书中附上《二十世纪中国知名科学家的学术成就》一书收录的一份个人资料。

在本书付梓之际，我要感谢这一年给了我各种荣誉的媒体、学术机构和政府与民间组织。我把荣誉看成是他们对我的鼓励和鞭策。我要感谢我的挚友、华中师范大学长沙研究院执行院长李乐平先生对本书出版的关心和资助。我还要感谢为本书资料的收集和整理付出了辛勤劳动的我的学生韩阳教授和人民出版社的责任编辑陆丽云女士和邓创业先生。

目　录

什么是"法治中国"?"我提出了8条标准" /113

> 十八届四中全会通过了《中共中央关于全面推进依法治国若干重大问题的决定》,其基本要求和标志可以概括为以下八条:人大民主科学立法,执政党依法依宪执政,政府依法行政,社会依法治理,法院独立公正司法,法律监督体系完善,法律服务机制健全,法治文化繁荣昌盛。(李步云)

"依法治国的根本是依宪治国" /157

> 一个国家的法律体系,最根本的就是宪法。新一届领导提出"法治中国"

的概念，如果说"法治中国"是一栋大厦，宪法就是整个大厦的基础，刑法、民法、行政法等就像梁和柱，其他的法律规则就像砖瓦。……在现代法治国家中，首先要树立宪法的权威。（李步云）

"靠法治促改革保改革"　／187

在法治中国建设中，我们主要面临的问题，民间有一种说法，我觉得它有一定的道理。即认为现在的主要问题已经不是立法问题，而是执法问题和司法问题。因为我们宣布法律体系已经建立起来了，有法可依了，但这只是相对意义上讲。未来的中国法治建设，法律的立改废仍然是法治中国建设里边的一个很重要的问题，我认为这个不应该简单化。（李步云）

司法改革"方向是对的"　／199

司法独立的问题长期以来集中在党和司法的关系上，后来出现了信访不信法的问题，再则是地方保护主义即地方干预。……四中全会明确将专业化，处理好法官与上下级法院的关系，院长庭长和上下级审判员的关系，作为改革的方向，我认为这是可以在若干年预期内做得到的，现在的问题在怎么一步一步地落实。（李步云）

"我们不是为了西方才讲人权，是为了中国人民的利益" ／203

> 讲法治不讲人权不行，三中全会、四中全会就有很多地方强调保护人民的权益，四中全会涉及政治权利、公民的人身权利各个领域，所以人权又渗透到法治里面，从根本上讲，人权是法治的根本目的，法治从手段来讲是为了保障人权，所以人权是个核心的问题。（李步云）

"法治三老"谈法治 ／207

> 法学界的"老人"也不少，可能是因为"我们三个，思想更解放一点，言论更自由一些，态度更'激进'一些"，所以被并称为"法治三老"。（江平）

法治的进步是同"重大理论问题上取得的突破分不开的" ／233

> 要在法律的框架内来改革，不能突破法律。严格讲这句话不科学，宪法法律不合理的都应该通过这次改革来修改，社会全面改革都涉及到法律原来的规定，法律需要改的就要改。……用法律来巩固改革的成果，用法律来指导改革，通过法律改革来改革社会制度，需要我们提供一个理论模式。（李步云）

"我有幸成了张老的开门弟子"　/247

> 1962 年，中央决定从中国科学院哲学社会科学部聘请任继愈、于光远等一批著名学者，在北京大学担任导师，招收并指导研究生。我有幸成了张老的开门弟子。……从 1967 年 2 月正式分配到法学所，直到 1992 年 2 月张老仙逝，我一直在他身边工作。我的治学与为人，一直以他为榜样。（李步云）

附　录　/259

"我们是最早明确提出依法治国的"

当时是在 1979 年，中国社会科学院庆祝建国 30 周年的一个学术研讨会上，我们提供了一篇论文，叫《论以法治国》。这篇文章是国内公认的最早一篇从历史背景、理论根据等系统论证了中国应实行"依法治国"的方针。……当时为了广大百姓、干部都能够容易理解和接受"法治"的概念，我们就用了中国古代的一个词："以法治国"。（李步云）

- 现代法治主要是"治官"

- 法海无边

- 法学泰斗不断为建设法治中国献策

现代法治主要是"治官"

人物简介

李步云，1933 年生于湖南娄底，1965 年毕业于北京大学法律系，师从法学泰斗张友渔。30 多年来，参与和推动了 1982 年修宪、2004 年修宪、"依法治国"入宪、人权入宪等，2013 年倡立"李步云法学奖"。

谈到中国当代法制史，有一个名字无论如何是绕不开的，那就是李步云。

他参与和见证了我国一系列重大法治事件；首倡依法治国的方针，提出公民在法律面前一律平等，率先打破法学界思想禁区……为此，他被称为"敢开第一腔的法学家"，更和江平、郭道晖一起，被尊为"法学三杰"。

如今耄耋之年的李步云，精神爽朗，言语铿锵，举止中依然有着年轻人的热血。他告诉《环球人物》杂志记者："我现在要靠安眠药才能睡着，不是失眠症，而是脑子里有很多想法，有创作的冲动。几十年来我最自豪的，是在研究工作上从没偷过懒。"就在接受记者采访前，他还在写一本学术专著，安排时间去各地讲学。

绝不说假话

记者和李步云一见面，他就笑着说："十八届四中全会召开后，我已经接受了不少采访，大多是让我谈依法治国的问题，可见媒体和老百姓对法治问题的关心和期待啊。"他还透露，会前全国人大、国务院法制办等四个部门的人曾专程来找他商讨报告的具体细节。

"我个人对四中全会的成果很兴奋，报告中提出要全面落实依法治国方略，加快建设社会主义法治国家。专门作出依法治国的决定，在党的历史上是头一次。'文革'后，在法学界我是第一个明确提出依法治国的。"老人的这份喜悦，一方面是为新政欢呼，还有一层，则饱含着自己近乎偏执狂般的追求终于得以实现的欣慰。

1979年9月，在社科院法学研究所工作的李步云和同事撰写的长文《论以法治国》在《光明日报》发表。法学界普遍认为，这是第一次明确提出要在我国实行依法治国方针，并从多个方面做了系统论述的文章。李步云跟记者说起了写作的背景："那是基于对'文革'的反思，那场浩劫发生的根本原因就是民主法制极端不健全，肆意侵犯公民权利，把宪法当作一张废纸。"

十一届三中全会召开后，思想得到解放，但公开提倡"法治"和"人权"仍需要极大的勇气。江平评价李步云说："我最敬佩他两点：第一是他的勇气，包括学术上的勇气；另外，我敬佩他的骨气。"

1980年初，社科院召开了一次近400人参加的法治与人治专题讨论会。在发言中，李步云批驳了"人治与法治结合"的观点，遭到了很多人的反对。但他始终坚信自己的观点是正确的，"我从没怀疑过这点"，李步云自信地说。

李步云认为，法制是法律制度的简称，是相对于一个国家的经济、政治、文化等制度来说的；而法治是一种治国理论与原则，是相对于人治来说的。"任何一个国家的任何一个时期，都有自己的法制，但不一定是实行法治。"

在李步云等法学家的不懈努力下，1997年，党的十五大进一步将"依法治国"确定为治国方略。1999年，"依法治国"终于被写入我国宪法。

除了法治，李步云关注的另一个问题就是普通公众的权利。采访中，李步云告诉记者："我在《人民日报》上发表过25篇文章呢。"他和《人民日报》的缘分始于改革开放初期。当时法学界两篇影响很大的文章，均发表于《人民日报》。"1978年12月6日发表了我撰写的《坚持公民在法律上一律平等》，稍晚有乔伟的《独立审判，只服从法律》，这两篇文章标志着法学界的思想解放开始了。"

"公民在法律上一律平等"这句现在看来已是常识的话语，在当时却有着石破天惊的力量，成为那个时代法学界思想解放的先声。文章发表后，美联社记者罗德里克发通讯说，这是中国共产党在民主法制上采取新政策的一个信号。

1992年，社科院人权研究中心正式成立，李步云任副主任。从此，他开始系统地研究人权问题，其中很多建议被政府采纳。2004年，"尊重和保障人权"被正式写入宪法。

几十年后，李步云这样回顾自己的人生："我这一生有两点值得骄傲：一个是民主思想，另一个是绝不说假话。我出了30多本书，300多篇文章，还没有说过一次假话。"

最喜欢《让世界充满爱》和《心太软》

李步云说，他对于法治的追求也是遵循着自己的人生准则：爱国爱民，勤奋宽容。

"像爱国爱民，这和我的个人经历密切相关。"说到这，他用右手指着自己难以伸直的左臂，以及断了一截的小拇指。"我16岁就参加了地下工作，组织'济世学会'，秘密印发毛泽东的《新民主主义论》。17岁，我又参加了抗美援朝战争，经历过第一到第五次战役，三次跟死亡擦肩而过。其中一次是1952年6月，敌人一颗炸弹扔在车上，当场八死七伤，我左手被炸断，只有筋和皮连着。我觉得国旗上有我的鲜血，我非常自豪。"

1957年，已经退伍的李步云决定考大学。"当时报了10个志愿，排第一的就是北大法律系。其实，当时我连法律是干嘛的都不知道。是一位业已考上华东政法学院的战友游说我，有句话一下子就把我打动了——'马克思和列宁都是学法律的'。"

去北大报到时，李步云说他见到的第一条迎新横幅标语就是"欢迎未来的法学家"。"从那时起，我就立下了终生从事法学研究的志向。"研究生阶段，他幸运地成为法学泰斗张友渔教授的开门弟子。此后，他就一直在张友渔身边学习做人和做事，直到1992年老人辞世。

李步云的"敢为天下先"，大多得于师传。"张教授发言写作，只讲真话，不抄袭，不盲从，大胆创新。例如，当人们对'法大还是党委大'的问题莫衷一是时，他就明确回答：'法大。'他认为，党对司法机关的领导主要指监督司法机关依法办案，不是包办代替政法机关的具体业务。"

研究生毕业后，李步云随北京大学社会主义教育工作队到北京四季青公社工作，担任公社工作队长。他只查经济问题，从未就路线问题批评过任何一个公社干部。"有一次，公社社长张玉龙痛哭流涕地检讨自己在工作中的一些失误，我一个劲儿地安慰他不要自责。"

李步云把这些经历，归结为自己宽容的性格。"我常在一些聚会上开玩笑地问同事、朋友和学生，让他们猜我最喜欢的两首歌是什么？答案是，一首是《让世界充满爱》，另一首是《心太软》。"

1967 年，李步云被分配到中国科学院哲学社会科学学部（1977 年在此基础上成立社科院）法学所。此后，他不只推动了法治和人权进程，全程参与 1982 年宪法的起草和讨论，而且多次参与为中央政治局作法制讲座，影响了国策的制定和走向。

相比这些成就，李步云说自己更兴奋的是去感受老百姓对法学的热情，看到法治进步对他们的影响。"前几天我刚在深圳做了场关于四中全会的法治问题报告，一个小报告厅挤了 300 多人，很多都是普通百姓。大家这么热情，让我看到了国家的希望，看到了法治的希望。"这样的报告，李步云已经在全国各地做了 200 多场，"今年我 81 岁，希望能做到 90 岁。"

法学，在他心目中的地位，不但崇高，更是一种激情。他曾为自传写下这样的题记："这是一轮红日，在他的梦境里喷薄欲出；这是一缕忧伤，在他的思绪里挥之不去；这是一股激情，在他的生命里熊熊燃烧；这是一曲法颂，在他的著述里放声歌唱。"

6 点钟报晓的金鸡

数十年来，李步云始终坚守着法治信念，与高层对话、向大众媒体发声，将书本中的法学研究转化为推动我国法治和民主进程的现实力量。当记者问他，是否担心过这些言论会引起各种争议，李步云回答得坦坦荡荡："为国家和社会进步，我没有担心，也从未后悔过。"

其实，在推动"依法治国"的过程中，李步云虽然思想超前，观点大胆，但他也在学术与实践、激进与保守之间保持了应有的平衡。"我写文章、发言比较慎重。有些东西不是不说，不到那个时候，说了反而起副作用。要在适当的时候提出适当的观点，还要考虑中央是否能够采纳。有人说我像6点钟报晓的金鸡，分寸和火候掌握得比较好。到现在为止，我还没有哪个观点被认为是过于离经叛道的。"

对于当前的法治环境，李步云有着自己的思考。"我们现在社会矛盾多发，这样一个社会转型时期，各种利益冲突比较大。怎么解决？那只能靠法律。邓小平1992年就提出了这个问题。还有一个反腐问题，反腐不仅要治标还得治本。治本就是民主、法治、人权，依靠宪法落实这三大原则。"略做停顿，李步云很干脆地补充了一句："现代法治主要是'治官'，而不是主要'治民'；要将尊重和保障普通人的权利作为基本出发点和落脚点。"

"尊重和保障普通人的权利"，是这位老法学家念兹在兹的情结，而老人更深的忧虑也正在于此，"国内的法治进程还是有一些阻碍，比如旧的传统观念像封建主义思想、阶级斗争的旧思维根深蒂固地存在于各级领导身上；还有既得利益者不愿改变现状，怕影响他的利益，这些都要通过长期的教育和制度建设才能改变。再者，世界上绝大多数国家都有违宪审查制度，但我国至今没有建立。从1982年以来，我一直在呼吁建立违宪审查制度，这个制度不建立，很难树立宪法的权威，很难说已经达到了理想的法治国家。"

在李步云看来，实现法治的进程需要30到50年。"主观上看，这一进程的快慢，取决于政治家们的远见卓识和胆略，取决于法律实务工作者的责任感和良心，也取决于法学家们的独立品格和勇气，还取决于全国广大人民群众的政治觉醒与行动。"

说到此，李步云话锋一转，"即便如此，我对国内法治环境的大趋势上是乐观的"。他跟记者提起他 1987 年在美国做访问学者时的一件事："哥伦比亚大学的终身教授路易斯·亨金问我，对中国未来的民主法制前途怎么看，我丝毫没有迟疑，说很乐观。为什么呢，第一，民主、法治、人权，是全人类，也是十几亿中国人民的根本利益和愿望所在；第二，市场经济形势不可逆转，必然带来我们观念和社会制度的深刻变化；第三，世界一体化，中国的政治、经济、文化与世界联系在一起，再回到闭关锁国是不可能的；第四，未来的领导人更年轻、更有知识、更了解世界、更没有历史包袱，因此一代胜过一代。然后我问亨金同意吗，他说还得再看一看。我想，现在答案已经很明白了。"

（原载于《环球人物》2014 年 11 月 16 日）

法海无边

民主、法治与人权是全人类的共同理想与追求，也是李步云教授毕生的信念；爱国、正直、宽容，是他一生为人处世的准则。

——采访题记

他是中国人民的儿了，将自己一生的命运和中华人民共和国的命运紧紧联系在一起。在激荡的年代里，他用一颗赤子之心不断转换着角色，将满腔的热情毫无保留地撒给这片土地。从战争到和平、从和平到发展、从发展到强大，他经历着祖国翻天覆地的变化，与时俱进地改变着不同的角色，却贡献着同样的力量。如今，八十高龄的他，为了推动祖国法治建设和人权保障进程，依然在前进路上奔波着……

他就是李步云，湖南人，1965 年北京大学法律系研究生毕业，中国社会科学院荣誉学部委员、博士生导师。现任广州大学法学院名誉院长、广州大学人权研究中心主任，上海金融与法律研究院院长，兼任最高人民检察院专家咨询委员会委员，教育部"2002 年全国优秀博士论文指导教师"，享受国务院特殊政府津贴专家。

儒雅中透着坚毅，谦虚中透着智慧，博学中透着沉静，这是李步云留给外界的一抹风景。满腔热血为祖国贡献着才智和豪情，见证祖国一天天强大，他无比欣慰。在法学界，他的作用不容小视。2005 年，《人民日报》曾以《李步云：敢开第一腔的法学家》为题目报道了他的事迹。"以法治国"和"人权保障"由他首次提出并写入宪法。无论在理论上还是实践上李步云都取得了巨大的成就，在我国法治国家建设的推进过程中，他功不可没。

一

李步云自小就有很深的爱国情结。1949 年，他在连壁初级中学曾协助地下党、英语老师秘密组织"济世学会"，秘密印刷毛主席的《新民主主义论》。1949 年 11 月，他考取了中国人民解放军四野特种兵干部学校。1950 年 10 月入朝参战，在炮兵 26 团政治处，先任民运干事，后任青年干事。在抗美援朝战争期间，曾先后两次立功，被评为二等休养模范。由于是二等乙级伤残军人，他于 1955 年 1 月转业到江苏太仓县人民政府工作。1957 年，他以调干生身份，以初中毕业的学历，顺利考上北京大学法律系。从此，他在北大度过了一生最美好的时光，这里，也是他人生新起点的开始。

北京大学着重培养基础理论人才。李步云在这里，不但获得了系统的理论知识，还养成了一生的好性情。读了五年本科，又读了三年研究生，有幸成为张友渔教授的开门弟子。整整八年，他一直过着"三点一线"的生活，并不感到枯燥乏味，而是活得非常充实愉快，每天沉醉在知识的海洋里而忘了自我。他不会忘记在教室里认真听讲的情景，更不会忘记在图书馆伏案夜读的漫漫长夜。

在自己的精神世界里，李步云充满了对历史的沉思，对现实的忧虑，对未来的憧憬。在读大四时就曾撰写过《战争与和平的辩证法》这篇长文的初稿……

1965 年李步云研究生毕业后，曾留在学校搞社会主义教育运动和农村"四清"。从 1957 年入学到 1967 年 2 月他被分配到中国社科院法学所工作，在北京大学的 10 年，正是中国共产党推行"以阶级斗争为纲"的思想政治路线的时期，那时倡导"又红又专"的道路，积极的因素仍然占主导地位。李步云回想起那 10 年，说经历过几多磨难后，自己在政治上更加成熟了，对祖国对人民的热爱更加增强了，对民族的振兴和社会的进步信心更加坚定了。

二

1978 年 12 月，党的十一届三中全会召开。此前关于真理标准问题的讨论和理论务虚会议，为这次全会的召开作了思想上和理论上的准备。依照胡乔木等院领导的指示，法学所于 1978 年 11 月下旬在北京市高级人民法院的大法庭，召开了全国法学界第一次解放思想学术研讨会。

这次会议的丰富成果，由李步云负责整理成一篇详细的会议纪要，以《四个现代化需要民主和法制》为题，发表在 1978 年 11 月 30 日的《光明日报》。这次会议的重大贡献，是强调"必须解放思想，冲破禁区"。所提"禁区"主要有：法律平等与审判独立问题，人治与法治、政策与法律、法制与民主、法制与专政、法制与党的领导等关系问题。还有律师、人权、革命人道主义、法的继承问题等等。这次会议对法学界的思想解放起了非常重要的作用。

1978 年 12 月 6 日，李步云在《人民日报》上发表的《坚持公民在法律上一律平等》一文，被公认为是法学界突破思想理论禁区的第一篇文章，在国内外曾引起巨大的反响。

1979 年 10 月 31 日，《人民日报》发表了李步云和徐炳共同撰写的《论我国罪犯的法律地位》一文后，在全国引起了很大震动。当时有很多服刑人员拿着这张《人民日报》找监狱当局说："我们也是公民，我们也有一些权利应当保护。"对于这件事情，有支持的，也有反对的。当时，公安部劳改局、全国人大常委会法制工作委员会、《人民日报》和李步云本人，都曾收到过大量来信。这篇文章的观点主要有两个。一是充分论证了"罪犯也是公民"；二是罪犯被剥夺了自由，很多权利不能也不应享有，但还有不少权利是不能剥夺也是应当予以保障的。应当说，文章的所有观点都是正确的，但当时的法学界还有不少人没有搞清楚什么是"公民"。不少干部对服刑人员还有什么权利甚至一无所知。但是也有不少有识之士非常支持这篇文章的观点和立场。这些在今天看来，李步云是多么的不容易，又是多么的有先见。正如当时的公安部劳改局几位同志对李步云的评价一样："你的观点没有错，对我们有启发，这些问题都是我们之前没有想到的，希望你今后继续写这方面的文章。"

三

改革开放 30 多年来，我国在经济、政治、文化各个领域都取得了举世瞩目的成就。李步云说，这些进步首先应该归功于 13 亿智慧、勤劳、勇敢的中国人民，但也同我们的执政党和政府遵循人民的意愿和顺应历史潮流而采取以下五项具有根本性、全局性和深远意义的战略决策分不开：一是从实行以阶级斗争为纲，转变为以经济建设为中心；二是从实行闭关锁国转向对外开放；三是从实行计划经济转变为实行市场经济；四是抛弃人治，实行法治，倡导依法治国，建设社会主义法治国家；五是确立以人为本的科学发展观，提出构建和谐社会的目标。

中国社会科学院作为我国最高人文社会科学研究机构，在改革开放的新时代，充分发挥了它的智囊团和思想库的作用。法学研究所作为社会科学院的一个研究机构，也发挥了相应的作用。作为社科院的一员，李步云感到非常骄傲和自豪，也为自己能作为改革开放伟大事业的见证人和参与者，在建设法治国家的历史进程中留下了自己的足迹而感到无比欣慰。

李步云与人合作撰写的 17000 多字的《论以法治国》，被公认为是最早明确提出我国不能再搞人治，必须搞法治，对实行"以法治国"从历史背景、理论依据、观念变革、制度保障等方面做了全面而系统论证的第一篇文章。该文共分三部分，即"以法治国是历史经验的总结"、"克服以法治国的思想障碍"、"健全法律制度，实现以法治国"。1979年 10 月上旬中国社会科学院召开了有全国 600 多名学者参加的"庆祝中华人民共和国成立 30 周年学术讨论会"。法学组有 80 余人，《论以法治国》是提交给这次讨论会的论文。李步云代表法学所的另外两位合作者在法学组的第三次讨论会上作了发言。当时，《光明日报》看了这篇文章，向中央有关部门征求意见，结果反应是完全肯定的，但《光明日报》还是有所顾虑，要求李步云修改题目，后以《要实行社会主义法治》为题，在该报登载。

此后，法学所曾在北京市高级人民法院大法庭和北京市委党校先后两次召开人治与法治问题的专题研讨会，开始形成并开展了三大对立观点的大讨论，即：反对人治，主张法治，倡导依法治国；法治好，人治也不错，两者应当结合；提以法治国不科学，有片面性和副作用，应抛弃法治和人治的提法，我们只提"健全社会主义法制"就可以了。这场争论参与学者之多，讨论之广泛与深入，在我国历史上也不多见。争论持续了近 20 年，直到党的十五大将其作为治国方略通过党内民主正式确立下来，以及 1999 年修宪将其载入宪法，才基本定格下来。由于"以法治国"符合人民的愿望、历史的规律和时代的精神，因此逐渐为广大干部和学术界所认同与接受，而那场大讨论也为党和国家将其确立为治国方略奠定了思想理论基础。2010 年社科文献出版的《论法治》一书，就是李步云有关法治理论的代表作。

四

享有充分的人权，是人类社会的共同理想，也是社会文明程度的最高体现。李步云从 20 世纪 70 年代开始研究人权，经历了我国对人权认识的逐步深化的过程。因为他始终相信，保障人权，实现人的尊严和价值，是社会进步的必然趋势。李步云说，1991 年以前的一个很长的时段里，很多学者和国家干部都曾认为人权是一个"资产阶级的口号"，这是很大的误解。在他看来，社会主义应当是讲人权的社会，人权写进宪法，有利于消除人们的这种误解，有利于提高国家工作人员和公民对人权的认识，有利于立法、执法、司法、守法和法律监督中加强对人权的保护。同时，这也有利于鲜明地表明我国对人权的态度，有助于我国参与人权事业的国际交流，提高我国的国际地位和声誉。为此，李步云不断地努力着。

谈到目前我国在人权研究和人权教育方面的进展时，李步云介绍，我国人权研究和教育的情况与我国对人权的认识过程是同步的。我国的人权教育原来在大学里就有课程，比如开设"国际人权法"、"国际人权史"，但局限于当时的认识，主要是从国际法角度进行讲授，也只是在有限的几所大学里开设了课程。现在，人权入宪已为我国人权研究和教育的进一步发展提供了很好的保障。

从 2002 年开始，他每年都亲自为湖南大学法学院、广州大学法学院的本科生以及研究生讲授"人权法"课程。由他主编的教育部建国以来第一本统编教材《人权法学》已在全国一些高校普遍使用。

1991 年，李步云参与组建了我国第一个人权研究中心，即中国社会科学院人权研究中心，任副主任。10 多年来，李步云在人权研究和对外学术交流方面起了重大的作用。2000 年起李步云又在湖南大学和广州大学各组建了一个人权研究中心。到目前为止，全国已有几十个人权研究机构。中央领导同意他的建议，现在已在中国政法大学、南开大学和广州大学建立三个由教育部主管的"国家人权教育与培训基地"。这类性质的人权教育机构在国际上也是一大创举。

多年来，李步云写了很多有关人权研究的理论文章，构建了系统的人权理论体系。他始终不会忘记在斯里兰卡访问时，一位学者对他说的话："您们是发展中国家的'领头羊'，有责任也有能力建立起一个既能反映我们发展中国家的利益和立场，又符合人类普适价值的人权理论体系。现在这个理论体系已经基本上建立起来了，已完全可以与西方平等对话。"另外，还有一件事情让李步云至今记忆犹新，1992 年，他访问美国时，哈佛大学专门举办了一个研讨会，题为"外交政策与人权"，李步云与当时的美国副国务卿以及《亚洲观察》负责人都作主题发言。当时，李步云的发言被哈佛大学 30 多位教授、专家认为是最好的。

李步云对祖国的贡献有目共睹，可面对自己的成就，他总是很谦虚，他说自己只是尽了一个党员应尽的责任，做了一个公民应做的事情，今后他不会辜负国家和人民的培养和厚望。

李步云对于祖国的感情是那样的深厚，这是来自骨子里的赤子情。那一代人啊，不是用语言能够形容清楚的，他那颗炎热的中国心，体现在为祖国所做的一切贡献中。李步云说:"我当过兵,共和国的旗帜上有我的鲜血,我为此感到自豪。我了解和热爱我的国家,我的人民;也了解这个世界正在和将要发生什么变化。这是我一生安身立命之本,也是我一生著书立说之本。"

后　记

写这篇稿件,标题改动三次,李步云教授的贡献与时代同在。多日以来,他爽朗的笑声时时萦绕在我的耳旁,精神矍铄的面容时常闪现在我的脑海。80多岁的老人了,还在为国家的法制建设忙碌着,从不曾停下来歇歇,不忍心看到他的忙碌,但是"法海无边"。法学界需要他,法学研究像一个无边无际而波涛汹涌的大海,他就是一位大海的"弄潮儿";从事法治与人权事业要有宽广的胸怀,他的胸怀就像无边无际的大海;法治事业造福人类的作用无限宽广,就像无边无际的大海,他一生就是在从事这样一项伟大的事业。

(原载于《今日中国》2014年特制,记者竹心文)

法学泰斗不断为建设法治中国献策

李步云，1933年生，湖南省娄底市人。中国社会科学院荣誉学部委员，法学研究所研究员、博士生导师。现任广州大学法学院名誉院长、人权研究中心主任，上海金融与法律研究院院长，中国法学会学术委员会荣誉委员、法理学研究会顾问、比较法研究会顾问、中国行为法学会顾问。最高人民检察院专家咨询委员会委员，中共中央宣传部和司法部"国家中高级干部学法讲师团"成员。国家行政学院等十余所大学的教授。已出版著作30余部，发表论文300多篇，17项科研成果获奖。1992年享受国务院颁发的政府特殊津贴；教育部"2002年全国优秀博士论文指导教师"；中宣部、司法部"全国法制宣传教育先进个人"。中国法学会"全国杰出资深法学家"；中国科学院"廿世纪中国知名科学家"。

躬耕法理夯实强国基础

耄耋之年，仍饱怀热情、身兼数职，常年奔波于广州、上海、北京等地考察讲学；身患腿疾，仍坚持工作、尽守本职，多次出入各大法学界研讨会并发表演讲。他提出的"以法治国"、"人权"思想均被写入宪法，被法学界称为"中国法治第一人"、"中国人权之父"。

八十年的风雨历程，八十年的辛勤耕耘。身为老一辈法学家的他，用实际行动编织理论经纬，为人民服务，构建国家法治脊梁。他就是中国法学泰斗李步云先生。

李先生 1957 年 9 月考取了北京大学法律系，1962 年 9 月又继续攻读研究生，师从著名法学家张友渔先生研究法理。"文革"时期，以李步云、江平为代表的法学家们受到了极大的攻击，经历了很多磨难。

"文革"让李步云深刻认识到，这一场民族灾难，最重要的根源是国家没有法治，宪法作为国家的根本大法，在"文革"中成了摆设。他下决心要为改变国家现状尽自己一份力。经过数月的研究和探索，李步云和两个同事于 1979 年发表了《论以法治国》，从历史背景、现实意义、观念变革、制度创新四个方面，全面地、系统地论证了我国实行以法治国的必要性。文章开篇就指出党心民心思定、思治、思法，引起中央领导的重视并引发国内学术界关于法治、人治的学术争鸣。

党的十一届三中全会是我国"法治"的起点，虽然报告中用的是"法制"，但 16 字方针"有法可依，有法必依，执法必严，违法必究"和"要树立法律的极大权威，要实现法律面前人人平等，党不要过多干涉司法机关办案"等体现了中央领导提出的法治思想。

1979 年，李步云奉命负责中共中央《关于坚决保证刑法、刑事诉讼法切实实施的指示》（外界称"64 号文件"）的起草。该文件首次在执政党文件中提出了"社会主义法治"概念。后又奉命起草总结审判林彪、"四人帮"的历史经验的文章，于 1980 年 11 月 22 日以《人民日报》"特约评论员"身份发布《社会主义民主和法制的里程碑——评审判林彪、江青反革命集团》一文。该文章总结了五项法治原则：司法独立、司法民主、实事求是、人道主义、法律平等，首次提出要实行"以法治国"

方略。这两个文献对"十五大"正式确立"依法治国"基本方略以及后来"法治"入宪起了重要作用。

1981年，李步云负责起草叶剑英委员长在宪法修改委员会第一次会议上的讲话稿，建议"八二宪法"的制定，应重新确立被"七五"和"七八"宪法所废止的"司法独立"原则并恢复"民主立法"。这些均被中央采纳，写入了"八二宪法"里。这标志着我国在法治道路上的进步。

十二大召开之时，李步云在《光明日报》发表了一篇题为《党必须在宪法和法律的范围内活动》的文章，被党的十二大报告采纳，如今提出的"依宪执政"便是其发展而来的。

1996年起，李先生先后三次作为课题组主要成员为中央政治局、全国人大常委会讲授"依法治国"，而后又参加李鹏委员长主持的法学专家座谈会，力主将"依法治国，建设社会主义法治国家"写入宪法，为这一治国方略上升为国家意志这一中国法治史上巨大里程碑，起了重要的促进作用。

党的十六大提出了政治文明的概念，将法治与民主提高到了战略的高度。李步云提出的制度文明实际上就是政治文明的雏形。在此之前，他提出依法治国的理论依据时提到了四句话，即市场经济的客观要求、民主政治的重要条件、人类文明的主要标志、国家长治久安的根本保障。这四句话被改为党领导人民治理国家的基本方略被十六大采纳。

2003年，李步云在参加吴邦国委员长主持的修宪专家座谈会上提出将人权写入宪法，被成功采纳。与此同时，他被中央电视台邀请负责讲述"国家尊重和保障人权"写进宪法的重大意义。

十七大提出的科学发展观实际上也是丰富了法治思想，而"以人为本"实质上就是人权问题。"以人为本"理论的提出与李步云倡导的"人权"及其主编的《人权法学》一书有很大关系。"以人为本"和"构筑和谐社会"

必将对法治建设起重大的推动作用。

中国政法大学终身教授江平先生曾这样评论李先生："我最敬佩他两点：第一点，他的勇气，包括学术上的勇气。第二点，我敬佩他的骨气。""发人之所未发，言人之所未言"和"敢发真论、敢求真知、敢持公论"是他最大特点所在。

法治中国有八大特点

党的十八届四中全会即将在 10 月召开，李先生表示这是我国法治进程中的史无前例的大事。他对法治中国也有着自己独到的见解与理念。李步云认为法治国家其实质法治优于形式法治的关键在于是否"良法之治"。李先生认为："良法"的标准是"真、善、美"。"真"，是符合事物的本质、符合客观发展规律及符合中国政治、经济、文化的现实条件。"善"，是要体现社会的公平正义，符合广大人民群众的根本利益，能促进社会生产力、物质文明、精神文明的建设和发展。"美"，要求法律体系本身要科学，要求法的上下左右前后科学合理、协调发展。

他说未来法治中国有八个特点：

第一，人大民主科学立法。这是法治的重中之重，是要建立一个门类齐全、结构严谨、内部和谐、体例科学、协调发展的法律体系。第二，执政党要依法依宪执政；应尽快建立宪法监督制度，保障宪法的权威。第三，政府要依法行政；要把权力关在法律与制度约束的铁笼子里，严控行政的越位错位问题。第四，社会依法治理。做到政社分开。行政机关和政府应适当放权，提高社会组织、企业、事业单位及其他社会成员的独立性并建立相应的法律法规，将整个社会纳入法制规章中。第五，法院独立公正司法。司法独立是权力分立与互相制衡的制度安排与设计，保障法院的司法不受任何机关的干扰。第六，健全权力监督。基本思路是用权利制约权力和利用权力制约权力。后者又分为两大部分，一个是专门机关的监督，监察部、检察院、审计署。另一个是上下监督，人大对一府两院的监督及上级对下级机关的监督。以权利监督权力重点在强化舆论监督，保护网络监督的渠道。第七，健全法律服务体系，包括律师与基层法律服务体系的进一步发展与完善。第八，法治文化繁荣昌明，其中关键是为学者营造良好的学术环境，重申"百花齐放、百家争鸣"方针并加强理论研究，要在广大公民特别是所有国家工作人员中树立法治意识和法治信仰，树立宪法的极大权威。全面落实依法治国方略，加快建设法治中国要在这八个方面下功夫，当然其中还有主次问题。但必须搞清楚法治国家应有哪些基本要求和标志。

他坚信中国完全实现建立法治国家的理想还要经历一个长久的过程，可谓是任重而道远。它的理想将是中国梦的重要内容，并在经过两个"百年"之后一定能实现。郭道晖教授曾评价李先生的主要贡献是："催生法治功报国，布道人权德惠民"。张文显教授对他的评价是："解放思想一先锋，理论创新是大师"。国家需要像李步云这样学术精湛、敢于针砭时弊、对事业执着、对祖国忠诚、对人民热爱、勇于担当的人。

（原载于《中华儿女》总 506 期，记者陆翔文）

"实现中国梦一定要走依法治国的道路"

> 法治是一种方法是一种方式，但是它更是一个"方略"……我们国家有几个方略？就一个，没有两个，更没有三个。这个方略就是依法治国。为什么？因为法治有四个特点，即根本性、全局性、规范性、长期性，是所有其他的方针政策所不具有的。（李步云）

- 亲历依法治国重大事件

- 依法治国的回顾与展望

- "依法治国"如何成为党的主张和国家意志

- 依法治国是国家长治久安的根本保证

- "依法治国"首先是"依宪治国"

- 依法治国：有待厘清的法治概念

- 依法治国与中国梦

- 亲历从"法制"到"法治"的转变

- 法治倒退的时代已经不可能了

亲历依法治国重大事件

对于中共十八届四中全会通过《中共中央关于全面推进依法治国若干重大问题的决定》，著名法学家、中国社会科学院荣誉学部委员李步云感到很高兴。

他对《瞭望东方周刊》分析说，对于备受瞩目的"依法治国"这一主题，四中全会给出了更加清晰的指向：必须实现科学立法、严格执法、公正司法、全民守法，促进国家治理体系和治理能力现代化；依法执政，既要求党依据宪法法律治国理政，也要求党依据党内法规管党治党。

在四中全会决定中，全面推进依法治国的重大任务被正式提出，"公正是法治的生命线"被重点强调。

"正如全会公报所提，司法不公对社会公正具有致命破坏作用。很高兴全会提出'努力让人民群众在每一个司法案件中感受到公平正义。绝不允许法外开恩，绝不允许办关系案、人情案、金钱案'。"李步云说。

他还注意到，在强调"党的领导是全面推进依法治国、加快建设社会主义法治国家最根本的保证"的同时，全会从依法执政的高度强调各级领导干部要带头遵守法律，带头依法办事，不得违法行使权力，更不能以言代法、以权压法、徇私枉法。

"在这个过程中，要加强党内法规制度建设，完善党内法规制定体制机制，形成配套完备的党内法规制度体系，运用党内法规把党要管党、从严治党落到实处，促进党员、干部带头遵守国家法律法规。"李步云说。

依法执政，既是中共十八大以来推进法治国家建设的重要标志，也由此将成为今后依法治国的基础。

2012年12月4日，中共十八大闭幕后不到一个月，习近平于首都各界纪念现行宪法公布施行30周年大会上的讲话中即指出："新形势下，我们党要履行好执政兴国的重大职责，必须依据党章从严治党、依据宪法治国理政。"

2013年春，中共中央政治局就全面推进依法治国进行第四次集体学习时，习近平进一步阐述说：我们党是执政党，坚持依法执政，对全面推进依法治国具有重大作用。要坚持党的领导、人民当家作主、依法治国有机统一，把党的领导贯彻到依法治国全过程。各级党组织必须坚持在宪法和法律范围内活动。各级领导干部要带头依法办事，带头遵守法律。各级组织部门要把能不能依法办事、遵守法律作为考察识别干部的重要条件。

李步云说，在始自1978年的漫长法治国家建设之路上，依法执政，是"未来建设法治国家的关键"以及"依法治国最重大的问题"。

树立法律以及宪法的权威，使公民无论其身份均对法律和宪法怀有敬畏之心，乃是1978年以来依法治国的首要目标。

而在实务层面，如何基于中国国情，达到执政党领导和依法治国的有机统一，实现依法治国和依法执政的高度统一，也在过去30多年中积累了诸多尝试与经验。

对此，80多岁的李步云所见、所闻、所亲历、所感触颇多。

在新中国的法治建设史中，李步云因对依法治国的研究贡献以及参与起草一系列重要文件而扮演了重要角色，并因此在舆论界所谓的"法治三老"之中获得一席。

在接受《瞭望东方周刊》专访时，李步云通过自己对 30 多年中国法治建设进程的亲历与观察，为当今乃至今后相当长一段时间的依法治国之路，作出注解。

从这些历程中亦能看到，改革设计与推动技术——如今具体表现为执政党执政地位与法律权威的统一，是为依法执政乃至依法治国成败的关键。

依法治国是如何提出的

《瞭望东方周刊》：依法治国是如何提出来的？

李步云：从 1978 年党的十一届三中全会到 1997 年党的十五大，可以说是中国实施依法治国方略的理论准备和初步实践阶段。党的十五大正式使"依法治国"作为治国的基本方略，开始从理论观念上和制度改革上进入一个新的阶段。

为什么说十一届三中全会是依法治国的起点？这次会议公报里面有很大一段话集中讲到了全国人大应当加强立法工作，贯彻法律面前人人平等，树立法律的极大权威，政法干部应该树立"三个忠于"思想，即忠于人民、忠于法律、忠于事实真相。党应当不要过于干预司法机关办案的事情，同时也提出了"有法可依，有法必依，执法必严，违法必究"的 16 字方针作为中国法制建设的指导方针。

到 1979 年 9 月 9 日发布的中共中央第 64 号文件——《关于坚决保证刑法、刑事诉讼法切实实施的指示》，它在学界被认为是中国共产党关于民主法治理念的一个里程碑，第一次在我们的党内文件提出社会主义法治。

1982 年宪法序言最后一段话则强调"全国各族人民、一切国家机关和武装力量、各政党和各社会团体、各企事业组织，都必须以宪法为根本的活动准则"，树立宪法的最高权威。

应该说，从 1978 年十一届三中全会开始，中国已经走上依法治国的道路，开始了这一历史性进程。这和理论界的努力是分不开的。

1979 年 9 月，我曾在中国社科院一个 500 多人参加的全国研讨会上作讲演，题目叫《论以法治国》。这篇文章是我和王德祥、陈春龙合写的，作为庆祝中华人民共和国成立 30 周年学术讨论会的论文。

后来《光明日报》看中了这篇文章，题目改为《要实行社会主义法治》。发表后，社会反响很大。

邓小平在依法治国或建设法治国家方略和目标上，有两大贡献。

第一是理论上的，他提出了一个很重要的理论问题并且作出了科学的回答，即一个国家的兴旺发达和长治久安关键的、决定性的条件，是要依靠一两个好的领导人还是要依靠一个好的法律制度。因为历代的思想家和政治家对这个问题存在不同回答，因而在实行依法治国这个指导思想或原则和方法上，形成了是人治还是法治的问题。

这个问题是马克思主义经典理论家都未曾提到过也都没有回答过的问题。但邓小平作出了回答。他的回答是，关键不在于一两个好的领导人，而在于要有一个好的法律和制度。这就为我们依法治国奠定了一个坚实的、必不可少的理论基础。

第二，十一届三中全会后，邓小平的一系列言论，实际上是今天我们要建设社会主义法治国家所应当坚持的那些基本要求和基本准则。因此也可以说，邓小平为法治国家初步地勾画了一个蓝图。

认识在探索中不断深化

《瞭望东方周刊》：在初期，依法治国面临何种争论和困难？

李步云：从《论以法治国》这篇文章开始，理论界展开了所谓"三大派"的论争。第一派认为，要建立法治反对人治，提倡依法治国；第二派认为，法治好，人治也不错，法治和人治应当相结合；第三派认为，法治和人治都是西方国家的理念或观念，我国不能讲这个，我们应当讲建设"社会主义法制"。

以上三派可以简称为法治论、结合论和取消论。法律界的很多人都卷进了这个论战中，这在当时形成了较大影响，产生了不同意见、不同看法。

到 1979 年冬，中国社科院法学研究所曾在北京市高级人民法院大法庭召开过一次法治与人治问题的专题讨论会。参加这次会议的有近百人，北京法学界不少名家都曾与会。在这次会议上，法学界对三大观点的论争已经十分明朗，并且争论比较激烈。当时安排了 12 个人发言。

第一个发言的是陶希晋同志。他在 50 年代曾担任过国务院法制局局长。他的看法是要倡导法治、反对人治。他发言后，某大学一位老教授是持"法治与人治概念都不科学"的观点，本来同意在会上发言，后来为了慎重又不讲了。

我是最后一个发言，观点是法治与人治不能结合。观点是我和王礼明同志共同商量过的。

《瞭望东方周刊》：三大派的争论结果如何？

李步云：三大派的争论，经过近 20 年，直到 1996 年才开始发生一个根本性转折。当时以江泽民同志为核心的中央领导集体决定每年要讲两次法律课。当第三次法律课时，司法部给出了几个题目，其中有一个题目是关于依法治国问题的。

江泽民同志在这个建议上画了一个圈，说我们第三次法制课就讲依法治国问题。当时的题目很长，叫"关于实行依法治国，建设社会主义法制国家的理论和实践问题"。当时我起草了第一个稿子，后来又增加了五人起草第二个稿子，由王家福同志代表我们六个人来讲。之后，江泽民同志作了一个讲话，各大报纸纷纷发表评论。

1996年八届全国人大四次会议上，依法治国、建设社会主义法制国家作为总的口号、总的目标被写进了一系列文件，包括政府工作报告、人大常委会报告、乔石委员长的闭幕词等，特别是当时通过的《国民经济和社会发展"九五"计划和2010年远景目标纲要》都将依法治国写了进去，从而确立了依法治国，建设社会主义法制国家的重要地位。与此同时，法律实务界关于依法治国的探讨开始了。

1999年第三次修宪正式将"依法治国，建设社会主义法治国家"写进宪法。当时李鹏委员长在人民大会堂组织过两次专家座谈会，一个是经济学家的，一个是法学家的，法学家有13人参加，其中包括我。

那时将"依法治国，建设社会主义法治国家"写进宪法几乎没有任何异议，依法治国问题在中央领导和学者之间基本上取得了一致意见。

党的第三代领导集体在五个问题上发展了邓小平的思想。第一，通过党内的民主和国家的民主程序正式将依法治国作为基本的治国方略确定了下来；第二，对依法治国的含义和它的性质作了准确的阐述和定位；第三，正式提出和肯定法治国家这个概念；第四，对法治国家应该是什么样子、应该有哪些原则作了阐述，丰富了法治国家的内涵；第五，在理论上还有一个进步。

长期以来，我们的目标是物质文明和精神文明。十五大报告第七部分第一段话讲到，我们今后的目标是要建设社会主义的经济、政治和文化。社会主义政治相当于什么文明没有明确。党的十六大将建设社会主义政治定位为社会主义政治文明，具有重大的意义。

法治、人权入宪

《瞭望东方周刊》：说到依法治国，就不得不提到宪法的问题，您如何看新时期以来的修宪？

李步云："八二宪法"反映了当时我们达到的认识高度，这个高度不仅超过了"文化大革命"，也超过了1954年到"文革"这一阶段，当然也超过了1954年以前的阶段。它已经在政治体制改革上、在政治体制的设计上前进了一大步。后来1999年"依法治国"入宪、2004年"人权保障"入宪，还有私有财产的保护，基本反映了改革开放以来达到的进步成就和水平。

从"八二宪法"制定到后来的四次修改，是在一步一步进步，特别是两大原则——法治和人权，都被庄严地写入了宪法。当时，我是经历过来的，感到很不容易。

举人权入宪为例。当时，吴邦国委员长主持召开了六个座谈会。

在宪法修改的过程中，我得出一个体会：总的来说我们的政治体制改革还是往前走的；从全局来看，我国宪法基本符合现在的国情。

《瞭望东方周刊》：目前对于依法治国，司法公正是个热词，它有怎样的经历和阻力？

李步云：阻碍司法公正的还有地方保护主义。此外还有一些现象是非法的，比如批条子、打招呼，各种形式的干预。

党的领导和依法治国可以相适应

《瞭望东方周刊》：该怎么看党的领导与依法治国问题的统一？

李步云：党的领导问题可能是未来建设法治国家的关键。我想有以下几层意思可以将党的领导和依法治国相适应。

其一，从某种意义上讲，国家的法律是党的政策的具体化和法律化；其二，是党领导人民在立法、执法和司法；其三，把政策上升为国家意志的时候，要通过党内民主和国家的民主程序来完成，在民主程序中可以使党的政策更为正确、稳妥。

现在有一些人对在我们既有的政党体制下建立一个现代法治国家有不信任感。但，路是走出来的，我们能不能在既有体制下来完成建设法治国家的任务，创造出一个奇迹？我觉得是可能的。

法治国家的建设急不得也等不得。法治国家的建设和我们经济体制改革、思想观念的转变都是联系在一起的，将是一个长期的过程。

（原载于《瞭望东方周刊》2014 年 11 月 6 日，记者齐岳峰文）

依法治国的回顾与展望

张永和：各位，大家晚上好！欢迎各位同学今天进入到西南学术大讲堂—金开名家讲坛，今天我们非常有幸邀请到了我国最著名的人权学家、法学家李步云教授，李步云教授是中国社会科学院的研究员，是荣誉学部委员，李步云教授整个这一生的研究，曾经在他八十大寿生日时，当时在北京聚集了我们国家很多的法学家为他祝寿，在祝寿的会上，我曾经对李步云老师的学术自己做了一个评价，我自己觉得这个评价至今都还是可以再给大家分享一下。我是这样讲的，李步云先生是中国不多见的法治与人权思想家，他的学术直接影响了中国的法治进程和中国的人权事业发展，同时也影响了中国社会科学的发展。他的法治理念和人权思想无疑凝结成了中国30多年来的核心内容和实质精神，得到了各界高度认同，并被普及化为一般的社会常识。毫无疑问，他的思想还将影响几代中国的政治人和法律人。至今我还认为这个判断和认识李老师是当之无愧，在这两个领域，中国整个法治进程，包括今天我们所讲的依法治国，这是李老师浸入了全部的学术心血，以及今天中国人权事业如此的红火，在中国的精英们对人权如此重视，也是李老师的重推，应该说这是学界的欣慰，是法学界和政治学界的欣慰。

李老师作为我们学校的兼职博士生导师，主要负责带领人权方向的博士研究生，所以李老师的加入对我们整个学校的学术，无论是政治学还是法学，推动都是非常大的。今天李老师又回到这个地方给我们讲一个他自己整个 30 年的学术经历，因为这 30 年他都一直在为法学和人权呐喊。而今天李老师准备给我们作的一个讲座将是讲的有关中国依法治国的回顾与展望。我相信今天在座的同学应该有一个非常好的精神盛宴。李老师今天来讲座，我们学科就几个小年轻，这些都属于是法学界的"小鲜肉"他们觉得不好意思，那叫小清新，在李老师面前肯定是了。

下面把时间交给李老师，讲他对中国依法治国的回顾和展望。

李步云：尊敬的张老师，尊敬的市里面的领导同志，尊敬的在座各位同学，我今天来非常高兴，也感谢我们学校的领导和会议的筹办老师给我这个机会，让我再一次回家了。我们国家进入改革开放以来，我就和西南政法大学结下了不解之缘，我个人在西政受到很多的教育，这个教育我概括起来，一个是西政精神，一个是西政现象。西政精神就是今天这个精神，同学们这么学习的精神，追求真理的精神。我每次来都是这样，同学们没座位就这么站着，这种精神让我非常感动，这是一个争鸣、辩论、学术的精神。西政现象是什么？西政培养了我们国家一流的人才，任何学校比不上。最高法院正院长、三个副院长都是西政的，不是半边天，而是大半边天，很多领导，很多离退休学者都是来自西政，这种精神对我个人的鼓舞、教育很大。所以我今天非常高兴、非常感动，就是因为给我很多帮助和教育，这种精神感染了我。

下面我按照学校领导的要求，向大家汇报我的一点学习体会。张老师刚才讲了，题目比较大，但是我尽量简单一点。原先我想尽量说自己所知道的，和在座领导和同学们多交流一下情况。我先从党的十八届四中全会谈起。

十八届四中全会是我们党的历史上中央全会第一次研究依法治国问题，党的历次中央全会没有研究过法治问题，这次研究的是法治问题，而且做了一个非常好的依法治国的决定。这个决定超出我个人的想象，超出我个人的期盼，因为在四中全会研究法治的时候我是知道比较早的，十分关注这次会议最后的成果，我自己有很多期盼，对于推进法治国家建设的期盼。我认真读了四中全会《决定》以后深受感动，深受鼓舞。当时在准备过程中，我没有直接参加稿子的准备工作，但是我很感动的是，中央非常尊重学者的意见，我举个例子，有一天我接到中央办公厅法规局的一个电话，他想到我家里来听听我的意见，结果来访的不只中央办公厅法规局，还有全国人大法工委、国务院法制办和中央军委法制局，四位干部到我家来征求我的意见。当然重点是征求对立法问题的意见，我借这个机会跟他们谈了我的想法。后来我给他们谈的意见中央办公厅法规局做成一个要报，送给中央政治局及书记处成员，可见党中央对我的意见是认真听了的。

我首先讲到希望四中全会就依法治国做一个非常全面的决定，后来看到的结果是，符合我个人的希望。首先我考虑的是法治国家就应该是什么样子，有哪些基本的要求。我为什么这样考虑呢？有两个原因：第一，我们在1996年给中央政治局讲依法治国的时候，当时李瑞环就在会上提出来，他说你们不是讲法治国家吗？你们必须说清楚什么叫法治国家，法治国家有什么要求、基本要求是什么、基本标志是什么、我们存在什么问题、我们应该怎么办。他是说在了点子上，因为在这次讲课以前，学术界、实务界主要讲依法治国，法治国家是少数学者提出来的，没有广泛传开。所以中央领导也感到这个概念提得好、很重要，但是法治国家有哪些标准应该提出来。后来在1999年，依法治国被写进宪法，《人民日报》约我写一篇文章，这篇文章发表在《人民日报》

1999 年 4 月 6 号，当时我想法治国家既然提标准，我就考虑了 10 条，为什么考虑 10 条呢？在我们这个小组给中央政治局讲课的时候，是讲法治国家五个方面的要求，我两次给全国人大常委会讲课，也是讲五个方面，像个大口袋，很多内容往里塞，我自己也记不清楚了。我说这个不行，必须简单明了，让广大干部和群众能够记住、容易理解，以便能够更好地执行。因此，我就提出法治国家的 10 条标准，40 个字。这 10 条是：第一是法治完备，意思是要建立一个疏而不漏的法网，第二是主权在民，做到民主法制化和法制民主化，第三是保障人权，第四是权力制约，第五是法律平等。这五条是要求我们国家有一个良法，我们的法律是良好的。后面是法律至上、依法行政、司法独立、程序公正，最后一个党要守法，即执政党要依法执政。

四中全会我有一个新的思考，因为我参加湖南、广东这些法治省的建设时要搞规划，规划就要落实到各个部门，不能太笼统了，我这个 10 条就不太好落实，后来我就考虑了新的 8 条。我说一个法治国家应该有 8 个基本的要求，这 8 个基本要求是：人大民主科学立法，执政党依法依宪执政，政府依法行政，社会依法自治，法院独立公正司法，第六条是法律监督体系完善，第七条法律服务体系要健全，第八条法治文化繁荣昌盛。一共提出 8 条，我就通过各种渠道，把我这个意见往中央反映，我估计可能起草班子是看到了我这个建议的，其中包括《中华儿女》杂志告诉我，说这次对我的访谈，包括 8 条标准他们会送到开会的委员手里面。但是我这个 8 条各种渠道广泛地转载了。后来看了《决定》以后，我感到我所希望的法治国家这 8 条都体现了。比如说，三中全会第九部分是推进法治中国建设，讲了五个问题，但五个问题没有立法。后来我跟中央的有关部门讲，为法治国家做决议，民主立法的问题还是要强调，因为社会上有一个说法，自从十一届人大宣布社会主义法律体系已经建立起来，我们的有法可依问题解决了，有法可依不是问题了。我说这个是不对的，我跟中央有关部门讲，因为立法问题在全世界任何一个国家，立改废都是一种常态，社会生活不断地变化，执政党新的执政理念要通过立法确定下来，来治理国家。所以任何国家都是这样的，我们国家是一个迅速变化的国家。全面深化改革三中全会做了，这些改革如果不纳入法治轨道，不利用宪法和法律把这些改革措施制度化、法律化，是落实不了的，是保证不了的。所以法律的立改废问题，民主科学立法仍然是一个重要的问题。

《决定》开头用很大的篇幅强调了这个，而且作为民主立法讲得很清楚，特别强调法律必须符合人民的利益，符合事物的本质和发展规律。我跟中央讲的是立法九条标准，真善美，这个要报里面是报上去了。真是指一个好的法律要符合事物的本质和规律，要符合时代的精神，要符合当时、当地的国情和实际情况。善是指要符合人民的利益，符合社会的公平正义，要能够促进社会、经济、文化各方面的发展。美是指法律这种形式，要科学，法的体系要科学，微观的结构要合理，最后法律的逻辑要严谨。前面几条我不说了，四中全会的《决定》都点到了，我说的法律形式也很重要，我们作为一个体系不是一个点、一条线、一个面，所谓体系应该是立体，因此要求上下、左右、前后、里外都要统一、协调、科学。宪法、国务院行政法规、部委规章和省级地方法规这么一个系列，上位法的要求，要下位法完善具体化，但是下位法又不能违背上位法，这些是上下协调配合问题。左右是指程序法和实体法，部门法之间，特别是民商法、经济法、行政法之间界限要清楚，要配合，不能打架。前法和后法的关系问题，过去我们有失误，新的法制定时该废的就要废、该改的就要改，不要几年以后来一个大清理，到四五年以后再来一个大清理，成绩再大，实际造成了很大的危害，因为这四五年里边新法和旧法已经产生了矛盾，因此要做好前后的衔接。最后一个是国内法和国际法衔接好，国际法有很多条约，我们都参加了，有多边条约、双边条约，这些法律和国内法如何协调起来，法院判案子依据哪个，这在制定立法法的时候就没有解决，因为这个问题太复杂了。前两天我刚在全国人大开了立法法的修改讨论会，我们几个人讨论来、讨论去也说不清，这个以后需要专题研究，三两句话说不清楚，因为国际法那么多，很复杂。

微观的方面，三个要素才能构成一个法的规范，包括行为主体、行为内容、行为后果，什么人干了什么事、违反了这个规则要怎么处理，他要负担什么法律责任。比如教育法就比较典型，违反了教育法追究谁？怎么处理？包括宪法，宪法到今天最大的问题就是违反宪法怎么处理，没有一个机制，这是一个很大的问题。

第三就是法律逻辑要准确，否则就出毛病。我举个典型例子，现行宪法第 126 条仍然存在问题，三十多年来我一直反对，但是没有被采纳。这条怎么说的呢？人民法院依照法律独立行使审判权，不受行政机关、社会团体和个人的干涉。党就可以干涉、人大就可以干涉？干涉是个贬义词，党要领导、人大要监督，这不是干涉？所以这个规则逻辑上是有问题的。实际上体现了当时 1979 年个别的中央领导人坚持他自己的意见，怕这一条影响党的领导、影响人大的监督，结果就用这个词，而不用我们的意见，我们的意见是改为"不受任何机关的干涉"，或者是恢复 1954 年宪法的提法，1954 年宪法提的是"人民法院独立行使审判权，只服从法律"，我只按法律办事。司法独立这句话体现得最简单明了，当时我们写了，我们四个教授签了字往中央报，但不受采纳。这里面与个别领导人个人的看法有关系，我不说这个详细的背景了。所以这也是一个法律逻辑的问题，当然这只是一个例子。要从法律里面找这样的例子还是很多的。这是关于立法的问题，科学立法、民主立法，就是法律草案在投票表决之前要公布，现在全国人大带头搞了，这是好的。第二，听证会要制度化。另外投票权的问题，人大代表和人大常委不能等开会开始了才把这个草案给他，他休息的时候翻一番，他就没什么发言权了，起码应该是半个月、20 天以前交到他手里面，人大代表、常务委员事前应该做调查研究，这样在会上才有发言权。像这样的问题都是有改进的地方。总的来说，民主立法我们做得还是不错，但还是有很多问题。

我讲的这些问题，在四中全会讲科学立法、民主立法的时候很多问题是点到了。另外一个例子，就是关于法治文化的问题，十八大以前，我刚才说的八条里有两条是完全新的东西，一个是法治社会，十八大以前没有这个提法，只有法治政府，没有相对应的法治社会，这次提了法治社会，这一条《人民日报》发表了我一篇文章，我刚从广州过来，广州希望我专门谈一谈对这个问题的看法。我提的四条意见都采纳了：第一，要认真研究好政府对社会哪些事该管、哪些事不该管，就是政社分开。所谓社会就是企业、事业、行业组织、人民团体、城乡自治组织，和政府相对应的，不是国家机关，而是广大的社会组织，这些政府该管的就管，不该管的不管。第二，要加强地方立法，社会建设是个新问题，如何把社会治理纳入法治轨道，我觉得中央要统一立法必然困难，省以下自治地方首先强调他们先搞起来，因为社会的问题复杂一些，比如有民族特点、地方特点。第三，要重视软法，即社会组织的规章制度，企业事业单位都有自己的规章制度，各种行业协会也有自己的规章制度，要充分发挥它们的作用。但是，又要加强监督，不要搞成土法土政策，违反法律也不行。最后，社会组织里关于涉及法律这样一些组织，比如律师组织、人民调解组织、法律援助组织，特别要培育、要加强，这样法治社会才能建设得更好。

关于法治文化的问题，有些建议采纳了，有些新的东西很感动人，比如说宪法日，这次有些新举措没想到，还有就是要宣誓，我记得 10 年以前党中央的《求是》杂志发表了我一篇关于法治入宪的文章，文章较原文就改了一个地方，把我建议国家元首要像西方那样在大法官监督下进行宣誓删除了。《求是》杂志是党中央的机关刊物，要慎重一点是对的。但是我没想到这次采纳了，领导人要对宪法宣誓。我建议要重申"双百"方针，文学艺术的繁荣没有百花齐放也不可能。这是一个铁的规律。如果没有一个良好的法治文化是很难建立起法治国家的，以前没有提出过法治文化，这是第一次提出来的，政法院校承担了很大的责任。前一天我在最高人民检察院开座谈会，他们告诉我中央有关部门统计，四中全会《决定》里有 186 个新举措都是过去没有的，新的提法、新的做法、新的制度，加起来 186 个。第二天我在全国人大开会，他们告诉我变了，说新的统计有 190 个。这个数字说明，四中全会决议的功劳概括起来可以是八个字"全面落实、加快建设"，就是落实了党的十八大基本要求，这个基本要求就是全面落实依法治国方略，加快建设社会主义法治国家，一个是全面落实，一个是加快建设，是切实做到了这一点。勾划了一张法治国家的理想蓝图和达到这个目标的具体道路，达到我们理想的状态，必须采取这样一些新的措施。

所以我把四中全会的决议看作是中国自进入改革开放新时代 36 年以来走上了依法治国道路的第二个里程碑。第一个里程碑是 1997 年党的十五大和 1999 年第三次修宪。十五大的功劳在哪里？就是通过党内民主，通过党代表大会的形式，把依法治国建设社会主义国家确立为我们国家治国基本方略，这六个字很重要，"治国基本方略"。两年以后，1999 年第三次修改宪法，又把依法治国建设社会主义法治国家庄严地记载在宪法里。这两件事情加在一起，是法治历史中第一个里程碑。十五大写进决议的时候我知道，大家意见很一致，特别是 1999 年修改宪法我参加了座谈会，意见基本没什么分歧，学者一致支持，因为这个时候已经水到渠成了，前面有一场大讨论，法治与人治的大讨论。我用很简单的语言给大家介绍一下要害，当时是 1979 年，我和另外两个教授写了一篇文章，题目叫《论以法治国》，当时《光明日报》看中了，就征求了中央有关部门的意见，他们都支持这篇文章是好的。但是因为这个题目很敏感，《论以法治国》这样的题目没有，说能不能改一下，后来我同意了，用《要实行社会主义法治》。这篇文章发表以后，当时"文革"刚结束，很多中央机关把这篇文章的基本观点写成大字报，张贴在机关的大门口，引起了中央机关的广泛注意，我当时印象很深。因为当时"四大"（即"大鸣、大放、大字报、大辩论"）还没取消，"四大"是 1982 年宪法取消的。文章发表以后，被学术界公认为这是第一篇系统论证和鲜明提出我们国家要实行依法治国方针的文章。

从这篇文章开始国内出现了三大派的争论，哪三大派？第一种观点认为要反对人治，实行法治，倡导依法治国。第二种观点说，法治好，我们过去搞人治，没搞法治是不对的，我们现在要搞法治，但是人治也不错，也不要完全否定了，法治、人治都要，要结合。第三种观点，法治是西方的口号，不是社会主义的，不科学，有片面性、有副作用，我们只讲法制就行了，法制是早有的。1956 年党的八大，我们党的创始人之一董必武在八大会上曾讲过一句话，他说"说到现代文明，法制要算一项"，所以法制在"文革"以前已经出现了。但是法治没有被国家认可。三种观点当时参加人之多，发表文章和著作之多，在中国历史上从来没有过，几乎很多法学家都卷进去了，其中第一种观点因为符合历史的规律，符合时代的精神，符合广大人民的根本利益和愿望，所以比较快地被党政机关所采纳。就是因为第一种观点符合民心、党心，我的文章第一段就说"文化大革命"给我们的教训是全国人民党心、民心思定、思治、思法，我是"文化大革命"过来人，经历了那场灾难，根本原因就是没有民主法治。打倒"四人帮"以后，党心、民心是高度一致的，希望安定下来，希望好好治理，希望用法律来治理国家，这是当时的一股潮流。因此第一种观点比较快地被广为接受。

法治与人治应当结合的错误是简单地把法治等同于法律作用，人治等同人的作用，说法的作用、人的作用都很重要，把这两个很好地结合起来就能更好地治理国家，而且用了毛主席的一句名言来论证自己的观点（毛主席曾经讲过，"只有把战士和武器相结合，才能产生最大的战斗力"）。实际上错在哪里呢？法治根本不是法律作用的问题，人治更不是人的作用的问题。法治和人治是两种对立的治国理念和对立的原则方法，表面看来很简单，但是讨论起来就复杂了，两千多年来政治家、思想家都持两种截然不同的看法，问题是什么呢？一个国家能不能兴旺发达、能不能长治久安，关键性和决定性的因素和条件是寄希望于一两个英明的领导人，还是希望有一个良好的有权威的法律制度。在这个问题上政治家、思想家就产生两种不同的看法，由此产生了法治与人治这两种完全不同的治国原则和方法。

取消论认为说法治是西方用来骗人的，法律是死的东西不能治国，什么地方都是人在那里治，这完全是从字面上来理解法治。这方面争论最多的是两个字，制和治，我曾经写过一篇文章，我说从刀制到水治，经过 20 年才改一个字。原因是我们国家还不是法治国家。十五大起草报告的时候，究竟刀制改不改水治是有争论的，我就写了一些文章论证它的区别。后来有一次 1996 年 12 月 8 号，我在深圳给全国人大领导讲课，讲依法治国，我是 12 月 8 号讲完以后就回北京了，当我走了以后第二天开大会，全国人大的领导，包括各个省人大主任和秘书长都参加了这个会，后来有一个副委员长站起来说你讲的一套我不赞成，我还是主张刀制。他说现在我们国家已经有"有法可依，有法必依，执法必严，违法必究"16字方针，既有动态的，又有静态的，很全了，为什么一定要讲水治呢？这是一个副委员长站起来反对。后来我们的小组给中央政治局讲课，他们就决定每年要听两次法治课，最后司法部起了两个题目，有一个是依法治国的问题，这个题目当时叫我来讲，征求了很多意见。我接受这个任务以后，就建议把这个题目改了，原先的题目是《关于实行依法治国，建设社会主义法制国家的理论与实践问题》，我起了一个稿子就没按照这个题目，我的题目是《依法治国，建设社会主义法治国家》，我当时跟他们说，理论和实践是多余的，就是"依法治国，建设社会主义法治国家"就行了。当时要我试讲了一次，试讲完后司法部一位领导同志说，原来的题目不能改，这个题目我们刚给中央建议，江泽民同志刚圈定一个月，你改了以后我们不好交代，刀制改水治的问题以后再说。所以后来法学所课题组给中央政治局讲课就没有按照这个题目讲。1997年党的十五大在起草报告时，王家福、刘海年和我商量为了把刀制改过来，我们给中央递了一些材料，其中有一个材料是江泽民自己说的话，这是他就任中央新的领导前夕召开了一个300多人的中外记者招待会，他回答记者提问时其中有一段话，说"我们今后绝不搞以党代政、以党代法，这就是你们'新闻界'常讲的法治还是人治的问题，我想我们今后一定要实行法治的方针"。后来江泽民同志表态说"用刀制是个别领导人的看法，我们现在听多数学者的意见改成水治"。

刀制和水治有三点区别。第一，法制是法律制度的一个简称。法律制度是相对一个国家的政治制度、经济制度、文化制度、军事制度来说的。法治在中外历史上几千年以来都是和人治相对立的一种治国理念和原则、方法，作为对立的治国原则和方法，主张法律要完备、要良好、要严格执行，这是法治。另外一种，认为法律可有可无，或者有一些法律也允许不严格依照制度办事，这是人治。这两种原则是对立的。第二，法律制度是个中性词，有法律要求一般的遵守就可以了，比如16个字，"有法可依，有法必依，执法必严，违法必究"，其实概括起来就是有法可依、有法必依，如果说一个国家的法律不好，越多越有权威越糟糕。所以良法是个前提，良法是法治的前提，16个字没有这个东西。第三个理由就更清楚了，在人类历史上，任何一个国家没有法律制度是不行的，存在不下去的，这个社会能不能存在都有问题，任何一个国家都有法律制度，但不一定是实行法治。典型的例子有两个，希特勒他有没有法律制度？也有。但是他是个人独裁，横行霸道，根本不按法律办事，他屠杀了600万犹太人，就是根据三个反犹太法。蒋介石有没有法律制度？有，他的六法全书，表面上也是很完备的。但实际上蒋介石是个人独裁，国民党特务横行霸道，不按法律办事。另外他的法律是法西斯式的，对于中国共产党人宁可错杀一千、不可漏掉一个，所以国民党政府有法律制度，但没有现代意义的法治。从这三条我想能够把刀制和水治区分开来，我们的先人早就说过水可以载舟、亦可以覆舟。所以一定要有人民的观念，要为人民服务，不能违反人民的意志，要善于用法律来保护人民的权益。

在这样的背景下，我们把那次大讨论编了一本书叫《法治与人治问题讨论集》，这次在深圳我代表编辑小组领了这个奖。如果大家要了解那场大讨论的话，那本书里面基本内容都有了。在那场大争论的背景之下就产生了一些执政党和国家的重要文献，对依法治国的推进起了很重要的作用。第一个首先要肯定，1978年12月15号召开的党的十一届三中全会发表的公报，有一段话非常要害，这段话的大意是这样的：今后各级人大要加强立法，要保证法律具有极大的权威，要做到有法可依、有法必依、执法必严、违法必究，做到法律面前人人平等。还提了党的组织不要过度干预司法机关具体办案。那里面没有三点水的法治，但三中全会的公报标志着我们国家党的指导思想已经走向了法治的道路，所以我每次谈依法治国发展历史，三中全会开启了改革开放的伟大新时代，同时在政治体制上，在依法治国的问题上也起了一个好头。

第二个是胡耀邦叫中央书记处研究室起草一个内部文件，要回顾检查一下我们党内有哪些内部规定，不利于刑法、刑诉法的实施，背景是1979 年我们要通过七个法律，两个最主要的是刑法、刑诉法，中央很重视。后来中央书记处就把我找去了，要我负责这个文件的起草，因为涉及的问题太多，我又推荐了王家福、刘海年两位同志来参与起草。文件的全文是中共中央《关于保证刑法、刑诉法切实实施的指示》，简称"64 号文件"，发表于1979 年 9 月 9 日。其中有句话是这么说的：刑法、刑诉法能不能得到切实实施，是标志着我们国家是否实行社会主义法治的一个主要标志。"法治"两个字在党的历史上、中央文件里面第一次就出现在这里，我记得我们把这个词写进去以后，在中南海开了八次讨论会征求意见，没有人反对。同时也采纳了我一个意见，废除党委审批案的制度，过去法院三年、五年左右的刑期，稍微多一点必须当地党委讨论通过以后，法院才能开庭宣判。检察院批准公安部门逮捕，也是要当地党委讨论以后，是不是同意批捕，检察院盖章才能做到。我亲自到最高人民法院、最高人民检察院去调研，他们说我们完全赞同，最高人民法院两个领导也说，"李教授，这个意见最好是你们提出来的，因为你说最高法院提出来，人家会说我们向党要权"。我说当然了，这个建议是我们提出来的，你不要有顾虑。两高都同意了，就取消了党委审批案件制度。而且宣布了"文化大革命"中颁布的"公安六条"，所谓恶毒攻击罪，被抓、被杀的不少，文件宣布取消，明确宣布任何领导人都是允许批评的。同时，"地、富、反、坏、右"五类分子摘帽以后要和公民一样享有平等权利，像这样一些内容"64号文件"都规定了。所以这是十五大确定依法治国方针之前，五大节点之一。

还有一个节点，就是1981年前后，我们开展的审判"四人帮"事件，这是中国历史上一个非常大的历史事件。当时中央决定要总结一下这次审判的历史经验，就交代中央书记处负责起草一篇《人民日报》的本报特约评论员文章。这个任务后来交给我了，题目是这样的：《社会主义民主和法制的里程碑》，副标题是：《评审判林彪、江青反革命集团》，总结了五条经验、五条法治原则，是这样的：司法独立、司法民主、实事求是、人道主义、法律平等。法律平等不用说了，林彪、江青你要犯法我照常判你，平等没有问题。人道是什么意思？当时陈伯达年龄比较大，就搬了一个沙发在审判台前坐着接受审判。这五个原则在学术界影响比较大，因为这还是1981年的事情。最后一段话很重要，说这次审判标志着我们国家已经走上了依法治国的道路。"依法治国"四个字是在这个文件里面第一次出现的，标志着我们国家已经走上了依法治国的道路，这是一个节点。

第四个节点就是十二大，胡耀邦总书记在的时候，十二大里边有一个重要的规定，并且写进了新的党章，有这样一句话：党组织要在宪法法律范围内活动。现在习近平总书记在重要讲话里也经常引用这个原则，实际上就是和今天讲的执政党要依法依宪执政是一个意思，这也是我的一篇文章的题目，被采纳了。

第五就是"八二宪法"去掉了一些没有来得及拨乱反正的"七八宪法"的内容，恢复了一些"五四宪法"的重要原则，重要原则有两个，一个是法律平等，一个是司法独立，"七八宪法"没有恢复，"八二宪法"

恢复了。同时，在序言里面有一段话，说这部宪法颁布以后，全国各族人民、一切国家机关和武装力量，各政党和各社会团体、各企业事业组织，都必须以宪法为根本的活动准则，并且负有维护宪法尊严、保证宪法实施的职责。这段话的要害是讲执政党也不例外，也要按照宪法办事。所以现行宪法特别经过四次修改，包括依法治国写进宪法，包括保障人权写进宪法，包括私有财产的保护写进宪法，包括市场经济，这四次修改标志着我们国家正沿着改革开放新时代的道路往前走。

在这样的情况下，十五大确定依法治国这个方针是水到渠成了，党内已经取得了高度共识。这里面达成了四条共识，是我在一篇文章里概括出来的，十五大报告原原本本写进去了。即依法治国是市场经济的客观要求，依法治国是民主政治的重要条件，依法治国是人类文明的重要标志，依法治国是国家长治久安的根本保障。市场经济是一个法治经济，就是因为经济主体是独立自主的，按照等价原则进行平等自由的交换，因此市场经济就决定了必须法治引领，你要靠行政手段来解决一切问题是不行的，必须要有法律，必须有合同来调整市场关系。第二条民主政治的必要条件，民主有些政治学家讲得比较玄，我往往喜欢用简单的语言来表达我的观点。我把民主归纳为一个原则、四个内容，一个原则就是人民主权，宪法规定国家的一切权利属于人民，叫人民主权、主权在民。这既是一个基础理论问题，又是现代民主一个基本的原则，即权力属于人民。第二所谓民主有四个内容：一是公民的民主权利，包括选举权、被选举权、参政议政权、监督权、宗教信仰自由等等，这些是现代民主的基础，基础应该建立在权利之上。二是国家权力的民主配置，涉及到执政党和政府的关系，国家里面立法机关和司法机关、行政机关的关系，权力的划分，要相互制约、相互独立，这些权力不能集中在一个组织手里，更不能集中在一个人手里面，这是一个现代的民主原则。三是立法、执法、司法要贯彻民主原则，要允许群众参与、允许群众监督。四是民主方法。民主集中、群众路线、批评与自我批评，干部的民主作风，这些应该排在最后。最大的还是民主权利，这些原则和内容，一个国家如果说要能够得到严格的治理，就必须通过宪法法律规定下来，运用宪法法律的权威保证民主制度不受破坏。1954 年宪法是不错的，对公民的基本权利也规定得比较好，但是在"文化大革命"里根本大法成了根本没用。刘少奇在中南海红卫兵斗他，他曾经举着宪法抗议，说你们看宪法写得清清楚楚，我这个国家主席是老百姓选出来的，你们怎么能随便拿我斗呢？但是他抗议没用。就说明"文化大革命"的根本原因是民主法治不健全，才造成了这样的大灾难。所以当时搞"阶级斗争为纲"是一个原因，另外有三千多年的封建传统，没有民主法治传统也是一个原因，但根本的原因是法律制度不健全。当时毛泽东成了一个神，毛主席一个讲话，最高指示，北京几十万人一早起来在天安门前游行，听取毛主席的最高指示，达到这样一种情况，完全按照一个人的看法和愿望办事。根本没有民主、没有法制了，宪法根本不起作用。所以改革开放以后，我们之所以要搞政治体制改革，比较进步的思想家和领导人都接受了"文化大革命"的教训，才产生了今天这个新的局面。

第三个我再解释一下为什么是人类文明的标志，法治有双重价值，既是人类文明的一个表现，又有工具价值，相对于人权来讲，法治是一种手段，但是法律本身又是文明的一个表现，是社会文明的一个重要标志。为什么？过去法学界普遍讲国家和法律是阶级斗争的产物，这个观点直到现在法学界还有人坚持这个错误，我在给全国人大讲课的时候翻过来，我说法律不是阶级斗争的产物，是人类社会三大矛盾的必然要求。从原始社会到未来一万年以后社会都会存在三大矛盾：一是秩序和自由的矛盾。社会要有秩序，生产、交换、分配、公共生活、家庭生活都要有序，不能乱七八糟，没有规矩。但是个人的思想和行为是自由的，这个自由有非常重要的价值，人区别于动物的根本特点也是自由，人的自由和社会的秩序是有矛盾的。二是人活在这个世界上有两大根本需求，第一物质利益的需求，第二精神利益的需求，但这种需求在人和人之间是有矛盾的，我可能侵犯你，你可能侵犯我，个人和社会组织之间也是有矛盾的，我可能侵犯社会利益，社会组织也可能侵犯个人的利益，所以物质利益、精神利益都存在相互矛盾，这是不可避免的。三是有社会就必须有社会组织，有管理和被管理，有领导和被领导，有政府和人民的矛盾。关于这个矛盾也是任何社会都存在的。这三个矛盾是客观存在的，就必须有一种规则来调整，这个矛盾怎么处理，定一些规则，全社会都按这个规则办事，不能违反，这就是法律。在原始社会，先是习惯，后来变成习惯法，慢慢成为法。所以法律不是阶级斗争的产物，而是人类三大矛盾的客观需求，否则就没有文明，就会乱七八糟。社会能不能存在下去都是一个问题。

另外一个，法律自身的特点决定了它是公平正义的体现，张老师的外语好，中国古代的法律是个独角兽代表公平正义以外，西方的主要文字，包括英语、德语、法语那个字是多义词，既有规律的意思，也有规则的意思和公平正义的意思，原因是什么？法律本身的特点决定了，起码有四个基本特点：一是普遍性。它是为所有社会成员制定的，因此要求任何人都遵守。二是法律必须平等，制定以后不能搞特权，法律必须平等。三是法律必须公开。内部规定不是法，你不能用内部规定去约束人们的行为，老百姓不知道你有什么内部规定，你没有告诉我这个行为不能做，所以法律必须公开。四是不能用今天的法律去处理过去的行为。这四个特点决定了法律自身是公平正义的一个体现，具有公平正义的根本属性。由于这两个原因，所以法律有其伦理价值，但相对于为了保护人民的利益来说，法律可以是个工具。法律通常都是接受了多数人的智慧，制定了一些社会规则，拿破仑开了84次研讨会才制定出了《拿破仑法典》，其中有40多次是由拿破仑亲自主持的。法律是集中了多数人的智慧，同时法律特殊的功能就是规范人们的行为，指导人们的行为，评价人们的行为，惩罚人们的行为，还可以有教育作用，总共有七种独特的功能。在这种情况下，法律是一个工具。所以四中全会有一个结论，中国梦的实现必须要有法治作为保证。你们注意看一下，专门有一段话，总结性的话。法治既是中国梦的一个具体内容、一个理想追求，又是实现中国梦的一种手段、一个保障。

我这里顺便简单说一下中国梦怎么理解，现在有不同理解。有一些学者把中国梦看作是党的十八大新的领导集体一种理论体系，包括哲学思想、经济思想、政治思想、文化思想等等。中国梦不是这个意思，中国梦中央说得很清楚，就是中华民族伟大的复兴。这才叫中国梦，是近百年来中国人民的共同愿望，我们的民族要伟大复兴。什么叫伟大复兴？标准是什么？中央有一个提法，叫作通过两个一百年，达到我们国家建成一个富强、民主、文明、和谐的社会主义强国，这是中央的表述。我有一个新的表述，达到五大文明。哪五大文明呢？物质文明、政治文明、精神文明、社会文明、生态文明，五大文明使我们的国家建设达到当代世界最先进的水平，这就实现了中国梦，中华民族的伟大复兴。为什么我要这么概括呢？因为前面四个字，文明这个字太宽泛了，富强、民主也是文明，和谐也是文明，用五大文明来概括比较好，达到世界的先进水平。不要搞那些不该搞的东西，我举个例子，好像有两个省，有些县成立了中国梦办公室，简单叫"梦办"，你说它能干什么？有什么可干的？完全是吹捧，抬轿子，吹喇叭，没有必要这么做。中央说得很清楚，中华民族的伟大复兴梦，什么叫伟大复兴也有标准，中央是有规定的，不是一个理论体系。习近平这一届领导人，今后这个领导集体在马克思主义发展史上，中国特色社会主义理论有什么创造，把它们归纳起来是完全有必要的，我也相信能够有这个创造。

下面，我最后讲一下在理解依法治国的重大意义方面的一个关键问题，这个问题就是长治久安。中外历史上是怎么争论的我就不谈了，因为太复杂了，就谈我们中国、我们党内在这个问题上是怎么看的。马克思主义的发展史上从来没有提出过这个命题，国家长治久安根本的问题是在什么地方，关键寄希望于什么，没有提出过，也没有回答过。过去思考过这个问题，但是回答错了，这个典型例子是 1958 年 8 月 20 号，在北戴河中央政治局扩大会议上，毛泽东就谈到，法律这个东西没有也不行，但我们有我们这一套。毛主席有一段讲话，原文是这么说的："我们的各种规章制度，大多数、百分之九十是司局搞的，我们基本上不靠那些，主要靠决议开会，一年搞四次，不靠民法、刑法来维持秩序。我们每个决议都是法，开会也是法，治安条例也要变成习惯才能遵守。人民代表大会，国务院开会有他们的那一套，我们还是靠我们这一套。"刘少奇则明确地提出："到底是法治还是人治？看来还是靠人，法律只能作为办事的参考。"所以当时这两位领导人是把国家的长治久安寄希望于人，寄希望于开会来管理国家，没有看到法律制度的决定性作用。这个问题是邓小平提出来的，他在 1980 年 8 月 30 号有一篇文章，非常重要，题目叫《政治体制改革》，里边有这么一句话，说：领导人的作用固然重要，但制度问题更具有根本性、全局性、连续性、长期性，关系到我们党和国家是否改变颜色。后来又不断讲法律具有稳定性、连续性，不因领导的改变而改变，不因领导人的注意力和看法改变而改变。这个问题是邓小平的依法治国思想里最精华的东西。

这是我讲的第四个方面，习近平总书记的讲话里也重复了这四句话，这是对依法治国最高度的理论概括。最后我必须说我们必须坚持党的领导，我经常跟外国人争论，有人说中国人一党执政是不民主的，因此你们不可能建设一个法治国家。我说不一定，世界的路是人走出来的，我说中国前 30 年 GDP10%，现在我们调整了这个战略，保持着7.5%，创造了经济事业发展的世界奇迹，是我们党领导人民创造出来的。既然我们取得了经济发展的奇迹，社会得到了进步，我们的政治体制就不能创造奇迹吗？我说你说得太死了，中国可以实现。现在中央办事很难，这么大一个国家，要处理很多问题不那么容易。现在领导干得不错了，内外政策我都很赞同，你看外交政策搞得多神气。所以一定要坚持党的领导，要反对极"左"和极右，有人认为中国的政治制度、经济制度不如西方，不具有普世价值，这样的观点我们要反对。但最危险的还是极"左"，现在有人鼓吹要大搞阶级斗争。马云创造了财富，你说他算什么阶级？他应该是最大的资产阶级。有一个老教授在北京的一个会上我跟他开了一个玩笑，我说某某教授，你老是想这些阶级斗争，我说你算什么阶级？我听说你有两套房子，这两套房子北京的物价是上千万，我说你算千万富翁了。这是一个真实的笑话，在北京的一个大会上我跟他争论。所以我真的想过要写一篇文章批极"左"，现在极"左"、极右都要反对，往往极"左"影响最大、对我们影响最大，邓小平这个话也是说得对的。

谢谢大家，我讲的就这么多。

（本文系作者在西南政法大学为全校研究生作的学术报告）

"依法治国"如何成为党的主张和国家意志

1997 年，"依法治国"被写入了中共十五大报告，成为党的主张；1999 年，"依法治国"被写入了宪法，成为国家的意志主张；在 2014 年的当下，"依法治国"被列为十八届四中全会主题，将党的主张和国家意志进一步具体化。

而就在十五大之前，"依法治国"还是一个讨论不已的问题，围绕着"人治"和"法治"，学术界展开了旷日持久的争论，至今依然余音缭绕。

但毕竟，"依法治国"已经成为党治国理政的根本方式。在朝着治理方式和治理体系现代化之路行进的过程中，如何推进"依法治国"显然是全国上下共同的历史任务。

中国法学三老之一、中国社科院荣誉学部委员李步云在"依法治国"理念的提出、内涵的解析等方面，都有很多理论建树，并最终被中央领导采纳且写入中央文件。近日，他接受财新记者专访，梳理"依法治国"是如何成为党的主张和国家意志，以把握历史的脉络和轨迹，更好地向前迈步。

财新记者：十八届四中全会确定会议主题为"依法治国"，这在中央全会历史上是第一次。有人认为，"依法治国"的治国方略是在党的十五大第一次确定下来的，因此十五大是"依法治国"的起点。

李步云：有一定道理，但不准确。准确的说法是党的十五大是"法治国家"建设的一个里程碑。在这之前，有个思想理论准备和初步实践的过程。准确地说，"依法治国"的起点是十一届三中全会。十一届三中全会确立了党和国家工作重心的转移，学术界由此开始了"依法治国"的理论研讨。中央领导关于"依法治国"思想高度统一，然后才有"依法治国"水到渠成写入中央文件。可以说，党的十五大的功劳在于通过党内民主程序正式将"依法治国"写入党的文件，成为党内共识。1999年"依法治国"入宪又是一个里程碑，将党的主张上升为国家意志。这次四中全会的全面落实"依法治国"势必也将会成为一个新的里程碑。

理论准备

财新记者：十五大以前，学术界围绕着"依法治国"做了哪些早期理论准备？

李步云：主要是围绕着"人治"和"法治"展开的。20世纪80年代初期进行的"人治"、"法治"大讨论，其规模之广、参与争鸣学者之多，为中国学术史上所罕见。

当时学术界展开了"法治论"、"结合论"和"取消论"这三大派激烈论争。"结合论"的观点是，"人治"和"法治"都有必要，两者应结合起来。"取消论"这一派认为，"人治"与"法治"是西方的一种提法，不科学，有片面性，有副作用，"用'建设社会主义法制'就行了"。

学术界一致反对要人治不要法治的传统观念和实际做法。但在是否应倡导法治反对人治、法治与人治是否应结合、以法治国概念与提法是否科学等问题上，意见分歧很大。

财新记者："法治论"的主张是什么？主要理由是什么？

李步云：我是主张"法治论"的。我在1980年就专门写过文章对"结合论"、"取消论"做了回答。

"结合论"的主要理由是，法要通过人去制定和实施，因此既要重视法的作用也要重视人的作用。就好比毛泽东同志所说，只有把武器同战士相结合才能产生最大的战斗力。这是将"法治"与"法的作用"、"人治"与人的作用简单地等同起来了。

实际上，法治与人治是两种对立的治国理论和原则（方略、制度）。作为一种治国理论，法治论认为，一个国家能否长治久安和兴旺发达，关键的、决定性的因素和条件，是要依靠建立一个良好的有权威的法律和制度，而不在一两个领导人是否贤明。作为一种治国的原则和制度，法治论主张国家要有极大权威的法律和制度。人治论则持完全相反的看法，主张或默认法律可有可无，权可以大于法。

当然讲现代法治，还要求实行一系列重要的原则和制度。如果我们倡导法治，反对人治，就能解决我国法制建设中长期存在的两个根本性问题：一是在指导思想上总是把国家的长治久安与兴旺发达主要寄希望于一两个好的领袖人物，而不知法律与制度的决定性作用；二是鲜明地反对权大于法、办事依人不依法。

1980年1月4日至5日，中国社科院法学所和《法学研究》编辑部专门举办了第一次关于法治人治问题的专题会，我当时是法学所的党总支委员，是具体负责筹备会议人之一。

财新记者：可不可以说，从此"法治论"战胜了"结合论"和"取消论"，其关于"法治"的主张成为了全社会的普遍共识？

李步云：也没有完全获得共识。直到今日，我们仍能看到一些言论和现象，主张法学教条主义，把马恩列斯毛的话句句当真理，将领袖人物的语录编辑和注解作为马克思主义法学；主张法律经验主义，否认理论的价值，拒绝借鉴古今中外的法律文化遗产与成果；主张法律工具主义，否认法律的伦理价值，仅仅将其视为工具，认为法律束手束脚，往往以长官意志替代法律；主张法律实用主义，不能正确处理法律和政治的关系，不尊重法律应有的尊严和权威。这些作为学术观点，是应当反复研究和讨论的。

财新记者：在理论准备中，还有一个重要的概念，就是你首先提出来将"法治"和"法制"区别开来。人们当时关于"法治"这一概念的认识还很模糊。比如有的人当时提出，法治这一概念是历史上剥削阶级提出的，是一个"非阶级或超阶级"的概念，因此，我们不能用。

李步云：这只是当时的一个反对意见。我当时就说了，民主、自由、平等、人权、人道主义等概念，都不是无产阶级自己的发明，而是历史上沿袭下来的。为什么这些概念可以用，"法治"这个概念就不能用了呢？法治论者强调的是，一个国家应该制定一套比较完备的法律，作为人们的行为准则；任何人包括国家领导人在内都要遵守法律，严格依法办事；法律面前人人平等，谁违法犯罪都要受到同样的制裁。当时还有人提出，"法治"就是"法律的统治"，这是一种望文生义的解释。也有人提出，虽然我们十分强调工业、科学等等的作用，但不能提什么"以工业治国"、"以科学治国"，所以提"以法治国"也是不科学的。也有的提出，既然有了"健全社会主义法制"这一口号，就用不着再提什么"要实行社会主义法治"了。

财新记者："法制"与"法治"到底有哪些不同？即使到今日，我们还可以看到一些文章和文件里，对这两个词的混淆使用。那么，在什么情况下用"法制"，什么情况下用"法治"？

李步云："法制"与"法治"有四点区别。我最早是在 1982 年初《法治概念的科学性》一文里提出来的。当时，在关于法治与人治问题的讨论中，有的人提出，"法治"这一概念"不科学"，有"片面性"，和坚持四项基本原则有矛盾。既然有"法制"的提法，也用不着再讲什么"法治"了，主张抛弃"法治"这个概念。

我觉得，这种观点是错误的，我就写了这么一篇关于"法治"概念的文章，提出"法治"这一概念"科学"，没有"片面性"，和坚持四项基本原则没有矛盾，"法制"不能代替"法治"。

从 1982 年初我写《法治概念的科学性》到提出"法治"，到党的十五大报告第一次在党的纲领性文件中明确提出"依法治国，建设社会主义法治国家"这一治国方略和奋斗目标，很多学者、干部和普通公民都搞不清楚"法制"和"法治"的区别。

"法制"与"法治"有哪四点区别？第一，法制是法律制度的简称，是相对于政治制度、经济制度、文化制度以及其他各种制度而言的；法治则是与人治相对立的一个概念，主张法治意味着否定人治。第二，法制的基本内涵是指法律以及与法律的制定和实施相关的各种制度如立法制度、司法制度等，法治的基本内涵是与人治不同甚至对立的一种治国理论和治国方略与原则。第三，实行法治首先必须要有法制或法律制度，但却不能说有了法制就必定有法治。第四，法制动态含义即"有法可依，依法办事"；法治则与民主政治密切相关，要求在法律制定和实施的各个环节上都贯彻民主原则，实行立法权、司法权和行政权的分离和相互制约，独立实行司法，严格做到法律面前人人平等，体现法律的正当程序原则。

财新记者：在理论准备中，"依法治国"是不是也是一个重要概念，它的具体内涵是什么意思？

李步云：我们最早谈的是"以法治国"，是我和王德祥、陈春龙在1979年9月，中国社科院召开的"庆祝中华人民共和国成立30周年学术讨论会"上提交的论文。这篇文章从观念更新和制度变革两方面详细论述了要在我国实行"以法治国"的方针。法学界普遍认为，这是第一次明确提出要在我国实行依法治国，并从理论和实践上做了系统论述的文章。《光明日报》在征求中央法制工作机构一些同志的意见后决定发表全文，但认为"以法治国"口号中央尚无此提法，就以《要实行社会主义法治》为题，在1979年12月2日摘要发表。结果，社会反响很大。有的同志告诉我，某中央机关有人曾将这篇文章抄成大字报，张贴在机关门口。后来，这篇文章就全文刊登在了1981年群众出版社出版的《法治与人治问题讨论集》中。

"以法治国"也就是"依法治国"，根据人类的共同经验和中国的具体国情，具体内涵包括以下10项：法制完备、主权在民、人权保障、权力制衡、法律平等、法律至上、依法行政、司法独立、程序正当、党要守法。

在中国社科院法学所召开的一次国际学术研讨会上，一位瑞士学者对我说，你的10项原则，前九条同西方国家的主张一样，但我们那里从来不提"党要守法"这一条，这是为什么？我回答说，在我国，第十条不仅需要，而且这一条最重要。在西方，法治经历了有近两百年的发展过程，任何政党必须守法，已成一种宪政文化和习惯。同时，你们是多党制或两党制，办什么事都公开。如果一个党不按宪法办事，公民就不会投你的票，你就别想上台执政；上了台也常被赶下来。我们这里是一党执政多党合作，保持了社会稳定，也能办成很多大事。但这种政治体制又必须强调和重视执政党必须依法办事，依法执政。

财新记者：长期以来，我们讲的是"有法可依，有法必依，执法必严，违法必究"，"依法治国，建设社会主义法治国家"究竟和这个有什么区别？

李步云：16字方针是我国过去法制建设的基本口号，起了很大作用，今后仍然可以使用。但是16字方针的要求在古代也适用。中国古代法律也很"完备"，管子也说过"君臣上下贵贱皆从法，此之谓大治"。而现代"法治国家"的标志则是上述16个字难以完全概括和表达的。

例如，现代法治国家不仅要求有法可依，而且法律应当良好，要符合事物的本质和发展规律，符合当今的时代精神。要求反映全体人民的利益和意志，能促进社会和经济的快速发展，促进社会的公平正义，同时法律体系要严谨科学。现代法治国家必须建立在民主的基础上，立法、司法和执法都应贯彻民主原则。现代法治要求立法权、司法权和行政权不能集中于一个人或一个机构手中，应实行权力分立与制衡，应实行独立司法。现代法治要求法治主要"治官"，而不是主要"治民"；要将尊重和保障人权作为基本出发点和落脚点；等等。因而，现在只提16个字已是远远不够了。在现代，16字方针可以认为仅是"形式法治"，而不是"实质法治"。

经过长期的讨论和争鸣，"要法治不要人治"的主张得到了越来越多人的认同。但是在理论和实际工作者中对法治概念与"依法治国"的口号和方针仍然存在这样那样的看法和疑虑。

要从人治走向法治并不容易，在现实生活中，我们还可以看到大量的"人治"的现象：领导人的意志高于法，办事可以依人不依法、依言不依法，等等。

法治实践

财新记者：十五大之前的早期法治实践，在您看来，有哪几件标志性的事情？

李步云：一个是十一届三中全会的召开以及以后的四个事件。党的十一届三中全会公报指出："为了保障人民民主，必须加强社会主义法制，使民主制度化、法律化，使这种制度和法律具有稳定性、连续性和极大的权威，做到有法可依，有法必依，执法必严，违法必究。从现在起，应当把立法工作摆到全国人民代表大会及其常务委员会的重要日程上来。检察机关和司法机关要保持应有的独立性；要忠实于法律和制度，忠实于人民利益，忠实于事实真相；要保证人民在自己的法律面前人人平等，不允许任何人有超于法律之上的特权。"

第二个是 1979 年中央 "64 号文件"《关于坚决保证刑法、刑事诉讼法切实实施的指示》。这个指示强调，刑法等七部法律通过后，"它们能否严格执行，是衡量我国是否实行社会主义法治的重要标志"。这是建国后包括党的十一届三中全会以来，在党和国家的重要文件中第一次使用 "法治" 这一概念。这一文件在确立一系列法律原则的同时，决定 "取消各级党委审批案件的制度"，取消 "文革" 中 "公安六条" 所规定与实行的所谓 "恶毒攻击" 罪和 "反革命" 罪，宣布对 "摘掉了地、富、反、坏分子帽子的人"，"应保证他们享有人民的民主权利"。这一文件当时是胡耀邦提出要搞的。我、王家福、刘海年、滕文生等都参加了起草工作。在上述一系列重要内容中，包括取消党委审批案件的制度，我曾向最高人民法院和最高人民检察院征求意见。最高法研究室主任鲁明健对我说，我们十分赞同取消这一制度，但最好由你们学者提出来，不然人们会说我们是向党要权。高检专门召开党组扩大会议，也一致表示同意取消这一制度。有人告诉我，最高人民法院党组在讨论这个文件时大家自发鼓掌，院长江华在后来的一次讲话中曾说，我入党 50 年，这是我看到过的有关民主与法制的最好的党内文件。

第三个是对林彪、江青反革命集团的审判。应中央有关领导同志的要求并最后定稿的、以"特约评论员"名义撰写的《社会主义民主和法制的里程碑》一文，发表在 1980 年 11 月 22 日《人民日报》。该文总结这次历史性审判的五条现代法律原则是：司法民主、司法独立、实事求是、人道主义和法律平等。该文最后说："对林彪、江青反革命集团的审判，是我国民主和法制发展道路上的一个引人注目的里程碑。它充分体现了以法治国的精神，坚决维护了法律的权威，认真贯彻了社会主义民主和法制的各项原则，在国内外引起了强烈反响，具有除旧布新的重大意义。"这也是最早提"以法治国"的重要中央文献。

第四个是我 1982 年在《光明日报》上发表过一篇文章《党必须在宪法和法律的范围内活动》，被党中央写进了党的十二大报告和新的党章。

还有一个是 1982 年宪法。它在序言的最后一段这样强调要维护宪法与法律的尊严与权威："本宪法以法律的形式确认了中国各族人民奋斗的成果，规定了国家的根本制度和根本任务，是国家的根本法，具有最高的法律效力。全国各族人民、一切国家机关和武装力量，各政党和各社会团体、各企业事业组织，都必须以宪法为根本的活动准则，并且负有维护宪法尊严，保证宪法实施的职责。"

财新记者："法治国家"和"依法治国"最终是怎么得以写入党的纲领性文件中的？

李步云：1996 年 2 月 8 日，中共中央政治局听取了中国社科院法学所课题组的"依法治国"的讲座，江泽民作了《实行和坚持依法治国，保障国家的长治久安》的重要讲话。其后，1996 年 3 月，八届人大四次会议的一系列文件包括《国民经济和社会发展"九五"计划和 2010 年远景目标纲要》，郑重地将"依法治国"作为一项根本方针和奋斗目标确立下来。1997 年党的十五大报告，对"依法治国"方针的科学含义、重大意义和战略地位，作了全面而深刻的阐述，正式将"依法治国"提升到"治国方略"的战略高度。1999 年 3 月又将这一治国方略和奋斗目标庄严地记载在宪法中。法治入宪表明依法治国方略已由党的主张上升成为国家意志。

应当特别指出的是，司法部《实行依法治国建设社会主义法制国家的理论与实践问题》这个题目出得好。从"一五"普法到"二五"、"三五"普法，他们都提"依法治国"，并创造与摸索出一套依法治理的制度和经验。他们在这方面功不可没。

"法制国家"这个词在 1996 年 3 月八届人大四次会议时还在用，1997 年 9 月江泽民同志所作的党的十五大报告改为"法治国家"，时隔仅有一年半。这说明以江泽民同志为核心的第三代中央领导集体，洞察细微，能认真听取专家的看法而果断决策。但"法治国家"这个概念，学者中什么时候最早提出，我没有作专门调查，不敢肯定。也许王家福、刘海年和我在 1989 年《论法制改革》一文是较早提"法治国家"的论文。

1996 年 2 月，王家福代表课题组讲的题目是《关于实行依法治国，建设社会主义法制国家的理论与实践问题》。我当时就提出，题目应改成我写的那个初稿的题目《依法治国，建设社会主义法治国家》。当时司法部领导考虑，题目刚定，即将开讲时题目又改了，有点不合适，因此没有同意。十五大召开前夕，我和王家福、刘海年商量，应借这次机会将"法制国家"改为"法治国家"，于是决定给中央领导提供几份参考材料，其中一份就是江泽民同志于 1989 年 7 月 26 日接见中外记者时关于法治与人治问题的讲话，"我们绝不能以党代政，也绝不能以党代法。这也是新闻界常讲的究竟是人治还是法治的问题，我想我们一定要遵循法治的方针"。据说，十五大报告就是由江泽民亲自拍板，将"法制国家"改为"法治国家"。

财新记者：十五大之后的法治实践，在您看来，有哪些标志性的事情？

李步云：1999 年 3 月 15 日，第九届全国人民代表大会第二次会议通过了《中华人民共和国宪法修正案》，把"依法治国"正式写入了宪法，规定："中华人民共和国实行依法治国，建设社会主义法治国家。"将党的主张上升为国家意志。

2002 年，党的十六大提出了政治文明的概念，因为在此之前党和国家的文件都只是提两个文明：物质和精神文明。这是第一次提出来了政治文明，实际上把民主和法治提出来了，提到了国家发展战略的高度。

2004 年宪法修改时将"国家尊重和保障人权"写进了宪法。这是对法治概念的一个重要发展。有人曾作了一个非常形象的比喻："法治是法学的皇冠，人权是皇冠上的明珠。"法治具有伦理性和工具性双重价值，就其工具性价值来说，法治是保障人权的手段。

2007 年，党的十七大提出了科学发展观，提出"必须坚持把发展作为党执政兴国的第一要务"，提出科学发展观的核心是"以人为本"。这就彻底否定了以阶级斗争为纲的路线，为法治国家的建设奠定了社会基础。"以人为本"，说明法治建设要依靠人民，为了人民，是一个非常重要的法治理念和法治精神。

党的十八大以来，在法治中国的建设上，中央又提出了一系列新的概念、理论和重大举措。比如，十八大提出"弘扬社会主义法治精神，树立社会主义法治理念"，提出"领导干部运用法治思维和法治方式深化改革、推动发展、化解矛盾、维护稳定能力"，并且提出法治中国的总目标：全面落实依法治国基本方略，加快建设社会主义法治国家。按照党十七大报告的精神，社会主义法治精神的核心就是"以人为本"，要用以人为本价值观指导我们的法治建设。

十八届三中全会又特别将"全面落实依法治国基本方略，加快建设社会主义法治国家"具体化，从"维护宪法法律权威"、"深化行政执法体制改革"、"确保依法独立公正行使审判权检察权"、"健全司法权力运行机制"、"完善人权司法保障制度"等五个方面提出了具体要求。

法治展望

财新记者：四中全会是党内第一个以"依法治国"为主题的中央全会。在"全面落实依法治国基本方略，加快建设社会主义法治国家"方面作出了具体部署，前景值得期待。你之前提出了"依法治国"十原则，从理论上说，"依法治国"会具有怎样的时代内涵？

李步云：十八大提出了一系列新的提法，三中全会又明确了五个方面的具体要求，希望全面落实依法治国，推进法治国家的建设。对此，我是乐观的，"法治中国"的建设势必又会进入一个新的阶段，开启又一里程碑。

那么，什么叫"全面落实"？过去，我在理论上提出"依法治国"的具体内涵包括以下 10 项：法制完备、主权在民、人权保障、权力制衡、法律平等、法律至上、依法行政、司法独立、程序正当、党要守法。从过去这么多年的实践看，不太好落实。我觉得，现在应当落实到执行单位。于是，我提出"法治中国"，有 8 个标志：执政党依宪执政、人大科学民主立法、政府依法行政、社会依法治理、法院独立公正司法、法律监督体系完善、法律服务机制健全、法治文化繁荣昌盛。

总之，十八届四中全会是建设法治中国的一个里程碑，它的召开会加快建设"法治中国"的步伐，会把十八大提出的"依法治国基本方略全面落实，法治政府基本建成，司法公信力不断提高，人权得到切实尊重和保障"的要求进一步具体化。

（原载于《中国改革》2014 年第 11 期）

依法治国是国家长治久安的根本保证

中共中央政治局 7 月 29 日召开会议，决定今年 10 月在北京召开中国共产党第十八届中央委员会第四次全体会议，会议主要议程是，中共中央政治局向中央委员会报告工作，研究全面推进依法治国等重大问题。

据悉，中央全会专题讨论依法治国在历史上还是第一次。依法治国一直是中国社会经济改革的重要议题，在经济高速发展、社会规范越来越重要的今天，"法治"的理念越来越深入人心，如何制定出好的法律，如何执行好法律，如何处理好依法治国建设与现有制度的关系等都与国家的长治久安和繁荣昌盛有着密切的关系。

从十一届三中全会开始，经历了十二大、十五大、1999 年修改宪法，一直到 2013 年召开的十八届三中全会，法治思想、法治理念从萌发到辩论，再到形成共识，前后走过了 30 多年。

2014 年 8 月 2 日，中国社会科学院荣誉学部委员、广州大学教授李步云在接受《中国商报》记者专访时表示，依法治国理念的发展经过了长期的论证与实践，也经受住了各种辩论，现在将依法治国提到新的高度，符合历史发展的规律，也是中国各项建设的保障和需要。

依法治国既是静态的也是动态的

《中国商报》：十八届三中全会提出过司法改革的目标和任务，如"推动省以下地方法院、检察院人财物统一管理"、"探索建立与行政区划适当分离的司法管辖制度"等，但实际上进展并不明显，四中全会将如何推动司法改革的前进？

李步云：十八届三中全会提到了法治社会，这个是之前没有提到的，还有一个是在司法去地方化方面，人财物归上级部门管，有利于司法独立，有利于司法公正，排除地方干扰。

什么叫法治国家，什么叫全面落实？这个还需要有具体的目标和量化标准。基本要求是两条，一个是指良法，同时法律要有权威。

什么是法治国家，我曾提出 10 项标准，它们是法制完备、人民主权、人权保障、权力制约、法律平等、法律至上、依法行政、司法独立、程序公正、党要守法。

要推进司法独立、司法去地方化，就要有配套措施，人财物的独立、垂直管理，但如何选取相协调的机制，这涉及到很多方面的问题，当然也还有很多方面的争议，比如如何处理党的领导与司法独立之间的关系等。

《中国商报》：中共十五大提出"依法治国"，至今已经 16 年，中国的法治建设也一直在进步，那么依法治国是一个静态目标还是一个动态目标？目前中国在依法治国的理念中处于什么阶段？

李步云：总的来说应该是动态的，要与时俱进，要逐步落实、逐步提高，这是动态的；但还应该有个基本的目标模式，从这个角度上来说又是静态的，然而每个国家、每个民族的要求与标准都会不一样。

今天说的依法治国并不是横空出世的，一般来说大家认为依法治国是十五大提出来的，但实际上，在此之前依法治国已经在思想和实践上都有准备，大致分几个大的阶段。

在十五大之前关于依法治国至少有五个大的节点，第一个是十一届三中全会，尽管全会公报没有出现"依法治国"，但它的一系列原则，比如"有法可依、有法必依、执法必严、违法必究"16 个字就是依法治国的重要体现，要树立法律极大的权威等一系列提法也体现了这个精神。

在后来的理论准备中还有个"64 号文件"，第一次提出了要实现社会主义法治，里面有这样一句话："刑法、刑事诉讼法同全国人民每天的切实利益有密切关系，它们能否严格执行，是衡量我国是否实施社会主义法治的重要标志……这是一个直接关系到党和国家信誉的大问题。"

第三次是 1981 年审判"四人帮"之后，当时彭真同志建议书记处研究室要起草一个总结，总结这次审判的历史意义和经验，后来这个工作交给我来做。1981 年 11 月 21 日在《人民日报》上发表了本报"特约评论员"的文章《社会主义民主和法制的里程碑》，副标题为《评审判林彪、江青反革命集团》，总结了社会主义法治的五条原则：司法独立、司法民主、实事求是、人道主义、法律平等，接着指出这次审判标志着我们国家开始走上了依法治国的道路。

第四个节点是，1982 年 11 月 22 日我又在《光明日报》发表了《党必须在宪法和法律的范围内活动》一文，后来将"党必须在宪法和法律的范围内活动"写进党的十二大报告和新的党章。

第五个节点就是 1982 年宪法，序言有一段话："任何政党都要维护宪法的权威，在宪法范围内活动"，这也体现了依法治国的精神。

依法治国的全局性作用日益突出

《中国商报》：从 1999 年依法治国写进宪法至今，依法治国有哪些新的进步和发展？

李步云：对于"八二宪法"，我的评价是它基本上反映了改革开放以来我党治国理政的成就，在政治体制改革这个领域里，当然也包括经济体制改革，基本反映了这个现状，这个"八二宪法"文明水准已经超出了"五四宪法"。"七五宪法"是一个非常坏的宪法，是"文化大革命"时搞的，"七八宪法"并没有完全消除它的影响，但有很大的进步。

自 1979 年学者提出要实行"依法治国"开始，此后比较长的时间里，全国范围内出现了大讨论，分为三大派，一是支持依法治国；二是反对依法治国；三是要法治，人治也要。

到了十五大，通过党内民主，和通过党内的民主程序将它确定下来，依法治国写进报告。1999 年，依法治国写进宪法，是党的意志上升为国家意志的重要表现。

后来也有几个节点，比如人权入宪，十六大提出的政治文明。科学发展观也是一个重要的节点，因为它的核心是以人为本，人本理论是一个最根本的价值追求，是立法、司法、执法的一个价值追求。和谐社会的提出对于法治也很有意义，因为法治是和谐社会的基础，和谐社会必须讲法治，这些对依法治国都有推进。

我们国家有很多战略，如人才强国、科教兴国、可持续发展等，但都谈不上是治国的方略，只有依法治国，建设法治国家才是治国的方略，因为它具有四性，即全局性、根本性、规范性、长期性。这是其他方针政策所不具备的。

《中国商报》：十八届三中全会以后，公众对社会主义法治建设、依法治国等有了新的期待，今年将要召开的十八届四中全会又将专门研究依法治国，这意味着什么？有何重要意义？

李步云：十八届三中全会的决议表明，新的领导集体已经达成共识：建设法治中国，对于国家的治国安邦具有重大意义，不能靠人，不能只靠党的具体政策，从根本上来说要依法治国。

第二是国家的腐败这么严重，需要法治的手段来解决，更妥善地解决。依法治国是市场经济的客观要求，依法治国是党领导人民治理国家的基本方略，依法治国是人类社会与文明的重要标志，依法治国是国家长治久安的根本保证。

在我党的历史上，中央全会专门研究法治还是第一次，这和正反两方面的历史经验有关，法治对推动五大文明的建设起了关键的作用，包括反腐也要纳入法治的轨道。最近有一种提法"反腐败，治标为治本赢得时间"，我认同这种说法。

在即将召开的四中全会上专题讨论依法治国，我想这次会议是要研究如何全面落实依法治国。我认为，"法治中国"的基本标志是：人大民主科学立法；执政党依宪依法执政；政府严格依法行政；社会依法治理；法院独立公正司法；法律监督体系健全；法律服务体系完善；法治文化繁荣昌盛（包括法学教育完备、干部和广大公民的法律意识强、法律知识的普及、法律理论体系科学等）。

（原载于《中国商报》2014 年 8 月 8 日，记者李海洋文）

"依法治国"首先是"依宪治国"

专访首论"依法治国"法学家李步云　他称四中全会绘就"法治中国"宏伟蓝图

1979 年，著名法学家李步云的一篇论文《论以法治国》，第一次系统论证了中国适合"依法治国"的方针。随后，这篇论文刊发在《光明日报》，引起了一场 20 年的"法治"大讨论。

20 年间，经历了多次理论准备的重要"节点"。1999 年，党的十五大提出"依法治国"以及"依法治国"入宪，这二者成为中国"依法治国"进程的第一个里程碑。

李步云认为，十八大是中国"依法治国"进程的重要"节点"，是第二个里程碑。

近日，以"依法治国"为主题的十八届四中全会召开。他认为，这揭开了建设法治中国的新篇章，是中国实行依法治国方略的第二个里程碑的标志，它描绘了建设法治中国的宏伟蓝图。

"依法治国"曾引发大讨论

记者：中国最早提出依法治国是在什么时候？

李步云：最早是我和另外两位同志一起提出的。当时是在 1979 年，中国社会科学院庆祝建国 30 周年的一个学术研讨会上，我们提供了一篇论文，叫《论以法治国》。这篇文章是国内公认的最早一篇从历史背景、理论根据等系统论证了中国应实行"依法治国"的方针。

后来这篇文章发表在《光明日报》，自此引发了中国有关"法治"的一个大讨论：从 1979 年开始，围绕着"人治"和"法治"，理论界展开了"法治论"、"结合论"和"取消论"这三大派的激烈争论。

这次争论参与人数之多、文章之多、规模之广，非常罕见。"法治论"主张用法治来反对人治，倡导依法治国。"结合论"认为人治和法治都有必要，两者应结合起来。"取消论"认为，人治与法治是西方的一种提法，不科学，有片面性，有副作用，我们用"社会主义法制"就行了。这三大派的争论可以看作是我们国家法治早期的理论准备过程。

因为"依法治国"得人心，符合党心民心，符合历史的规律，慢慢地为党所采纳。

记者：当时提出"依法治国"的背景是怎样的？

李步云："文化大革命"之后，惨痛的教训下，党心、民心对"法"有着强烈要求。当时西方就用"法治"一词，当时为了广大百姓、干部都能够容易理解和接受"法治"的概念，我们就用了中国古代的一个词："以法治国"。

记者：大讨论到什么时候，才正式告一段落？

李步云：到党的十五大，终于采纳了"法治论"的观点。这是一个"依法治国"的里程碑。党的十五大提出"依法治国，建设社会主义法治国家"，以及 1999 年第九届全国人民代表大会第二次会议通过了《中华人民共和国宪法修正案》，把"依法治国"正式写入宪法。因此，党的十五大提出"依法治国"以及 1999 年"依法治国"入宪，这二者是第一个里程碑。这个里程碑的意义在于，党的十五大通过党内民主程序正式将"依法治国"写入党的文件，正式将"依法治国"提升到"治国方略"的战略高度，而 1999 年"依法治国"入宪则表明"依法治国"方略已由党的主张上升为国家意志。

中央文件使用"法治"概念

记者：从 1979 年到 1999 年这 20 年间经历了怎样的过程？

李步云：这期间表现有五个节点。

第一个节点是十一届三中全会公报。全会公报指出："为了保障人民民主，必须加强社会主义法制，使民主制度化、法律化，使这种制度和法律具有稳定性、连续性和极大的权威，做到有法可依，有法必依，执法必严，违法必究。"这时提出"有法可依，有法必依，执法必严，违法必究"的 16 字方针。第二个节点是 1979 年中央"64 号文件"《关于坚决保证刑法、刑事诉讼法切实实施的指示》。这一文件强调，刑法等七部法律通过后，"它们能否严格执行，是衡量我国是否实行社会主义法治的重要标志"。这是建国后包括党的十一届三中全会以来，在党和国家的重要文件中第一次使用"法治"这一概念。

第三个节点是审判"四人帮"。后来中央决定要写一篇文章来总结这个经验，就是以"特约评论员"名义撰写的《社会主义民主和法制的里程碑》一文，发表在 1980 年 11 月 22 日《人民日报》。总结这次历史性审判的五条现代法律原则是：司法独立、司法民主、实事求是、人道主义和法律平等。这也是最早提"以法治国"的重要中央文献。

第四个节点是党的十二大及新的党章提出"党必须在宪法和法律的范围内活动"。

第五个节点是 1982 年宪法。在此之前，很多的法治原则被 1975 年宪法取消了。1982 年宪法在序言里专门有一段强调要维护宪法与法律的尊严与权威。

十八大是新的里程碑

记者："依法治国"入宪这个里程碑之后，又有哪些节点性事件？

李步云：党的十六大提出了政治文明的概念。这是一个重大的发展，因为以前党的文件都是物质文明、精神文明两大文明一起抓。政治文明概念的提出，把民主、法治、人权放到政治文明的范畴，把民主法治提高到一个战略的高度，和物质文明、精神文明并列。

党的十七大重要的贡献是科学发展观的提出。科学发展观提出"必须坚持把发展作为党执政兴国的第一要务"，本质和核心是以人为本，这两点对法治国家建设非常重要，因为要是没有经济基础，其他都谈不上。没有富强，政治文明、精神文明、生态文明都受影响。以人为本说明法治建设还是要依靠人民，为了人民，因为法律归根结底是为老百姓服务的。从这两点上来说，科学发展观对法治建设提供了一个指导思想。

党的十八大是我们国家"依法治国"进程中的又一个新的里程碑。

记者：为什么这么说？

李步云：十八大强调"法治是治国理政的基本方式"，把法治作为治国理政的基本方式，提到这样一个战略高度，过去没有。除此之外，中央又提出了一系列新的概念及重大举措，比如，十八大提出"弘扬社会主义法治精神，树立社会主义法治理念，增强全社会学法尊法守法用法意识"，提出"领导干部运用法治思维和法治方式深化改革、推动发展、化解矛盾、维护稳定能力"。

十八届三中全会为了贯彻全面落实依法治国方略，提出法治中国建设，从维护宪法法律权威、深化行政执法体制改革、确保依法独立公正行使审判权检察权、健全司法权力运行机制、完善人权司法保障制度等五个方面提出了具体要求。十八届三中全会全面深化改革的决议涉及方方面面，把治理国家的现代化作为总目标。

四中全会描绘蓝图

记者：十八届三中全会与十八届四中全会，在"依法治国"上有何推进？

李步云：两者是密切相关的。三中全会解决的是全面深化改革的问题，其中也包括法治方面的改革。这些改革用法治来保证它，将改革纳入法治的轨道，用法治保障改革措施。在这个背景之下，确定了四中全会以"依法治国"作为全会的主题，全面落实十八大"依法治国"的总方略。

究竟什么样的中国才是"法治中国"？要从哪些方面推进？全面落实应该从哪些方面落实？我在四中全会之前发表了一些文章，将这些问题的答案总结为八条。

一是人大民主科学立法。尽管目前我国的法律体系已经基本建立，但是仍然需要不断地"立、改、废、释"，这在任何一个国家都是一个常态，社会在不断地变化，更需要经常"立、改、废、释"，体现法律不断完善的过程。

二是执政党要依法依宪执政。三是政府要依法行政。四是社会要依法自治。五是法院要独立公正司法。六是法律监督体系要不断完善。七是法律服务保障体系要健全。

八是法治文化繁荣昌盛。这就要求广大干部群众要信法、守法，对法律有敬畏的心理，既崇敬它，又害怕它，把法律看作是神圣不可侵犯的。

现在来看，四中全会有很多都采纳了。三中全会中没有提立法、法治文化，这些概念都提到了。

记者："依法治国"首先是什么？

李步云："依法治国"首先是依宪治国，依法执政根本是依宪执政。长期以来，我们把宪法看作是很虚的东西，违宪的事情很多，得不到纠正。宪法没有权威，是长期以来存在的一个问题。所以，我们强调"依法办事"要"依宪办事"，"依宪治国"要执政党带头，这在十八大之后得到了进一步强调。

记者：四中全会在"依法治国"的进程中，具有怎样的意义？

李步云：四中全会揭开了建设法治中国的新篇章，是中国实行依法治国方略的第二个里程碑的关键性标志，它描绘出了建设法治中国的宏伟蓝图，为我们指明了建设法治中国的明确的方向。今后，全党和全国人民的任务就是要认真落实四中全会的要求，加快建设法治中国，为实现中华民族伟大复兴的中国梦提供坚强保障。

为什么说依法治国是历史的必然规律？首先，依法治国是市场经济的客观要求。其次，依法治国是民主政治的重要条件。再次，依法治国是现代文明的基本标志。最后，依法治国是国家长治久安的根本保证。

随着形势的发展，尤其是对依法治国认识的深化，依法治国是坚持和发展中国特色社会主义的本质要求和重要保障，是实现国家治理体系和治理能力现代化的必然要求，事关我们党执政兴国，事关人民幸福安康、党和国家长治久安。全面建成小康社会、实现中华民族伟大复兴的中国梦，全面深化改革、完善和发展中国特色社会主义制度，必须全面推进依法治国。

（原载于《广州日报》2014 年 10 月 29 日，记者张丹文）

依法治国：有待厘清的法治概念

2014 年 10 月，中国共产党第十八届中央委员会第四次全体会议，将研究全面推进依法治国重大问题，这在我国依法治国历程中具有重要意义。

中国共产党第十八次全国代表大会以来，在法治中国的建设上，中央提出一系列新的概念、理论和重大举措，其中有几个理论问题很重要，大家也比较关心，有必要做一下梳理或部分的澄清。

这几个理论问题包括法治理论、法治理念、法治方式、法治方略、法治精神、法治思维等概念，都是法治中国的重要组成部分，都应该有一个准确的定位，需要厘清每个概念的具体内涵，明确其基本内容。

何为法治方略和法治方式

法治方略和法治方式不同，方式是指一种手段、方法。方略比方式更重要，价值更高，而不简单是一种可用可不用的方法，是相对于人治的一个治国原则。

过去我们犯了一个错误，把法治仅仅看作一种工具，只承认其工具性价值，而没有肯定其伦理性价值。没有把它看成是一种文明的体现，看作一项影响和决定全局的制度和战略。

治国方略是建国大纲式的战略方针，是一种治国的理论和指导思想，也是一种治国的行动准则，包括目标、具体要求等。

现在，理论界对方略的解释也还不够。我们国家没有几个方略，"依法治国"方略之外，其他的比如"科教兴国"、"人才强国"、"和谐社会"、"科学发展"等，都是战略目标或战略思想，但是，这些不能称之是"治国方略"。

我在1996年第11期的《人大工作通讯》上发表了一篇文章《依法治国的理论根据和重要意义》，提到"依法治国是实行市场经济的客观要求，是建设民主政治的基本条件，是人类社会文明的重要标志，是实现国家长治久安的根本保证"，从制度文明的角度第一次论述了"依法治国"的重要意义。

后来，1997年9月中共十五大报告采纳了上述意见，进一步将"民主政治的基本条件"这句话改为"党领导人民治理国家的基本方略"。"治国方略"一词改得好，强调了这一条实际上是一个民主政治问题。

所以说，真正的治国方略只能是依照宪法和法律治国，为什么？有四条理由。

第一，法治具有全局性。刚才提到的一些战略目标都是治国的方针、重要原则，但不具有全局性，只有宪法法律才具有全局性，比如规定公民基本权利义务、国家机构如何产生和职权界定等。

第二，具有根本性。因为和谐社会、可持续发展等方针政策都要纳入法治轨道，都需要用法律确定下来，需要依靠宪法和法律的权威在全国范围内统一实施。

第三，具有规范性。能够形成具体的行为准则，上述的战略比较抽象，必须把抽象行为具体化为准则，用法律具体规范为具体要求。

第四，具有长期性。社会始终需要宪法法律。如毛泽东同志所说，一万年以后都需要有法庭，即使没有犯罪，天上的飞机相撞、海里的轮船相撞也需要法律来解决，没有规则不行。这个规则就是法律。所以，只有依法治国是治国方略、纲领，它并非简单的治国方式方法。

因此，提出和强调法治应是治国理政的基本方式是正确的、重要的，但强调它是治国的基本方略更重要。

何为法治理论

法治理论是什么？这涉及到"法治"的确切含义、重大意义和历史必然性。

现代法治的基本属性，是它在治国安邦中具有"全局性、根本性、规范性、长期性"。它的基本内涵是，一个国家要有一套良法，而法律应具有崇高的权威，任何组织和个人在法律面前都要低头。

事实上，中外历史上关于法治理论都进行过激烈的争论。

一个国家要长治久安，是依靠英明的领导人，还是依靠相对稳定的良好、有权威的法律和制度，回答这个问题的理论不同，就出现不同的答案。因而出现了"人治"和"法治"两种根本对立的治国方略。

从古代西方亚里士多德和他老师柏拉图的论证，以及中国古代法家和儒家的论证，都在争论法治和人治的问题。

中国法学界在 1979—1982 年也曾在法治与人治问题上开展过一场学术争鸣，即法治论——主张法治，反对人治，倡导依法治国；结合论——法治好，人治也不错，法治与人治应当结合；取消论——法治是一个西方的概念，提依法治国不科学，有片面性，我们只讲"健全社会主义法制"就可以了。

这场论争曾持续近 20 年之久，后来经过学术界的激烈讨论，法治理论逐步占据上风，并被领导高层和民众广泛接受。

作为治国理论，"法治论"认为，一个国家的长治久安和兴旺发达，主要应依靠建立一个完善稳定且有权威的法律制度，而不是国家领导人的贤明。

"法治论"并不否认领导人的作用，只是认为，国家长治久安的关键在于建立一个完善的法律制度并加以贯彻实施。

任何领导人都要按照国家的法律办事。作为治国的原则，早在一千多年前，亚里士多德就已提出："法治应包含两重含义：已成立的法律获得普遍的服从，而大家所服从的法律又应该本身是制定的良好的法律"。

可见，法律具有稳定性、连续性，"不会因领导人的改变而改变，不会因领导人的看法和注意力的改变而改变"（邓小平语），不会因为朝代的变化而变化，比人治要好，是基于国家能否长治久安的问题，从古到今就有的两种不同的治国方略和原则。这个就是法治理论。

何为法治理念

关于社会主义法治理念也是争论比较多的，但具体指的是什么可能很多人并不清楚。

社会主义法治理念曾被概括为依法治国、执法为民、公平正义、服务大局、党的领导，五个方面相辅相成。我认为这五个方面存在逻辑上的问题，社会主义法治理念就是依法治国，不能说社会主义法治包括依法治国，二者本是一回事，而非种属关系。

服务大局不属于法治本身，而是法治与改革、发展、稳定之间的关系问题。理念应该是理论加上信念，核心是信仰法律。

信仰法治就是要树立法律崇高的威望，相比人治，法治能集中多数人的智慧治国，同时是社会正义的标志。因此，必须坚信法治有保证国家长治久安和兴旺发达的作用。

何为法治精神

法治精神，是十八大第一次出现在中央文件里。

法学家对法治精神是有过探索的。我在 1995 年《现代法的精神论纲》一文曾经对此有过论述。这里的"法的精神"和现在所说的"法治精神"是一个意思。

现代法治精神指的是法的价值如何更好地实现，就是法律应当和是否在处理法律与人类的关系、个人与社会的关系、利益与正义的关系、效率与公平的关系、权利与义务的关系等五个基本的关系上，作出既符合事物的本性和规律，又体现人类一定历史发展阶段的时代精神的正确选择。

法的人本精神是法的最高层次的精神。

在个人与社会的利益与道德冲突中作出合理的兼顾与平衡，得到个人与社会的和谐存在与协调发展，是法的精神的重要内容与原则。

满足人们的物质生活和精神生活追求，使人们的基本需求——利益与正义能够彼此兼顾和得到最大限度的实现，并在它们相互矛盾时使其协调发展，是法的重要的基本的使命。效率与公平是法的体系中两个重要的价值。权利与义务是法的最基本的范畴，是构成法律关系的内容。

现代法的精神与古代法的精神相区别的根本条件是市场经济、民主政治与理性文化。

现代法治的根本精神就是人本精神，即一切从人出发，维护人的利益，保证人的幸福，自由平等，这是推动法治改革的主要动力，是评价法治好坏的主要标准。

何为法治思维

学术界原来对法治思维的关注并不多。我主张把法治思维做比较狭义的定义，法治思维属于人的思维方式、形式，就是各级领导干部办事情首先不是根据上级领导是怎么说的，红头文件怎么说的，党的政策怎么讲的，而是首先想到宪法法律是否赋予我这方面的权力，法律没有赋予这方面的权力而为之就是违法的。

所有的公民都要将法律作为思考一切问题的出发点、将法律作为一切行为的首要准则和方式的一种思维方式。

法治思维如果解释得太广泛，就将会与法治理论、理念、精神等互相混淆。

何为法治国家

依法治国和法治国家是连在一起的，但有区别。

广义上的"依法治国"包括"法治国家"在内；狭义上，两者又有一定的区别。

"依法治国"是一种治国理念和指导思想，即国家长治久安的关键条件，是建立一个良好而有权威的法律制度，而不应寄希望于出现一两个圣王贤君。二是依法治国是一种治国理政的根本准则，即治国要依法，而不能依少数领导者个人的看法来治理，不能长官意志决定一切。

法治国家则是近代以来一种文明进步的政治法律制度类型，要求具有一系列具体明确的标志与要求。

法治国家的划分模式有两种，一种是根据亚里士多德所说，"已成立的法律获得普遍的服从，而大家所服从的法律又应该本身是制定的良好的法律"。

那么，什么是良好的法律？什么是获得普遍的服从？

法治国家的主要标志，我在《人民日报》上曾把它概括为 10 条：法制完备、主权在民、人权保障、权力制衡、法律平等、法律至上、依法行政、司法独立、程序正当、党要守法。前五条是指良法之治，后五条是指法律要有权威，是对司法机关、行政机关和党的机关的要求。

法治国家的另外一种模式是落实在几个大的部门划分上，便于明确责任。

我主张应包括 8 个方面，具体内容指的是：党要依宪依法执政，人大民主科学立法，政府依法行政，社会依法治理，法院独立公正司法，权力监督体系完善，法律服务体系健全，法治文化繁荣昌明。

在对"法治中国""法治省"进行规划设计时，可以按照后一种模式做，把前一种模式的 10 条标志作为指导原则体现在其中。

其　他

关于近期的法治建设，我还有其他一些看法。

法治社会是一个新提法，是理论进一步的推进，是相对于法治政府而言的。

法治社会的意思是在政府之外还有一个广大的社会，包括企事业组织、行业协会、社会团体等，都要依法办事，纳入法治轨道。

那么，要打造法治社会，第一要做到政社分开，保证社会组织的独立性，政府不要过多干涉社会，以发挥社会的主动性、创造性。

第二，要促进一些社会组织特别是与法律有关的律师组织、法律援助组织、公证组织的进一步建设。

第三，加快制定与之配套的各项法律、法规。

第四，要充分发挥社会各方面的规章制度（即新谓软法）的作用。

此外，还有"信仰法治"、"坚守法治"这些新提法。在我看来，"信仰法治"就是要树立法治崇高的威望，相信法律代表了人民的利益、党的主张，是社会正义的标志，能够发挥起治国安邦的根本作用。

"坚守法治"，就是坚定不移，什么时候都不要动摇，不要动摇对法治的信仰。这可以归结为"法治理念"的核心要求。

总之，十八大以来在法治理论、法治理念的科学内涵上不断深化，最新的提法有法治精神、法治思维等，也很有意义，但对这些概念必须要进行准确定位，细化含义，可以有所交叉，但不能交叉太多，否则就没什么意义了。

（原载于《中国改革》2014 年第 9 期）

依法治国与中国梦

深圳是我们国家改革开放的排头兵与试验田，为我国的改革开放作出了巨大的贡献。对此我很敬佩。

十八届四中全会关于推进依法治国的决定，是具有历史意义的。我们的依法治国进程自 1978 年到今天共有两个里程碑，一个是 1997 年的十五大，第二个是十八届四中全会。

第一个里程碑，十五大通过党的民主的形式，把依法治国确定为我国的治国方略。

第二个里程碑，十八大报告提出了要全面落实依法治国方略，加快建设社会主义法治国家。党的十八届四中全会专门研究依法治国，包括建设法治国家的蓝图，说明了以习近平为总书记的党中央非常重视依法治国方略。这一个里程碑怎么评价都不为过。

实现中国梦一定要走依法治国的道路

我认为，依法治国，既是我们实现中国梦这个伟大民族振兴梦想的内容，又是它的保障。法治是现代文明（政治文明）的基本标志，中国梦则表达了我们 13 亿中国人民的共同愿望。

伟大复兴的基本标志，我个人认为是，五大文明的建设要达到现代世界的先进水平。这五大文明是指：物质文明、政治文明（包括民主、法治、人权）、精神文明、社会文明、生态文明。依法治国是政治文明的重要内容，同时，法律又具有工具性，所以十八届四中全会说得很清楚，实现中国梦一定要走依法治国的道路，用法律来保障我们中国梦的实现。

有人认为我们走上依法治国的道路是在十五大，实际上我们党的十一届三中全会就走上了这一道路。十一届三中全会公报提出，我们国家要经过人大加强立法，使法律有极大的权威，要实现法律面前人人平等以及其他的一系列要求，实际已体现了领导改革开放的党中央已经开始走法治道路。后来，从那时开始，我们国家经历了一场法治与人治问题的大讨论。

1979 年我与两个同事写了一篇《论以法治国》的文章，应该是第一次在我们国家全面论证依法治国。后来《光明日报》发表了这篇文章，并在法学界、政治学界形成了一个大的讨论。参与的人之多，发表文章之多，在中国历史上也不多见。当时有三个观点争论得很厉害，第一个观点是要讲法治，反对人治，倡导依法治国；第二个观点是法治好，人治也不错，法治与人治要结合起来；第三个观点是依法治国有片面性，法治是西方的概念，我们实行社会主义法制就行了。

直到十五大，这些争论才基本告一段落：党中央采纳第一个观点，很顺利地在十五大报告中写进了我们国家要依法治国，建设社会主义法治国家。这是党的历史上第一次以党的代表大会的形式确定依法治国是我们的基本治国方略。

我们经历了"文革"，法制遭到极大破坏，在这个背景下，我们要实行依法治国。法治与人治大讨论中的"讲法治，反对人治，倡导依法治国"的观点很快得到了党中央的认同。于是，1979 年 9 月 9 日，党中央的"64 号文件"中第一次写进了"我们要搞社会主义法治"的内容。

后来，1980 年 11 月 22 日，《人民日报》发表了一篇总结林彪、江青反革命集团审判经验的文章，题目叫《社会主义民主和法制的里程碑》。这篇文章总结了五个经验或者说五个法治原则：司法工作的独立、司法工作的民主、实事求是、革命人道主义以及法律面前人人平等原则。文章明确地说，这次审判标志着我们国家已经走上依法治国道路。

第十二届全国人民代表大会的政府工作报告和新的党章采用了我个人提出的建议，将"党必须在宪法和法律的范围内活动"的内容写进了报告。强调党要依法治国，依法执政，并规定所有社会组织、所有公民都要维护宪法权威，依照宪法办事，强调党要依法办事。这表明，依法治国为我们全党所共同认可，成为全党和全国人民的共识。

依法治国的重大意义

十五大前夕我写了一篇文章，归纳了依法治国的重大意义：

1. 依法治国是市场经济的客观要求；
2. 依法治国是民主政治的重要条件；
3. 依法治国是现代文明的基本标志；
4. 依法治国是国家长治久安的根本保障。

十五大将这四句话写进了报告，但有一句话改了一下，把第二句话改成了"依法治国是党领导人民治理国家的基本方略"，实际上就是党领导人民依法治国。因此到 1997 年十五大，我们党内已经取得了高度共识，对依法治国的重大意义的认识已经到了一个很高的高度，因此决议很顺利地通过了。

我下面解释这四句话：

1. 依法治国是市场经济的客观要求。市场经济与计划经济有一定的不同，市场经济的特点是独立的市场主体、自由等价的交换，因此用行政的方法管理市场不行，必须用市场经济的规律，用法律条例进行管理。

2. 依法治国是民主政治的重要条件：所谓民主，简单说就是人民当家作主，这也是我们宪法规定的：国家的一切权利属于人民，人民是国家的主人。

历史经验告诉我们，特别是"文革"告诉我们，民主没有法治作保证是不可靠的。我们是有宪法的，宪法规定的民主制度是健全的，但是到了"文革"，宪法没用了。正是基于"文革"的教训，我们意识到，民主是社会主义的生命，党要领导人民当家作主，但是，民主没有法治保证是不行的。

3. 依法治国是现代文明的基本标志。一个社会有没有法治，是这个社会有没有文明的重要标志。为什么我们国家最早的法律的象征是一个独角兽？独角兽代表了公平、正义。

法律本身的特点有一般性、公开性、平等性，还有一个是不溯及既往性，即不能用今天的法处理昨天的行为。这些都表明了法本身是公平正义的体现。法律不是阶级斗争的产物，而是文明进步的必要产物。法治是人类社会文明的重要标志，有没有法治，可以看出一个社会文明的高低程度。

4. 依法治国是国家长治久安的根本保障。这里有一个中外法律家争论的焦点：国家要想兴旺发达、长治久安，必须要有一两个英明的领导人，还是要有良好的法律制度？这就产生了人治与法治的争论，十五大在此问题上达成了共识。

法治国家的八条标准

十八届三中全会、四中全会要求全面落实依法治国方略，加快建设社会主义法治国家，是我们依法治国的第二个里程碑，为法治建设打下了好的基础。

如何理解十八届四中全会？法治国家、法治中国最重要的标准是什么？我曾在 1996 年的一次讲课中提出法治国家的标准及要求，我认为以下八条标准应该比较好地落实：

1. 人大民主科学立法，建立一个法律体系；
2. 执政党依宪、依法执政；
3. 政府要依法行政；
4. 社会、企事业单位、社会组织要依法自治；
5. 法院要公正司法；
6. 要完善法治监督体系；
7. 要建立法治保障体系，包括法律援助、法律救济等；
8. 法治文化。

"法治文化"这个词在十八届四中全会之前没有，是十八届四中全会中提出的。法治文化要求广大干部与广大老百姓要有法律意识，树立对法律的崇高信仰与敬畏心理。对于敬畏心理，给大家举个例子，最高人民法院一个已经退休的大法官，曾跟我讲过，如果这辈子办了一个错案，错杀了一个人，这一辈子都不安心。

法治文化涵括了很多内容，最主要的是要鼓励干部与人民群众建立法律意识。我们本次活动就是法治文化的活动，是媒体与政府共同发起的，希望大家多看法律方面的书籍，向大家普及法律知识。本次活动很有创意，与市民、读者面对面，这样的形式很接地气，是法治文化的创举。

最后，我想谈谈法律监督体系。我们检察院、审计部门、政府监察部门的职能是监督，法院判案不公，可以再审，检察院也可以抗诉。另一个是媒体监督、人民监督。现在互联网广泛应用，人们在互联网上可以学到很多的法律知识，可以对政府的工作及违法犯罪行为进行监督。我建议媒体的监督要加大力度。

我建议要重新提"双百"方针，文学、文艺、科学、历史等没有百家争鸣、百花齐放是发展不了的。法治文化是我们建立法治国家思想意识的文化基础，一个国家没有法律意识，特别是人民群众没有法律意识，广大干部没有法律意识，法治国家是建设不起来的。

主办方举办这样的活动，我非常赞赏，我今年虽然 81 岁了，但还是从北京过来与大家见面。通过这样的形式，并且这么多朋友自愿参加这样的活动，这表明我们 13 亿人都希望将我们的国家建设成法治国家。我很受鼓舞。

（原载于《法治周末》2014 年 11 月 6 日）

亲历从"法制"到"法治"的转变

从"法制"到"法治",看似一个字的改动,中国却走过了20年的历程,"公民在法律上一律平等"、"罪犯也是公民"、"实行社会主义法治"、"以法治国"、"保障人权"……这些今天的平常提法,在中国当代法治史上却是经历了艰难曲折的历程才被确立起来。

通过这些词汇背后的争论,我们看到中国法治观念的前进步伐……

——编者

确立"公民在法律上一律平等"的观念

《坚持公民在法律上一律平等》发表后,有读者写信给我说:"我很钦佩你,但是很担心你被打成右派"。

改革开放初期,法学界有两篇文章影响很大,都是《人民日报》发表的。1978年12月6日发表了我撰写的《坚持公民在法律上一律平等》,稍晚又有乔伟的《独立审判,只服从法律》。这两篇文章标志着法学界的思想解放开始了。

写这篇文章和我个人的生活经历有关系,也和"文革"有关系。当时十一届三中全会即将召开,人心思法、人心思定、人心思治的情绪是很强烈的。大家开始突破理论禁区，以前不允许谈的问题现在可以讨论了。我想一个新的时代开始了，法学的春天到来了，就开始写《坚持公民在法律上一律平等》，从构思到写完不到半个月。

写这篇文章时，压力是有的，但是心里很坦然。"文革"期间我看到的法律面前不平等的个案太多了。这是一个重大的理论问题，值得突破，而且相对来说好突破一点。法律平等问题在1954年的宪法中有表述，但是在1975年和1978年的宪法中被取消了。

文章发表后，国内国外反响比较大，我收到好多信件。其中一封陕西农村邮来的信，给我的印象很深。字迹很好，可能是个知识分子写的。他说"我很钦佩你，但是很担心你被打成右派"。因主张法律平等而被打成右派，并非没有先例。1957年"反右"运动，法学界弄了很多"右派"。当时最高法院刑事审判庭庭长贾潜主张"砖瓦论"，说我们可以把资产阶级法律废除，但是不能一点也不继承，就好像房子被推倒，砖和瓦还是可以用的，结果被打成"右派"。学者杨兆龙，也是因为法律的继承性和平等问题，受到批判。

《红旗》杂志主动请我用这个题目再写一篇文章，我对杂志社理论部的编辑说，这个题目你们要考虑，因为当时理论界和人大、政法部门中的主流看法是，"公民"和"人民"有严格区别，敌对势力是公民但不是人民，因此对他们不能讲平等，所以"公民在法律上一律平等"的说法就有点问题。而且十一届三中全会公报中用的是"人民在自己法律面前一律平等"。杂志社研究之后，还是决定和十一届三中全会保持一致，使用"人民"这一概念。

这篇文章名叫《人民在自己的法律面前一律平等》，比《人民日报》上的那篇长，是重写的。但《人民日报》上的那篇影响更大，外国的一个记者发了通讯，说这是中国共产党在民主法制上采取新政策的一个信号，当时供中央领导人看的"大参考"登了他的通讯。

确立"罪犯也是公民"的观念

《论我国罪犯的法律地位》发表以后，全国闹开了。监狱里边有人拿着《人民日报》说，"你看，我也是公民"。

我对人权问题的关注是从《坚持公民在法律上一律平等》开始的，接下来我还写了《论我国罪犯的法律地位》。这篇文章的诞生有它的偶然因素。在一次民主与法制研讨会上，时任中国社科院副院长的邓力群做了主题发言，说"文革"期间他被关在秦城监狱隔离审查，这个关押高级政治犯的监狱很有意思，它是公安部副部长杨奇清负责建造的，但是第一个被关进去的就是他自己。邓力群说完这个之后，又讲了一个故事，给我很大的震动。他说他当时亲眼看到监管人员为了惩罚被审查的人，故意污辱犯人的事例。

这太不像话了，我决定要给罪犯写一篇文章。我找了我的朋友徐炳。他此前在《光明日报》上就张志新事件发表了一篇关于言论自由的文章，有 17 个省的报纸转载了这篇文章，他写这篇文章前征询过我的意见，就这样认识了。《论我国罪犯的法律地位》这篇文章，以我为主，是我俩共同起草的，刊登在 1979 年 10 月 30 日的《人民日报》上。

我在这篇文章中说，罪犯也是公民，他有很多权利，尽管剥夺了他很多自由，但他的财产、他的人格尊严、人身安全等都要受到保护。文章发表以后，全国闹开了。监狱里边有人拿着《人民日报》说，"你看，我也是公民"。

该文引起很大的风波。我、《人民日报》、全国人大研究室，还有公安部劳改局，这四个地方都收到好几百封信，有反对的，也有支持的。

有点名批评的，全国检察长会议也在一个文件上不点名地批评了两篇文章，其中一篇就是我的这篇《论我国罪犯的法律地位》。我私交很好的一个同学也在上海《解放日报》上发了一整版文章批评我这篇文章，不同意罪犯也是公民。

后来，公安部劳改局办公室主任李均仁跟我交换意见。他说："李老师你的文章写得好，很多事我们以前没有想到，确实对我们有很大的指导意义，希望你再写。"虽然前一篇文章已经被高层批了，但后来我又写了《再论我国罪犯的法律地位》，发表在 1980 年第 3 期的《法学杂志》上。

为什么要写第二篇呢？第二篇有个核心的观点，就是罪犯被剥夺政治权利以后，不是所有的权利都被剥夺了。当时法学界很多人认为，一被剥夺了政治权利，所有的政治权利就都没有了。我说，这是不对的，只有四项政治权利没有了，其他政治权利是不能剥夺的，例如申诉、检举、控告、揭发……直到执行枪决之前，你都可以喊冤申诉，这个权利是不能剥夺的。这也是政治权利。

后来是中国社科院副院长张友渔保了我，他说："李步云这篇文章没有错，观点是对的，如果说有什么不足，顶多是说早了一点，现在我们这些老干部的权利还得不到保障呢，别说罪犯了。"

"社会主义法治"进入中央文件

1979 年，我写过一篇文章陈述取消党委审批案件的九条理由，后来我参与起草的中央"64 号文件"明确宣布取消党委审批案件的制度。

1979 年，刑法、刑诉法等七部法律出台以后，胡耀邦说，党内有些规定和这些法律有矛盾，中央应该出台一个文件纠正以前的一些错误做法。中央书记处就叫中国社科院法学所推荐人,后来决定让我来搞,具体内容要我调查研究以后再定。我个人做了一些调查,起草了第一稿。

后来邓力群和我商量说,这个文件的起草太复杂了,涉及到好多问题,要我再推荐两个人,我就推荐了中国社科院法学所的王家福和刘海年,加上邓力群推荐的一个人,我们四个人起草,由邓力群主持、滕文生参加,一共讨论了八次,每次都是讨论完马上修改,第二天在中南海里面的印刷厂打印出新稿。我记得最后一次讨论前,邓力群告诉我说:"政治局马上要开会讨论了,你们看看还有什么要改的?"我们又修改了几个字,由我写条子告诉邓力群。

讨论过程中我们没有意见分歧。听说文件通过以后,最高法院党组全体鼓掌,这是从来没有过的事情。当时最高法院院长江华到处讲,"我认为这个文件是建国以来,甚至是建党以来,关于政法工作的第一个、最重要的、最深刻的、最好的文件,是我国社会主义法治建设新阶段的重要标志"。

这个文件名叫《关于坚决保证刑法、刑事诉讼法切实实施的指示》,也叫"64 号文件",中共中央于 1979 年 9 月 9 日颁布的。

"64 号文件"的突破有几个:官方文件中第一次使用"社会主义法治"一词,这是有意识地使用"治"而非"制"字;此外,取消"公安六条"中的反革命罪和恶毒攻击罪,还宣布已摘帽的"地、富、反、坏、右"和公民享有一样的平等权利;此外,明确宣布取消党委审批案件的制度。

在建国后到 1979 年的 30 年时间里,判 3—5 年以上刑期的稍微严重些的案子,必须经当地党委讨论通过以后,检察院才能盖章批捕、法院才能判决。在接到"64 号文件"起草任务之前,1979 年 3 月 6 日,我就写过一篇 2000 字的文章登在《人民日报》内参上，陈述了取消党委审批案件的九条理由。不久以后，《人民日报》就用"大参考"把这篇文章报送中央政治局。我跟邓力群说这个内容应该写进文件，他说"你去调查一下"。

在最高法院，接待我的是研究室主任鲁明健和一个姓范的庭长，我说准备取消党委审批案件制度，征求他们的意见，他们说当然很同意，但是最好是由学者提出来，"由我们法院提，别人会说这是向党要权"。在最高检的党组扩大会议上，我提出取消党委审批案件制度，也获一致同意。

在起草文件过程中，发生的一件事情也支持了取消党委审批案件的决定。大概是天津清河县，几十人开党委扩大会议时抱怨说，现在是秋收大忙的时候，事情很多，党委会还得一件件地审批案子，这个事情值得考虑。有位参会的新华社记者写了一个内参，胡耀邦和主管政法工作的彭真都批了，说要不要保留党委审批案件制度值得研究。当时我们在中南海起草"64 号文件"，这个内参批件也印发给我们了。

这就是"64 号文件"起草的大致经过。

从"法制"到"法治"

1979 年 9 月，我和王德祥、陈春龙撰写了《论以法治国》，法学界普遍认为，这是第一次明确提出要在我国实行依法治国，并从理论和实践上做了系统论述的文章。

1979 年 9 月，我和王德祥、陈春龙撰写了《论以法治国》，从观念更新和制度变革两方面详细论述了要在我国实行以法治国的方针。当时中国社科院在北京举办了有全国 500 多位学者参加的庆祝中华人民共

和国成立 30 周年大型研讨会。这篇文章就是为这次会议所撰写。我还
在 9 月 30 日的分组讨论会上就此做了口头发言。法学界普遍认为，这
是第一次明确提出要在我国实行依法治国，并从理论和实践上做了系统
论述的文章，从此开始了"法治论"、"结合论"和"取消论"这三大派
的激烈论争。"结合论"的观点是，"人治"和"法治"都有必要，两者
应结合起来。"取消论"这一派则认为，"人治"与"法治"是西方的一
种提法，不科学，有片面性，有副作用，"我们用'建设社会主义法制'
就行了"。

1980 年初，中国社科院法学所在北京市高级法院的一个小礼堂里，
举办了全国第一次人治与法治专题讨论会，有将近 400 人参加。当时安
排了 12 个人发言。第一个发言的是董必武的秘书陶希晋，董必武八大
的讲话就是他起草的。他很鲜明地说，我们要搞法治，不搞人治。

陶希晋的地位很高，他一定调，我很尊敬的一位主张"结合论"的
老师，本来被安排了要发言，他却突然取消讲话。我怎么动员他也不讲
了。我最后一个发言，批"结合论"，讲到半截的时候，会场中间就有
人站起来，打断了我的话，说："老李，你们几个不正派，为什么把自
己的观点硬塞进中央文件？"他是我的一个好朋友。我说：你不要误解，
当然我们四个起草人的观点倾向于以法治国，但是这个文件在中南海前
前后后进行了八次讨论，前后两个月征求过很多人的意见，再由政治局
正式通过。不能说是把我们个人的观点硬塞进了中央的"64 号文件"。

不过，当时包括负责中央政法工作的个别领导中，也有人反对"法
治"这个提法。认为提"社会主义法制"就可以了。

1996 年 12 月，由田纪云带队，全国人大在深圳组织了一个高级研
讨班，参加这次会议的，除了各专门委员会的主要成员还有各省市的
省人大主任和秘书长，共 200 余人。会议请我、厉以宁和吴家麟三个人

做主题发言。吴家麟讲宪法，历以宁讲经济改革，我讲依法治国。我是12月8日讲的，讲完以后就回北京了。第二天就有人告诉我，有个领导发言不同意"法治"的提法，说"有法可依，有法必依，执法必严，违法必究"这16个字已经很全面了，有动态的有静态的什么都有了，为什么一定要提三点水那个"治"？

1996年2月8日，王家福代表我们课题组在中南海为政治局讲法制课，用的还是原来定的题目：《关于实行依法治国，建设社会主义法制国家的理论和实践问题》。十五大召开前夕，我和王家福、刘海年商量，必须通过这次党代会把"法制国家"改为"法治国家"，为此给中央送了几份材料，其中一份就是江泽民同志1989年9月26日的一段话，即："我们绝不能以党代政，也绝不能以党代法，这也是新闻界讲的究竟是人治还是法治的问题，我想我们一定遵循法治的方针。"

三大派论争了近20年，一直到1997年十五大召开才基本结束。十五大报告起草时，还有人写信反对把"制"改为"治"。但中央最后采纳了学者的建议，将"制"改为"治"。

在1979年以后的近20年里，我写了20多篇专题论文，全面阐述了以法治国的科学内涵、重大意义和法治国家的基本要求，并回答了"结合论"和"取消论"的种种质疑。后来我写过一篇文章回顾三大派论争这段历史，题目是《从"法制"到"法治" 二十年改一字——建国以来法学界重大事件研究》。关于"法制"与"法治"的区别，我将它概括为三条：首先，法制是法律制度的简称，法律制度是相对于一个国家的经济、政治、文化、军事等制度来说的，而法治从来都是相对于人治来说的，没有人治就无谓法治，相反亦然。其次，法律制度包括民法、刑法等一套法律规则以及这些规则怎么制定、怎样执行和遵守等制度；法治与人治则是两种对立的治国理念和原则，即国家的长治久安不应寄希望于一两个圣主贤君，而关键在于是否有一个良好的法律和制度，这些良好的法律还应得到切实的遵守。再次，任何一个国家的任何一个时期，都有自己的法律制度，但不一定是实行法治。

"以法治国"第一次进入党的文献

1980 年，署名为《人民日报》"特约评论员"的《社会主义民主和法制的里程碑》总结了审判"四人帮"的经验，这是中央书记处代表中央写的，其中有一段话：审判"充分体现了以法治国的精神"，这是在党的重要文献中第一次用"以法治国"这一概念。

1980 年 7 月，由于中共中央法律事务多起来了，中央书记处书记邓力群向中国社科院法学所要人，说需要一个懂法律的人才。法学所的领导跟我谈话，说决定把我借调到中央书记处。邓力群此前曾经领导我们起草过"64 号文件"，对我比较熟悉，但是他有一个规矩，调人之前先得看一两篇文章，觉得行再调人。他看的就是 1979 年我发表在《红旗》杂志上那篇关于法律平等的文章，看了之后说可以调我。我在中央书记处研究室政治组工作了一年多。

我在书记处研究室工作期间，开始审判林彪、"四人帮"反革命集团。这是很大一件事情，彭真提出来，要书记处代表中央写一篇文章，总结一下审判"四人帮"的经验。我具体负责这篇文章的撰写工作，写的过程中我提出最好再找一个人合作，邓力群同意了。于是我又邀请了同事王家福共同执笔。在起草过程中，滕文生参与了讨论，最后由林涧青和邓力群定稿。

这篇文章名叫《社会主义民主和法制的里程碑》，发表于 1980 年 11 月 22 日，署名为人民日报特约评论员，文章总结了审判林彪、"四人帮"反革命集团贯彻的五条原则：司法工作的独立、司法工作的民主、实事求是、革命人道主义以及法律面前人人平等原则。文章中还有一段话：审判"充分体现了以法治国的精神"。这是在党的重要文献中第一次用"以法治国"这一概念。

"人权"入宪

应该讲，我们和资本主义的人权观点是有区别的，但我们社会主义也要讲人权。

在写作《论我国罪犯的法律地位》后很长一段时间，我没有再写关于人权问题的文章。从那时候开始一直到 1991 年，舆论界都一致反对人权这个概念，说这是西方口号。

1983 年，我们社科院法学所接受了两个任务：一个是批判人权，一个是批判无罪推定。所里分配给了几位同志。有趣的是，吴家璠是第一个在《人民日报》写文章要借鉴西方无罪推定的人，现在他的任务是写文章来批无罪推定。批人权问题的文章叫王家福、我和信春鹰三个人撰写。我们三个人开会，我说，我有个条件，不能再说"人权是资产阶级"的口号，否则我就不参加了。应该讲，我们和资本主义的人权观点是有区别的，但我们社会主义也要讲人权。王家福说行，他同意。先由信春鹰写了两万多字初稿。后来这稿子和批无罪推定的文章都没有发表。在那个气候下这样的文章不好写，就有意拖掉了。

1991 年初，中央出了 16 个题目，后来又加了 3 个。这 19 个题目中包括：苏联是怎么发生变化的，西方的社会民主主义对中共和国际共运有什么影响，怎样看待民主、自由、人权问题，等等。中国社科院接受了一批任务，其中我、王家福和刘海年负责人权课题。我们先成立了一个课题组，到 1992 年又正式成立中国社会科学院人权研究中心，王家福任主任，我和刘海年、刘楠来是副主任。在人权研究中心举办的第一次会议上，有外交部等好几个部委派人参加，影响很大。

接下来我们就写了一系列报告，给中央提建议，比如说：什么是人权、社会主义要高举人权旗帜、怎样区分人权问题和干涉内政的界限等等。那以后我们到过南亚和北美一些国家考察人权，前后给中央写了60 多份内部报告，对中央制定政策起了一定的影响。

1998 年 8 月 29 日，我在全国人大常委会法律讲座前与当时的李鹏委员长交谈，他是表示"人权不是资本主义的专利品，我们社会主义国家也讲人权"的中央领导之一。在这前后，有其他中央领导也开始讲，人权不是资本主义的专利品，我们社会主义国家也讲人权。

人权入宪前，全国开了六个座谈会，其中一个座谈会有五位宪法学家参加，我、张庆福、许崇德、韩大元和徐显明。吴邦国主持会议，许崇德年纪最大，先叫许崇德讲，他不讲。后来点了我，我讲了四个观点。

我主张人权入宪，徐显明稍后在发言中也讲了这个问题。当时就有人反对，说为什么一定要写人权？全世界那么多国家，也只是一部分国家把人权写进了宪法，我们的宪法已经把公民的权利写得很详细了，没有必要把人权再写进宪法。后来中央还是采纳了学者的建议。

2004 年宪法修改后，中央电视台做了一期 50 分钟的专题节目，总结这次修宪的精神，我应邀在其中讲了几个问题，包括人权入宪。我讲了这样几个理由：第一，12 年以前，我们还说人权是资产阶级口号，现在很多干部不敢谈人权，写进宪法以后有利于进一步解放思想；第二，写进宪法有利于给人权以制度上的保障，促进制度革新；第三，有利于在国际上提高地位，提高我们的发言权；第四，人权是人人应当享有的权利，不限于宪法规定的权利，法律不规定公民不一定没有，人应当享有的权利范围要广，把人权这个总的概念写进宪法比较科学，有它的特殊意义。

把人权写进宪法的主张后来被采纳了。

（原载于《人民政协报》2014 年 11 月 13 日）

法治倒退的时代已经不可能了

　　尽管是"法治三老"中最年轻的一位，年过八旬的李步云与郭道晖、江平一样，亲历了共和国的整个历史，这其中，也包括新中国民主法治建设史。

　　作为"依法治国"概念的最早提出者，李步云对法治有着极为深刻的理解。这不仅来自他数十年在法学理论研究上的不懈耕耘，也来自运动年代国家民主法治建设所走弯路及其教训。对于"依法治国"，他解释这并不是西方法治中的概念，西方法治只有"法的统治"（rule of law）这一种解释。20 世纪 70 年代末他提出"依法治国"，是为了让老百姓听得懂，让更多的人能够接受法治，便借用中国古代管子的"以法治国"概念，形成法治"中国化"之后的依法治国，意思是用法律治理国家而不是党或者个人说了算。

　　30 多年间，这个概念从最开始怕别人听不明白，到越来越为人接受，上升为治国方略，并在近期的十八届四中全会定为主题，如同李步云与法律、中国法治紧密联系的一生一样，经历了一段曲折前进的过程。如今，四中全会决定中对全面推进依法治国的总体部署，让这条法治之路更加明确清晰。

　　如何理解依法治国概念的演进，怎样评述当下的法治相关改革，针对这些问题，记者对李步云进行了专访。

法治必须建立在民主的基础之上

《求知》：您是依法治国概念的提出者，见证了依法治国的推进过程。必须肯定，在过去的 30 多年，中国的法治有了长足发展，但过程又是艰难的。这其中，有哪些因素制约和延滞了依法治国的推进？

李步云：推进依法治国的过程，是值得大家思考的。说到延滞，首先要讲，是什么力量推进它，然而它本来可以快一点但人们却感觉不太理想，那就要问被什么力量制约了。

早在 1979 年 10 月初，我和另外两位教授写了一篇文章《论以法治国》，最早提出"依法治国"这个概念和治国方略，并从历史背景、理论依据、观念更新、制度变革这四个方面系统论证了我们国家应该实行依法治国。

这里必须要提到这篇文章的一个背景，打倒"四人帮"以后，出现了一种思潮，即党心民心思定、思治、思法。正是这种反思，推动国家走上了法治道路。事实上，民主法治的动力归根结底是人民，民主、法治、人权是全人类包括 13 亿中国人民的利益所在，这是一种社会文明，老百姓需要这种文明，所以民主法治本身就反映了人类的愿望要求。

至于依法治国的进程比我们想象的慢，有一些深层原因。首先我们民族文化里缺乏民主法治的传统，落后的观念在广大干部中深深地扎根，这是深层次的原因；第二个，旧的观念，就是阶级斗争思维和阶级斗争这一套还存在；第三个是既得利益者，他们得到了既有的经济或政治的利益，不希望社会发生变革，所以有些老同志总结出了，为什么会出现"左"的思潮，一个是旧的观念在作怪，一个是既得利益者的阻力。

这几个原因在阻碍我们的民主法治。

《求知》：这些制约因素有哪些现在已经逐渐淡化，哪些还需要警惕，可能影响到下一阶段的工作？

李步云：这个要搞清楚两个问题，一个是什么样的人或者思想在阻碍继续前进，一个就是我们未来的重大突破的制约因素是什么，这两者是有所差别的。

如果从后者来讲的话，依法治国未来的重大突破的制约因素从根本上来讲是要先发展民主，要以民主作为基础，民主是推动法治前进的动力，法治必须建立在民主的基础之上。应该说，我们现在的民主还不够，民主制约着我们的法治，这是第一个因素；第二，是物质的条件和精神的条件，我们的物质发展还不够，老百姓还比较贫困，中产阶级还没有形成，还没有达到大家富裕的程度。大家最关心的还不是我们国家治理的问题，他们的衣食住行还没有解决，因此他们对国家大事还没那么关心，这是经济、文化发展还比较落后的原因，高文化层次的人还比较少，对国家建设的了解和发声还比较少。

主观条件方面，我把它归纳为四条：第一，政治家们的远见卓识和胆略，这就有必然因素也有偶然因素；第二，职业政治家和法律工作者的职业操守和良心，包括我们的法官检察官和政府工作人员的职业操守和良心；第三，法学家的理论水平和独立勇气，现在我们很多是溜须拍马、抬轿子吹喇叭，只讲奉承话不说真心话，不敢提出不同意见，没有独立的品格和理论勇气；第四，广大人民群众的觉醒和参与抗争，抗争容易被误解为"对立"，但党领导人民向违法行为做抗争也说得过去。依法治国要加快速度，但它有的方面不能太快，就是因为我们的经济和文化水平不具备，要快一点，也得这几个方面下功夫。

另外，我刚刚说到的旧的传统、旧的观念、既得利益仍然是制约我们发展的因素。尽管相对于以前来说，这些因素的阻力要小些了，但依然存在。

民主法治制度建设速度慢了一点

《求知》：可不可以解释一下民主和法治的关系？

李步云："法治以民主作为基础，民主需要法治作为保证。"这两句话是被法学家广泛引用的，要具体解释的话，我们党内民主不够，制度就很难建设起来，很难建设得快或者建设得更好一些。我一直呼吁党政分开，这是政治体制改革的关键。如果什么都是党说了算，那立法机关的积极性和作用就会受影响，都等着党，看你怎么说，那还要不要主动性和积极性，听党指示，那还有没有积极性主动性？

还有一个，比如我说，要重提"双百"方针，科学文艺发展有规律这不是主观的问题，科学要发展必须要大家充分展开对立面的争论，文学艺术的发展要百花齐放各种流派都要形成，这就涉及到一些政策问题、政治问题，实际上是个民主问题。体制上更多地提倡民主法治，敢于说话、敢于提意见，对政府法治的推动起很大的作用。

《求知》：您认为克服这些制约，是一个时间问题吗？这些问题是可以在民主制度建设、市场经济发展过程中解决的吗？

李步云：解决这个问题要从两个方面。第一，我同意邓小平的理论"教育是很重要的"，我们的民主法治观念的教育，通过教育改变观念、传统。不过，从根本上改变要依靠制度建设，邓小平也讲了，廉政教育要靠观念要靠教育，关键是要靠制度，要推进民主法治建设，还必须一步一个脚印地推动制度的变革，通过制度的变革来推动它。这次四中全会提出了很多具体的制度措施，比如领导干部打招呼批条子要记录在案，还有追究制，这些制度建立起来就会很有作用。

《求知》：您提到了制度问题，事实上这么多年我们也在不断强调制度建设，但为什么往往结果不如预期？

李步云：不能说我们的制度没有建起来，应该说我们的制度建设速度慢了一点，我们希望快一点。这 30 年制度是不断地进步发展的，包括通过法律形成制度。制度建设比观念教育更难，因为制度是有形的、实实在在的东西，制度建立起来还有各种各样的障碍。例如，现在规定省级以下的公检法部门归省里管理，不属于当地，这一个矛盾就很多。拨归谁管涉及到既得利益多少的问题。类似这样的例子不少。尽管阻力大，但要认识到，制度建立有个摸索经验的过程，如何消除阻力也是经验累积的一部分。

《求知》：您之前提到此次四中全会重提"依法治国"的一个重要原因是过去几年我国政法工作思想僵化，有些提法、做法甚至出现倒退。这次全面推进依法治国部署能不能避免再度踏上那样的"老路"？

李步云：这个和整个环境，和个别领导的思想观念有关系。未来避免类似情况的发生，有赖于党中央自身的民主，党要接受党内的监督，靠党内的民主保证我们党的领导路线更正确，使党在某些领域少犯错误。归根结底还是要发扬党内民主和人民民主，通过这个办法使我们的路线变得正确，没有其他办法。

我们不是为了西方才讲人权，是为了中国人民的利益

《求知》：有媒体将依法治国认识的推进过程，称为依法治国的脱敏，然而，围绕依法治国延伸出的某些概念、理念，有些仍然只能在学术范畴讨论。这是目前对相关问题的认识还不够，未有达到更大层面的

认同吗？不解决认识上的问题，对依法治国的全面推进会不会有影响？

李步云：如果认识问题不解决，对依法治国的影响是肯定的。以宪法三大原则——民主、法治、人权为例，这三个概念是交叉渗透又相对独立的。讲法治不讲人权不行，三中全会、四中全会就有很多地方强调保护人民的权益，四中全会涉及政治权利、公民的人身权利各个领域，所以人权又渗透到法治里面，从根本上讲，人权是法治的根本目的，法治从手段来讲是为了保障人权，所以人权是个核心的问题，但是人权还是敏感的问题，有些地方不太敢讲，人权还存在脱敏的问题。像这些概念宪法都写进去了，但是人们却不敢讲，这种落后的观念，肯定对人权保障起阻碍作用。

《求知》：怎么克服认识问题？

李步云：这就涉及旧的传统，最根本则是政治智慧，政治家们的政治智慧的问题。这个政治家可以理解得广泛一点，可以理解为中央一级的甚至于省一级地方一级的比较高层次的领导干部的政治智慧。比如人权的问题，它都上了宪法党章了，你还敏感什么？当然，西方还拿这个概念在攻击我们，但是我们不是为了西方才讲人权，我们是为了中国人民的利益才讲人权保障。所以还是一些领导的政治智慧问题，有些人甚至是害怕个人犯错误，比如有的地方请人讲人权问题，就会担心出纰漏要担当政治责任。

法治已经没有脱敏的问题了，民主也讲得很多没有人反对，但人权还是敏感的。人权的概念是非常广泛的，人民的所有利益和幸福，都表现为人权，从物质利益、精神利益到人身、人格，人的一切利益在法治社会里面都要表现为人权，所以法律要保护它。从法律和它的关系来讲，法律是保障人权的手段，最终是要保障人权、人民的各种权益。

《求知》：依法治国一个很重要的前提是"良法之治"。过去我们把有没有法的问题解决了，但是有些法律、行政法规、地方性规章是不是良法却很成问题。四中全会决定提出备案审查制度、明确地方立法权限和范围等堵住未来的"恶法"，但对于过去这么多年累积的，各个层级与宪法相悖的法律、规章，下一步应该怎么做？

李步云：前两年全国人大、国务院进行过一次法规清理，现在还可以在四中全会的基础上再清理一遍。以后要做到，在立一个新法的时候同时该改的要改、该废的要废，不要等到几年以后再来统一做清理运动，这对今后立法的要求更高了，这也是解决前后法相抵触的问题。还有国内法和国际法的关系问题，也应该明确起来，哪些国际法是可以利用起来作为判案依据。还有一个是微观的法律概念、法律规则、法律原则三个要素，行为主体、行为内容、行为后果才构成一个法律规范，哪一个不明确都是不科学的，比如一个犯罪嫌疑人或者违法行为人，多大岁数、什么身份、犯了什么罪等等，都要确定，要有明确的主体和他的行为、后果。有很多法律，没有行为后果，只有该怎么干，但违法了这个怎么办该谁负责、承担什么责任，没有，这就是微观三要素的缺乏，也是今后立法需要注意的地方。

《求知》：进一步来看，这里面还涉及决定中提到的"加强宪法的监督和解释机制"，具体对应违宪审查的启动。然而从实务层面上，违宪审查迟迟难启动最大的一个问题在于，由什么机构来监督，什么样的机构可以有这么大的权力。怎么让四中全会关于宪法监督不落空，您对此有何建议？

李步云：这是未来法治中国建设的一个关键问题和重大突破。宪法有明确规定，宪法的监督和解释是全国人大及常委会的任务，但是没有一个机制不行，四中全会进一步说了全国人大和常委会要负责。但是没有提出具体方案。具体的方案有很多，国际的我们不能照搬，比如说美国的最高法院，还有意大利的宪法法院，还有宪法委员会，我们是宪法委员会最好，而且不能太高，有学者提出要和人大常委会平行，可以监督常委会，这个做不到。我的建议是，在人大常委会九个专门委员会之下再建立一个宪法委员会，或者叫宪法监督委员会，组织 10 到 20 个委员，从人大常委会有法律经验的人里面选，组成一个宪法委员会，它的性质、地位和其他几个专门委员会相同，职责就是负责违宪审查。

没想到四中全会决定这么好，好在具体而且全面

《求知》：在司法独立性的问题上，您有过相当多的论述，怎么看待当下的司法改革？从根本上确立司法权威，保障司法公正，哪些是必须面对和解决的问题？

李步云：司法独立的问题长期以来集中在党和司法的关系上，后来出现了信访不信法的问题，再则是地方保护主义即地方干预。现在有些事项在会前已经做了决议并已公布。比如第一次政法工作会议，孟建柱代表中央提出四大改革：第一是取消劳教；第二是改革信访制度；第三就是司法程序进一步完善，这一点实质上讲的是公检法三长批案子、最后政法委拍板的问题，孟建柱的政法工作电话电视会议里面讲了，今后不再搞，这是最大的改革；第四是户籍制度改革。

此后的四中全会明确将专业化，处理好法官与上下级法院的关系，院长庭长和上下级审判员的关系，作为改革的方向，我认为这是可以在若干年预期内做得到的，现在的问题在怎么一步一步地落实。虽然目前的矛盾也很大，比如要大量撤掉法官，矛盾就出来了，但这些问题最终可以通过实践来解决。提高法官的责任心、专业素质，方向是对的。

《求知》：您对这次四中全会有怎么样的一个总的看法，对未来法治

中国的建设有怎么样的憧憬？

李步云：四中全会出乎我的意料，没想到这么好，好就好在它很具体，有 190 多个具体建议新的措施，提得很具体而且全面，我个人和学界提的不少看法基本上四中全会里面都有，这也在全国掀起一个学习高潮，问题是怎么干的问题，怎么落实。所以对未来法治中国建设我是乐观的，也增进了我对未来的信心，也让全党和全中国人民看到了法治中国的希望。

事实上在此之前，有相当的人对民主法治建设并不乐观，这次四中全会在全党和全国人民心里更加增强了自信和乐观，现在是在加强这个宣传力度和执行力度，特别是有关职能部门要落实要求，所以我是乐观的。大方向是前进的，倒退的时代已经不可能了，倒退是死路一条，就像中央领导人讲的"不全面深化改革是死路一条"，但问题是我们大家希望路走得快一点。

（原载于《长江日报》2014 年 11 月 20 日，记者段久惠、付小为文）

什么是"法治中国"?
"我提出了 8 条标准"

十八届四中全会通过了《中共中央关于全面推进依法治国若干重大问题的决定》，其基本要求和标志可以概括为以下八条：人大民主科学立法，执政党依法依宪执政，政府依法行政，社会依法治理，法院独立公正司法，法律监督体系完善，法律服务机制健全，法治文化繁荣昌盛。（李步云）

- 四中全会的法治期盼
- 四中全会揭开法治中国建设新篇章
- 法治国家的标准和建设思路
- 法治中国八大特征——我看十八届四中全会《决定》
- 法治中国新进程
- 建设"法治中国"的几个问题

四中全会的法治期盼

按照惯例，党的十八届四中全会将于今年下半年召开。

中国社科院荣誉学部委员李步云先生，这位法学界泰斗建议在即将召开的四中全会上，中央应把全面落实依法治国方略、推进法治中国建设作为关键议题进行讨论。

"法治"地位至上

"法治"，正在成为中央决策层讨论的主要议题。

七个月前，党的十八届三中全会召开，通过了《中共中央关于全面深化改革若干重大问题的决定》（以下简称《决定》），其中提出，全面深化改革的总目标是，推进国家治理体系和治理能力的现代化。

《决定》将"推进法治中国建设"单列为第九部分，作为全面深化改革的重大问题之一进行论述。

李步云认为，更应该从全局性、战略性高度理解中央此举的意义，"所有的经济改革、政治改革、文化改革、社会改革和生态文明建设，都应该有宪法和法律上的依据，改革的成果也应该由宪法和法律巩固下来，这才符合法治中国和依法治国的要求"。

在此背景下，作为负责统一部署全国性重大改革的领导机构，中央成立全面深化改革领导小组（以下简称"中央深改组"）半年来，"法治"成为其主要议题实属必然。

中央深改组目前召开的三次会议中，两次会议都审议通过了司法改革的相关文件。在《决定》中，司法体制改革是"推进法治中国建设"的具体部署之一。

今年2月28日，中央深改组举行第二次会议，审议通过了《关于深化司法体制和社会体制改革的意见及贯彻实施分工方案》。

当时，国家主席、中央深改组组长习近平指出，凡属重大改革都要于法有据，确保在法治轨道上推进改革。

今年6月6日，中央深改组召开第三次会议，审议通过了《关于司法体制改革试点若干问题的框架意见》、《上海市司法改革试点工作方案》和《关于设立知识产权法院的方案》。

实际上，自2012年11月党的十八大提出"全面推进依法治国。法治是治国理政的基本方式"以来，中央已经多次强调"法治"的关键地位。

一个佐证是，2012年12月初，习近平在首都各界纪念《中华人民共和国宪法》颁布施行30周年大会上的讲话中指出，依法治国，首先是依宪治国；依法执政，关键是依宪执政。

按照惯例，三中全会之后的次年将召开四中全会。20年间，十四届四中全会、十五届四中全会、十六届四中全会和十七届四中全会，均在9月份举行会议。由此推断，十八届四中全会或将于9月份前后举行。

对于此次四中全会的主要讨论议题，李步云告诉《法治周末》记者："我建议，四中全会讨论关于法治中国的决议，就依法治国作出一个详细的规划。"

建立宪法监督制度

如何落实"法治中国"？

有学者认为，限制公权力，保障私权利，是建设法治中国的核心问题。

李步云认为，这恰好符合宪法的定位。

《决定》提出"推进法治中国建设"的五个方面，第一个就是维护宪法和法律权威，"进一步健全宪法实施监督机制和程序"是其中一项具体措施。

"宪法没有权威，法律怎么能有权威？"李步云说，"树立宪法的权威，如果没有制度保障，是做不到的。"

因此，李步云认为，建立宪法实施监督制度，是建设法治中国的第一个突破口。

公开资料显示，早在 1982 年制定现行宪法的时候，包括李步云在内的多位学者就呼吁在全国人大设立宪法监督委员会，中央对此也予以认真考虑，但是鉴于当时"经验不足"没能实现。

2002 年 12 月，时任中共中央总书记胡锦涛在一次讲话中指出，要抓紧研究和健全宪法监督机制，进一步明确宪法监督程序。

李步云向《法治周末》记者分析称，当年的提法是"抓紧研究和健全"，现在已经不再提"研究"，而是直接提"进一步健全"，这表明"建立宪法监督制度是时候了"。

李步云建议，坚持从我国的具体国情出发，坚持立足于我国的政治体制，一个不需要修改宪法、不影响现行政治体制的方案是，全国人大在现有专门委员会的基础上，设立宪法监督委员会，负责宪法监督制度和程序。

1982 年 9 月，党的十二大通过的党章中明确，党必须在宪法和法律的范围内活动。此后 20 年间，党的历次报告中都对此加以强调。十八大报告中更是指出："党领导人民制定宪法和法律，党必须在宪法和法律范围内活动。"

正如习近平在 2013 年 12 月的一次会议上所说，新形势下，我们党要履行好执政兴国的重大职责，必须依据党章从严治党、依据宪法治国理政。

实行审判独立

李步云认为，确保依法独立公正行使审判权检察权，是建设法治中国的第二个突破口。

梳理党的十五大以来的政治报告可以看出，中央一直在强调确保审判机关、检察机关依法独立公正行使审判权、检察权。

此项司法改革目标在十八届三中全会上通过的《决定》中获得了突破性进展：改革司法管理体制，推动省以下法院、检察院人财物统一管理；把涉法涉诉信访纳入法治轨道解决，建立涉法涉诉信访依法终结制度。

李步云表示，再加上政法委放手让各级司法机关依法独立办案，上述改革的目的在于，防治地方党政机关对司法机关的干预，尊重司法裁判的终局性和权威性。"这说明，修改我国宪法第 126 条的时机已经成熟了。"该条规定：人民法院依照法律规定独立行使审判权，不受行政机关、社会团体和个人的干涉。

李步云向《法治周末》记者表示：中央召开全会讨论修改宪法的时候，"我建议，或者将法条中的'行政机关'修改为'任何机关'，或者法条修改为'人民法院依照法律规定独立行使审判权，只服从法律'"。

李步云表示，如果四中全会讨论法治中国议题，上述两条建议将是其中的关键内容，如果中央就此作出决定，对法治中国建设来说，具有里程碑式的意义。

从党的主张到国家意志

我国已经走上依法治国的道路，在法治国家建设上，正在一步一步往前走。但是，我们很有必要回顾以前这段历史。

"我们走上建设依法治国的道路，起点应该是 1978 年党的十一届三中全会。"李步云告诉《法治周末》记者。

正是在党的十一届三中全会上，中央明确提出，检察机关和司法机关要保持应有的独立性；法律要具有稳定性、连续性和极大的权威，做到"有法可依，有法必依，执法必严，违法必究"。

李步云认为，其中虽然没有明确写出"法治"这两个字，但依法治国、建设法治国家的思想已经贯穿于其中。

在今年 6 月 15 日举行的中国行政改革论坛上，中国行政体制改革研究会邀请的一位与会嘉宾表示，"法治中国"的思想渊源还可以延伸到党的八大，我国社会主义法制的奠基者董老（董必武）提出并系统阐述了"依法办事、有法可依、有法必依"。

1979 年 9 月 9 日，中共中央《关于坚决保证刑法、刑事诉讼法切实实施的指示》颁布，这份中发 [1979]64 号文件，被政法界称之为"64号文件"。

正是在"64号文件"中，中央首次提出了"社会主义法治"的概念——五届全国人大二次会议一致通过的刑法、刑事诉讼法"能否严格执行，是衡量我国是否实行社会主义法治的重要标志"。

李步云向《法治周末》记者表示，这是我们党的历史上关于"法治的一个里程碑"，也是依法治国进程的重要节点。

1980年11月，李步云应中央有关领导要求并最后定稿的、以《人民日报》特约评论员名义撰写的文章，题为《社会主义民主和法制的里程碑》，首次出现了"以法治国"的表述，还代表中央总结了审判"四人帮"的五条法治原则：司法民主、司法独立、实事求是、人道主义和法律平等。

李步云认为，这上述重要历史节点推动我国走上了依法治国的道路。

1997年9月，党的十五大报告明确提出了"依法治国，建设社会主义法治国家"，还将依法治国明确为"党领导人民治理国家的基本方略"。1999年3月，我国又将这一治国方略和奋斗目标写入宪法。

李步云认为，通过民主程序将依法治国写入党的十五大报告，意味着此治国方略得到了全党的认可；通过法定程序将依法治国写入宪法，则意味着党的主张上升为国家意志，成为国家行动准则。

此后10余年间，中央一直致力于推行法治。党的十六大报告中，提出国家尊重和保障人权。而尊重和保障人权，是法治的根本任务和最终目的。党的十七大报告中，提出全面落实依法治国基本方略，加快建设法治国家。

李步云表示，根据历史经验和现实情况，希望四中全会能够在建设法治中国的道路上迈出更大的步伐。对此，"我们充满信心"。

（原载于《法制日报》2014年10月17日，记者陈磊文）

四中全会揭开法治中国建设新篇章

编者按：党的十八大提出"全面推进依法治国"的宏伟目标，强调"法治是治国理政的基本方式"。刚刚落幕的党的十八届四中全会通过《中共中央关于全面推进依法治国若干重大问题的决定》，标志着法治中国建设揭开了新的篇章。依法治国作为治国理政的基本方略为什么那么重要，法治对推进全面深化改革有怎样的作用，我们党又是怎样从"文革"灾难中一步步走出来，最终走向全面依法治国的现代文明道路？带着这些问题，我们专门采访了亲身参与依法治国很多重大事件的著名法学家李步云教授，请他为我们介绍这一过程的来龙去脉。

记者：李老师，您亲身参与了法治建设进程中的很多重要事件，对这一艰难而意义重大的过程很熟悉。党的十八届三中全会作出了关于全面深化改革若干重大问题的决定，而紧接着的四中全会以全面推进依法治国为主题，您认为两个全会之间有怎样的内在逻辑联系？

李步云：十八届三中全会提出了全面深化改革，全面深化改革总的要求是完善中国特色社会主义制度和实现国家治理现代化。什么叫国家治理现代化？我们都知道工业、农业、科学技术、国防四个现代化，从十八大的精神理解国家治理现代化的一个根本点就是法治，也就是十八大报告所强调的"法治是治国理政的基本方式"。那么把十八届三中全会和十八届四中全会联系在一起就有个重要的问题，就是全面深化改革跟法治是什么关系？深化改革在今天是要变法的，要根据法律推动改革，就要把全面深化改革纳入法治轨道，要合法，要运用法律手段来巩固、发展改革成果。十八届三中全会重点讲全面深化改革，列出 60 项具体的改革任务，这个决议是党的主张，然后要把党的主张上升为国家意志，用法律手段来巩固、发展改革的成果。因此十八届四中全会以法治为主题，是十八届三中全会进一步发展的延伸，这个意义非常重大。

记者：依法治国的重要性怎么讲都不为过，但我们仍然需要弄清楚，它为什么是一种必然的选择，这种必然性是建立在一种怎样的历史规律上的？

李步云：为什么说依法治国是历史的必然规律，我认为有四个方面的原因。

首先，依法治国是市场经济的客观要求。社会主义市场经济体制是市场在国家的宏观调控下对资源配置起基础性作用。它是建立在各经济主体之间具有自主性和平等性并且承认其各自物质利益的基础之上的。具有自主、平等、诚信、竞争等属性的这种经济形态，除了依赖经济规律来运作，同时又主要依赖法律手段来维系，它必然从客观上要求法律的规范、引导、制约、保障和服务。对于中国来讲，我们要进一步发展市场经济，还要依靠法治，依靠更好的法治。

其次，依法治国是民主政治的重要条件。人民民主是社会主义的生命。民主是个很抽象的概念，但有丰富的具体内容。我认为，我国社会主义民主基本上包括一个核心，四个内容。一个核心是指人民当家作主，人民是国家的主人，我国宪法规定"国家的一切权力属于人民"。四个方面的具体内容是指：一是公民的民主权利和自由应得到充分保障；二是国家政治权力的结构民主，如国家机构内部立法、行政、司法机关，要在党的领导下实行科学分工，并形成健全的监督机制；三是国家权力的行使和公民权利的保障要有民主程序；四是民主方法，如要实行群众路线的工作方法、要有批评与自我批评的作风等。正反两方面的经验证明了民主必须要有法治来保护，十年"文革"悲剧就充分说明了这一点。我的总结就是，民主是法治的基础，没有民主不可能有法治，但是法治是民主的保障。

再次，依法治国是现代文明的基本标志。法律是人类自始至终存在的三大矛盾（社会秩序和个人自由的矛盾、个人与社会的矛盾、权威与服从的矛盾）的必然要求。法的一般性、平等性、公开性和不溯及既往性，是法自身的特性。法自身的特性决定了法的正义性。邓小平一贯坚持和强调，在社会主义现代化建设进程中，必须一手抓建设，一手抓法制。法制文明属于制度文明的范畴，是现代文明的重要组成部分，一个现代化的社会，必然是一个法制完备的社会，依法治国反映了现代化建设的内在要求。

最后，依法治国是国家长治久安的根本保证。法律集中了多数人的智慧，反映了事物的发展规律。法律具有稳定性和连续性的特点，不会因政府的更迭或领导人看法和注意力的改变而随意变化。由于这种种原因，只有实行依法治国，才能保证国家长治久安。

随着形势的发展，尤其是对依法治国认识的深化，依法治国是坚持和发展中国特色社会主义的本质要求和重要保障，是实现国家治理体系和治理能力现代化的必然要求，事关我们党执政兴国、事关人民幸福安康、事关党和国家长治久安。全面建成小康社会、实现中华民族伟大复兴的中国梦，全面深化改革、完善和发展中国特色社会主义制度，提高党的执政能力和执政水平，必须全面推进依法治国。

记者：您的这番论述让我们从宏观理论上对依法治国的历史必然性有了清晰的认识。但是"事非经过不知难"，作为参与者，实际上您很清楚这一过程远非一路坦途，而是有过很多艰辛探索，在反复的实践检验基础上才形成了来之不易的基本经验。您认为在此过程中，有哪些标志性的事件或时间点？

李步云：改革开放以来的法治进程，从一步步确立依法治国为治国理政基本方略的线索看，我们有两个里程碑。

记者：两个里程碑的说法，据我们所知，此前尚未有人提及。具体是哪两个？

李步云：在我看来，党的十五大提出"依法治国，建设社会主义法治国家"，以及 1999 年第九届全国人民代表大会第二次会议通过了《中华人民共和国宪法修正案》，把"依法治国"正式写入宪法，规定"中华人民共和国实行依法治国，建设社会主义法治国家"。因此，党的十五大提出"依法治国"以及 1999 年"依法治国"入宪，这二者是第一个里程碑。这个里程碑的意义在于，党的十五大通过党内民主程序正式将"依法治国"写入党的文件，正式将依法治国提升到"治国方略"的战略高度，而 1999 年"依法治国"入宪则表明依法治国方略已由党的主张上升为国家意志。

记者：那么十五大之前，我们为确立这样一个基本方略做了哪些努力？

李步云：我们党开始重视依法治国当然并不始于党的十五大，而应该是更早一点，我把它定位在十一届三中全会公报。也就是说，在第一个里程碑之前，全党形成这么一个共识，还有一个很长的理论准备和实践过程。

记者：请您具体谈一谈这个前期的历史准备过程。

李步云：这表现有五个节点。

第一个节点是十一届三中全会公报。全会公报指出："为了保障人民民主，必须加强社会主义法制，使民主制度化、法律化，使这种制度和法律具有稳定性、连续性和极大的权威，做到有法可依，有法必依，执法必严，违法必究。从现在起，应当把立法工作摆到全国人民代表大会及其常务委员会的重要议程上来。检察机关和司法机关要保持应有的独立性；要忠实于法律和制度，忠实于人民利益，忠实于事实真相；要保证人民在自己的法律面前人人平等，不允许任何人有超于法律之上的特权。"这里面最关键的就是提出"有法可依，有法必依，执法必严，违法必究"的16字方针。

第二个节点是1979年中央"64号文件"中共中央《关于坚决保证刑法、刑事诉讼法切实实施的指示》。这一文件强调，刑法等七部法律通过后，"它们能否严格执行，是衡量我国是否实行社会主义法治的重要标志"。这是新中国成立后包括党的十一届三中全会以来，在党和国家的重要文件中第一次使用"法治"这一概念。

第三个节点是审判"四人帮"。后来中央决定要写一篇文章来总结这个经验，就是以"特约评论员"名义撰写的《社会主义民主和法制的里程碑》一文，发表在1980年11月22日《人民日报》。总结的这次历史性审判的五条现代法律原则是：司法独立、司法民主、实事求是、人道主义和法律平等。该文最后说，"对林彪、江青反革命集团的审判，是我国民主和法制发展道路上的一个引人注目的里程碑。它充分体现了以法治国的精神，坚决维护了法律的权威，认真贯彻了社会主义民主和法制的各项原则，在国内外引起了强烈反响，具有除旧布新的重大意义"。这也是最早提"以法治国"的重要中央文献。

第四个节点是党的十二大及新的党章提出"党必须在宪法和法律的

范围内活动"。

第五个节点是 1982 年宪法。在此之前，很多的法治原则被 1975 年宪法取消了。1982 年宪法在序言里专门有一段强调要维护宪法与法律的尊严与权威："本宪法以法律的形式确认了中国各族人民奋斗的成果，规定了国家的根本制度和根本任务，是国家的根本法，具有最高的法律效力。全国各族人民、一切国家机关和武装力量，各政党和各社会团体、各企业事业组织，都必须以宪法为根本的活动准则，并且负有维护宪法尊严，保证宪法实施的职责。"

记者：这五个节点是否可以认为是我们最终确立以法治为治国理政的基本方式所做的一系列实践准备？

李步云：是的。除此之外，从 1979 年开始到党的十五大，围绕着"人治"和"法治"，理论界展开了"法治论"、"结合论"和"取消论"这三大派的激烈争论。这次争论参与人数之多、文章之多、规模之广，非常罕见。"法治论"主张用法治来反对人治，倡导依法治国。"结合论"认为人治和法治都有必要，两者应结合起来。"取消论"认为，人治与法治是西方的一种提法，不科学，有片面性，有副作用，我们用"社会主义法制"就行了。这三大派的争论可以看作是我们国家法治早期的理论准备过程。

因为"依法治国"得人心，符合党心民心，符合历史的规律，慢慢地为党的领导机关和广大干部所采纳。正是因为有了前期这些理论上、实践上的准备，党的十五大才正式提出"依法治国"。

记者：那么在党的十五大以及"依法治国"入宪这第一个里程碑之后，我们国家的法治实践还有哪些重大的事情？

李步云：党的十六大提出了政治文明的概念。这是一个重大的发展，因为以前党的文件都是物质文明、精神文明两大文明一起抓。政治文明概念的提出，把民主、法治、人权放到政治文明的范畴，把民主法治提高到一个战略的高度，和物质文明、精神文明并列。党的十七大重要的贡献是科学发展观的提出。科学发展观的意义在哪里？科学发展观提出"必须坚持把发展作为党执政兴国的第一要务"，本质和核心是以人为本，这两点对法治国家建设非常重要，因为要是没有经济基础，其他都谈不上。没有富强，政治文明、精神文明、生态文明都受影响。以人为本说明法治建设还是要依靠人民，为了人民，因为法律归根结底是为老百姓服务的。从这两点来说，科学发展观对法治建设提供了一个指导思想。

记者：党的十八大提出"全面推进依法治国"、"法治是治国理政的基本方式"，这是否意味着我们国家依法治国进入了一个新的历史阶段？

李步云：在我看来，党的十八大是我们国家依法治国进程中的又一个新的里程碑。

记者：这是您所说的第二个里程碑。

李步云：是的。为什么这样讲？十八大强调"法治是治国理政的基本方式"，把法治作为治国理政的基本方式，提到这样一个战略高度，过去没有。除此之外，中央又提出了一系列新的概念及重大举措，比如，十八大提出"弘扬社会主义法治精神，树立社会主义法治理念，增强全社会学法尊法守法用法意识"，提出"领导干部运用法治思维和法治方式深化改革、推动发展、化解矛盾、维护稳定能力"。

十八届三中全会为了贯彻全面落实依法治国方略，提出法治中国建设，从"维护宪法法律权威"、"深化行政执法体制改革"、"确保依法独立公正行使审判权检察权"、"健全司法权力运行机制"、"完善人权司法保障制度"等五个方面提出了具体要求。十八届三中全会全面深化改革的决议涉及方方面面，把治理国家的现代化作为总目标。治理国家的现代化关键就是法治，用法律手段来治理。因为现代化是相对古代来说的，古代就是人治，专制主义，不是现在的民主。因此现在有了民主必须要有法治，通过法律手段来治理国家。

记者：刚刚闭幕的四中全会专门就全面推进依法治国若干重大问题作出了决定，其重大意义在哪里？

李步云：四中全会揭开了建设法治中国的新篇章，是中国实行依法治国方略的第二个里程碑的关键性标志，它描绘出了建设法治中国的宏伟蓝图。其基本要求和标志可以概括为以下八条：人大民主科学立法，执政党依法依宪执政，政府依法行政，社会依法自治，法院独立公正司法，法律监督体系完善，法律服务保障健全，法治文化繁荣昌盛。尤其是在这八项基本要求中提出了过去没有的许多创新性理念和具体制度要求。为我们指明了建设法治中国的明确、清晰的方向和道路。今后，全党和全国人民的任务就是要认真落实四中全会的要求，加快建设法治中国，为实现中华民族伟大复兴的中国梦提供坚强保障。

（原载于《学习时报》2014 年 10 月 27 日，记者戴菁、兰飞文）

法治国家的标准与建设思路

编者按：近代以来中国历史的主题是追求现代化。从传统的人治社会，转型为现代的法治社会，这是向现代转型的关键所在。世界各国历史表明，法治先行，转型就会比较顺利，反之则崎岖坎坷，充满不确定性。新中国成立 65 年来，从前 30 年法制被破坏殆尽，到改革开放以来重建法治信仰，我们在逐渐夯实现代化的根基。从改革开放之初关于人治和法治的争论，到党的十五大提出依法治国方略，再到十八大提出全面推进依法治国，执政党治国理政的思路逐渐清晰。为了深刻理解中共十八届四中全会通过的《中共中央关于全面推进依法治国若干重大问题的决定》（以下简称《决定》），了解其在现代化进程中的意义，我刊特邀郭道晖、李步云、江平、刘仁文、何兵、任剑涛等法学、政治学领域的著名学者，于今年 11 月 3 日举办小型座谈会，就《决定》发表看法，供读者参考。

　　我简单说一点我对四中全会的感受。第一个感受是中央愿意听学者的意见。有一天中央办公厅法规局局长打电话来，说想采访采访我，问问我的意见。结果法制局四家都来了，其中有军委法制局。当时谈的主题是立法，我谈了一些意见，包括请中央注意的问题，不要犯错误。但很遗憾，最后没有采纳。但我说立法一定要讲四中全会。三中全会提推进法治建设，不能以为现在宣布了中国社会主义法律体系建成了，这个问题就不存在了，主要是依法办事的问题了，这个看法是不对的。这次很高兴，四中全会《决定》谈到社会主义法治体系已经形成，立改废释（立法包括法律的立、改、废、释等）并举。以前是立改废，这是全世界的常态。我们处于大变革时代，现在三中全会、四中全会连在一起，是全面改革，这个改革纳入法治国家、纳入法治轨道，以法律巩固改革的成果，同时推动改革的成功，这一切只能靠法律。这一条采纳了。

还有一些是媒体采访，包括最近《学习时报》的访谈，我谈了四中全会揭开中国法治的新篇章。不久前，我接受《人民论坛》的访谈，刊物出来后专门用黑体字标出我的八条建议。我说四中全会要做依法治国的决定，推进法治中国的建设，什么叫法治中国？首先要搞清楚这个。现在的观念对这个不太清楚，三中全会对怎样推进法治中国建设说得并不全面。

我的文章的逻辑是这样的：四中全会推进"法治中国"的建设是一个新的里程碑；里程碑的意义在于，落实了十八大提出的"全面落实依法治国方略，加快建设社会主义法治国家"。这体现了全面落实。什么叫全面落实？什么是片面的，什么是全面的？既然讲法治国家，什么叫法治国家？有什么要求？我们有什么问题？我们该怎么办？法治国家应该有一个标准，有一个模式。我看这次四中全会《决定》，八条建议都在里面体现出来了。

哪八条？第一条，人大民主科学立法。然后分别是执政党依宪依法执政、政府依法治理、社会依法自治、法院独立公正司法。第六条是完善法律监督机制。第七条是健全法律服务体系，四中全会用的是"法律保障体系"。第八条是法治文化。《决定》用很大篇幅谈了第一条立法，还谈了法治文化。法治文化在过去没有谈过，这次谈了，还说开展法治教育、树立法治理念，还有宣誓，这些是新采纳的。尽管《决定》的逻辑不是按我说的八条来安排，但我希望的八条基本反映出来了，都提了。现在的问题就在于落实。

回顾依法治国的历史进程，有几个历史节点值得注意。

依法治国的第一个里程碑是党的十五大。"依法治国"的起点应当是十一届三中全会。其间有一个理论准备阶段，关于人治和法治，理论界进行争论。从"64 号文件"开始，写进了党内文件。（1979 年 6 月召开的五届全国人大二次会议，制定了刑法和刑事诉讼法，中共中央于 1979 年 9 月 9 日发布了《关于坚决保证刑法、刑事诉讼法切实实施的指示》，即"64 号文件"，文件强调刑法、刑事诉讼法"能否严格执行，是衡量我国是否实施社会主义法治的重要标志"。这是建国后在党和国家的重要文件中第一次使用"法治"这一概念。）然后是对林彪、江青反革命集团的审判，标志着我们国家已经走上了法治道路。1980 年 11 月 22 日《人民日报》发表的《社会主义民主和法制的里程碑》评论员文章是我撰稿的，对这次历史性审判总结了五条现代法律原则：司法独立、司法民主、实事求是、人道主义和法律平等，文章最后说："对林彪、江青反革命集团的审判，是我国民主和法制发展道路上的一个引人注目的里程碑。它充分体现了以法治国的精神，坚决维护了法律的权威，认真贯彻了社会主义民主和法制的各项原则。"再往后是党章，十二大报告采纳了我的文章的观点——党必须在宪法和法律的范围内活动。这些是很关键的节点。1997 年党的十五大正式使用了"依法治国"作为治国的基本方略，开始从理论观念上和制度改革上进入一个新的阶段。

第二个里程碑我们看作是十八大，标志是十八大的两句话：全面落实治国基本方略，加快建设社会主义法治国家。对此，四中全会落实了这个精神，一个是"全面推进"，一个是"加快建设"。所以我对《决定》总的评价是，把中国梦、把党所有的问题用一句话总结：依靠法治。法治中国建设也是实现中国梦的重要内容，有时候是实现中国梦的根本保障。所以这个意义很大，我们要在各种场合宣传依法治国的重要意义。十五大已经归纳了依法治国的要求：依法治国是人民当家做主的基本保证，依法治国是发展社会主义市场经济的客观需要，依法治国是社会文明和社会进步的重要标志，依法治国是维护社会稳定、实现国家长治久安的重要保证。这四句话已经概括了。这次的四中全会有一段话总结了党内各种目标，还有一个法治的保证。

《决定》中有一句话，即"党的领导是中国特色社会主义最本质的特征"。邓小平讲过什么是社会主义"没有完全搞清楚"，又讲"社会主义的本质，是解放生产力，发展生产力，消灭剥削，消除两极分化，最终达到共同富裕"。解放和发展生产力，以公有制为主体，实现共同富裕，这三句话是他对社会主义的新理解。后来我在讲课时，我说还不够，邓小平说的前两条是发展，解放和发展生产力，是以法治建设为纲，以经济建设为中心；公有制为主体，还有私有制主体的存在，这是手段，不是目的本身。而我认为马克思所说的社会主义，应该是一个人人自由、人人平等、人人富裕、人人享受法治文明的社会。现在说坚持党的领导，没有党的领导以后社会主义就完了吗？所以我认为这个最好不要提，不提反而更好。因为这条之外，其他所有条文都没有反映两个路线的特征。十八届三中全会提市场要起决定性作用，不是基础性的作用。所以我对十八大的评价是第二个里程碑，十八届三中全会、四中全会属于第二个里程碑，加快全面落实，大家为之全面奋斗，态度坚决，是实现中国梦的关键所在，这是可以的。我提的这个观点，中央党校也引用了。

现在的问题是什么？现在有几个关键问题：第一个是法治国家的建设，需要建立违宪审查机制。宪法实施需要有宪法监督的程序。本来十八届三中全会已经很进步了，10年以前就已经提了，宪法监督制度的程序，应该进行研究。三中全会没有研究，只说"要进一步健全宪法实施监督机制和程序"。这次说要"健全宪法实施和监督制度"，看起来还没有下决心。宪法监督机制，人大常委会要负起责任来，包括宪法解释。这来自宪法里的一句话。宪法有一个规定：宪法的制定或解释要有人大常委会的监督。但那个监督机制和过去一样。2003年发生了"孙志刚事件"，当时三名法学博士和五位知名学者分别联名上书全国人大常委会，认为《城市流浪乞讨人员收容遣送办法》违宪，建议启动违宪审查。对于上书，全国人大常委会不能不接受。但是全国人大常委会不回答，因为回答的话，只能说这个是对的，因为《收容遣送办法》是违宪的，不是人大制定的，只是国务院的一个规定。当时我曾对全国人大的某位领导说，这可以成为建国50多年来第一个做违宪审查。但很遗憾，没有做，后来是国务院主动宣布废止《收容遣送办法》，回避了违宪审查问题。关于违宪审查机制，比较可靠的方案是成立宪法监督委员会。我多次对有关领导讲过，如果能够把宪法监督制度建立起来，你们功德无量，必将名垂青史。

第二个问题是司法独立问题，三中全会、四中全会都体现了这点，但不敢明确，比如政法委不要管具体案子，除了涉及重大外交、国防安全问题以外都不要管。能不能做到这一点，听说现在不太批了。这次《决定》里面说以后领导批条子要记录在案，出问题要追究责任。所以反地方化、反行政化，司法独立性问题还是有决心的，关键是以后决定党不要干预具体案子。

　　还有一个监督问题。监督体系应该是以权利监督权力，以社会权利监督国家权力。社会权利中要有舆论监督，包括互联网上的声音。互联网上会有不正确的东西，管得严一点也是可以的，但一定要让老百姓充分表达意见，让老百姓监督。

　　法治文化里，10 年以前我就说国家主席要宣誓，大法官要摁着宪法，跟西方那样，这些形式应该兴起来。"法治文化"是一个新概念，过去没有提过。

　　上面这几个问题可能是落实四中全会精神的关键问题：一个是宪法监督，一个是舆论监督，以社会权利监督国家权力，这些都是很现实的问题，还有法治文化。

　　概括起来，30 多年来，中国自改革开放开始，党和国家开始走上依法治国道路，有两个里程碑，一个是十五大，一个是十八大包括三中全会、四中全会的决议，但现在有一个落实问题。

（原载于《炎黄春秋》2014 年第 12 期）

法治中国八大特征

——我看十八届四中全会《决定》

核心提示：十八届四中全会《决定》的基本要求和标志可以概括为以下八条：人大民主科学立法，执政党依法依宪执政，政府依法行政，社会依法治理，法院独立公正司法，法律监督体系完善，法律服务机制健全，法治文化繁荣昌盛。这次会议是建设法治中国的一个里程碑，把党的十八大提出的"依法治国基本方略全面落实，法治政府基本建成，司法公信力不断提高，人权得到切实尊重和保障"的要求进一步落到实处。

十八大提出了"依法治国"一系列新的提法，三中全会又明确了五个方面的具体要求，希望全面落实依法治国，推进法治国家的建设。四中全会是党内第一个以"依法治国"为主题的中央全会，它描绘出了建设法治中国的宏伟蓝图，揭开了建设法治中国的新篇章，开启了又一个里程碑。十八届四中全会通过了《中共中央关于全面推进依法治国若干重大问题的决定》（以下简称《决定》），其基本要求和标志可以概括为以下八条：人大民主科学立法，执政党依法依宪执政，政府依法行政，社会依法治理，法院独立公正司法，法律监督体系完善，法律服务机制健全，法治文化繁荣昌盛。尤其是在这八项基本要求中提出了过去没有的许多创新性理念和具体制度要求，为我们指明了建设法治中国的明确、清晰的方向和道路。今后，全党和全国人民的任务就是要认真落实四中全会的要求，加快建设法治中国，为实现中华民族伟大复兴的中国梦提供坚强保障。

人大科学民主立法

十八届四中全会《决定》提出，要"建设中国特色社会主义法治体系，必须坚持立法先行，发挥立法的引领和推动作用，抓住提高立法质量这个关键"，"完善以宪法为核心的中国特色社会主义法律体系"。而要形成完备的法律规范体系，就需要人大科学民主立法。这是因为：一，没有一套良法体系，有法可依难以做起来。二，还有很多法律没有制定，社会主义法律体系尚是初步建立。三，法律体系会随着社会的发展不断修订完善，可以说，法律的立改废是常态。因此，立法在法治中国的建设过程中不是最重要的，但是很重要，应当贯彻法治建设始终；即使法治国家建成了，之后还有修改的任务，依然面临立法任务。

立法的科学化，是指制定出来的法律是良法，符合真善美标准：一是求真，法律需符合事物发展规律，体现时代精神，适应社会客观条件；二是求善，法律需体现人类公平正义理念，实现人民利益，促进社会进步；三是求美，法律需结构严谨合理、体系完整和谐、语言规范统一。微观上行为主体、行为内容和行为后果三要素齐备，才能成为法律，否则不是法律，是宣言。现在有的法律法规没有法律后果的规定，这就不能称之为法律。此外，宏观上整个法律体系是立体的，不是平面的，是科学严谨、内部和谐的，前法和后法、国际法和国内法、实体法和程序法、部门法之间、上位法和下位法等之间要配套衔接，不能相互矛盾、脱节。

立法的民主化问题，建议把立法听证列入正式程序；提前公布草案，让广大公众了解和讨论提建议；给人大代表留出调查的时间，保证发言质量；小组发言讨论时，提倡辩论和提出不同意见；向媒体公开；建立健全档案制度，人大代表的表态、意见都要记录下来，实行终身负责制；反对部门保护主义，更多依靠专家，通过各种手段摆脱部门立法。

立法要贯穿于法治国家建设的整个过程，也要贯彻在全面深化改革的过程中。现在进入了全面深化改革的阶段，要把改革纳入法治轨道。要用宪法和法律巩固和发展改革的成果。

党依法依宪执政

十八届四中全会《决定》强调，"党的领导是中国特色社会主义最本质的特征，是社会主义法治最根本的保证"，"坚持依法治国首先要坚持依宪治国，坚持依法执政首先要坚持依宪执政"。党要依宪执政，这一条非常重要。党要树立这个意识，在宪法法律范围内执政。十八届三中全会提出了"普遍建立法律顾问制度"，我觉得党的组织尤其要建立法律顾问。要加强党、军队、国家、政府等法制部门的力量和作用。

党要依宪执政，核心是要处理好改革和法律的关系，党的政策和法律的关系问题。党的政策不要和法律相冲突，冲突的话要考虑建立相应机制，使得党员、群众能够及时反映矛盾冲突，在党的政策内容没有改革之前按照法律办。通过合法的程序使得党的政策纳入法治轨道。特别是出现矛盾的时候怎么处理？我认为，一个是修改法律；一个是政策有问题，就调整政策。这里，就提出了及时清理旧的法律法规的要求，要把法律清理常态化。

政府依法行政

十八届四中全会提出，全面推进依法治国的重大任务之一，是"深入推进依法行政，加快建设法治政府"，并强调"各级政府必须坚持在党的领导下、在法治轨道上开展工作，创新执法体制，完善执法程序，推进综合执法，严格执法责任，建立权责统一、权威高效的依法行政体制"。政府如何依法行政，十八届四中全会有具体要求。比如，"推进机构、职能、权限、程序、责任法定化"，"推行政府权力清单制度"，"建立行政机关内部重大决策合法性审查机制"，"坚持严格规范公正文明执法，"依法惩处各类违法行为"，"全面落实行政执法责任制"，把法治建设成效作为衡量各级领导班子和领导干部工作实绩重要内容、纳入政绩考核指标体系，把能不能遵守法律、依法办事作为考察干部重要内容"，等等。在西方，依法行政是非常重要的。因为一个国家法律的80%以上都是由行政机关执行，在这个前提下强调政府依法行政十分重要。

社会依法治理

如何实现社会依法治理，一是通过法治宣传教育和严格依法办事，提高各种社会组织和全体社会成员对宪法和法律的信仰，从思想上树立宪法和法律的权威。四中全会《决定》提出，"坚持把全民普法和守法作为依法治国的长期基础性工作，深入开展法治宣传教育，引导全民自觉守法、遇事找法、解决问题靠法"。在培育和发展社会组织过程中，要特别重视各种法治组织，如法律宣传教育、人民调解、法律援助、法律服务等组织，充分发挥其在法治社会建设中的作用。

二是围绕中央关于社会事业改革创新、社会治理体制创新的总体设想和具体要求，加快制定与之配套的各项法律、法规。及时总结实践中各项改革的成功经验，使其上升为法律、法规，以指导正在进行的改革实践。在这方面，应发挥中央和地方的积极性，尤其是有法规制定权的各省、市、自治区的人大及政府，有立法权的较大市，以及自治州、自治县等，可以在不违背国家基本法律和中央有关改革的基本精神、基本要求的前提下先行一步，以适应各区域各地方经济、文化、社会发展水平的差异，并为国家立法提供经验。

三是充分发挥乡规民约等其他社会规范在社会治理中的作用。四中全会《决定》提出，"推进多层次多领域依法治理。坚持系统治理、依法治理、综合治理、源头治理，提高社会治理法治化水平。深入开展多层次多形式法治创建活动，深化基层组织和部门、行业依法治理，支持各类社会主体自我约束、自我管理。发挥市民公约、乡规民约、行业规章、团体章程等社会规范在社会治理中的积极作用"。城乡自治组织的乡规民约，以及各种社会团体、行业协会如商会类、科技类、公益慈善类等社会组织制定的规章制度，虽然不具有依靠国家强制力推行和保护的属性，但在调整社会关系和社会生活中同样起着重要作用。在社会治理中，国家法律与乡规民约等其他社会规范协调、互补、互动，就能够使社会最基本的规范和行为准则更好地起到他律、互律、自律的作用。社会组织发展中特别是和法律相关的法律制度，如律师制度、公证和人民调解这样的社会制度要着重发展，充分发挥它们的作用。

四是处理好政府和社会组织之间的关系。中央要求"政社分开"，目的是加强各种社会组织的自主性，更好地发挥它们在社会治理中的主动性、积极性和创造性，更好地调动社会组织成员及广大公民在国家各项改革、建设事业中参与和监督的积极性。在推进法治社会建设中，政府必须正确定位，既不缺位、虚位，也不越位、错位，做到既有所为又有所不为。政府的主要任务是指导和监督各种社会组织依法开展活动。同时，也必须加强对社会组织依法开展活动的监督，使社会组织的自治活动在政府主导和法律规范的轨道上展开。

法院独立公正司法

公正是法治的生命线。司法公正对社会公正具有重要引领作用，司法不公对社会公正具有致命破坏作用。四中全会《决定》强调，"完善确保依法独立公正行使审判权和检察权的制度"，"建立领导干部干预司法活动、插手具体案件处理的记录、通报和责任追究制度"，"建立健全司法人员履行法定职责保护机制"。法院独立公正司法，就是要让每个老百姓在每个案件中体会到正义。这一块的具体部署已经展开。如终止政法委批案，将涉法涉诉信访纳入司法程序，并适时中止；省以下政法机关人财物统一管理，以克服地方保守主义；实行法官办案终生责任制；等等。

法律监督体系完善

法律监督体系完善，其中包括加大检察、监察、审计这些专门机关的监督，突出其法律监督的地位。同时要广泛地依赖群众监督和舆论监督，加大公开力度。尤其是要建立宪法监督制度。四中全会《决定》提出，"健全宪法实施和监督制度"，"完善全国人大及其常委会宪法监督制度"。我们认为，宪法监督机制和程序的建立，必须从中国的具体国情出发，符合现行宪法的精神和基本要求，在现行人大制度的框架内进行设计，不能照搬西方模式。

可以从以下几个方面建立宪法监督制度：在全国人大常务委员会下新设立一个"宪法监督委员会"，其性质和地位与其他九个专门委员会基本相当。委员 19—21 人，从人大常委会委员中选举产生，主任、副主任委员可从副委员长中选出。宪法监督委员会的职权、职责，可以有如下几项：

（1）对宪法解释，提出意见和建议。（2）对现行法律、国务院制定的行政法规、军委制定的法规是否同宪法相抵触，提出审查意见。（3）对报送全国人大及常委会备案的地方性法规是否同宪法和法律相违背，提出审查意见。（4）对报送全国人大及其常委会批准的自治区的自治条例和单行条例是否同宪法和法律相抵触，提出审查意见。（5）对全国人大及其常委会授权国务院制定的行政法规，或者授权省级人大及其常委会制定的地方性法规是否同宪法和法律相抵触，提出审查意见。（6）对国务院裁决的省级地方性法规同行政法规相抵触、省级地方性法规同国务院部委规章之间有矛盾的处理意见，提出审查意见。（7）对中央一级国家机关的重大政策和决策是否违宪，提出审查意见。（8）对中央一级国家机关之间的权限争议，提出处理意见。（9）对全国人大选举的中央一级国家机关的领导人的罢免案，提出审查意见。（10）全国人大及其常委会交付的其他工作。

宪法监督程序可作如下规定：任何国家机关、社会组织、企事业单位和公民个人，都有权利向宪法监督委员会提出违宪审查建议，其中国务院、军委、最高人民法院和最高检察院、全国人大常委会各专门委员会和各省级人大的建议，宪法监督委员会必须列入议事日程予以研究。

宪法监督委员无权直接作宪法监督事项的决定，必须报全国人大常委会讨论和作出决定并宣布。在我国的政治体制下，对执政党的新的方针政策是否同现行宪法和法律矛盾冲突，不在"违宪审查"范围之内。因为这只是党的意见和主张，全国人大及其常委会有权作出是否采纳或部分采纳作出修改宪法和法律的决定。以上宪法监督机构的设置及其职权的设定同我国现行宪法的原则精神和具体规定是完全一致的。全国人大及其常委会有权增设这样的专门委员会。不必修改宪法。

法律服务机制健全

法律服务机制健全，是指法律服务机制既要规范，也要依法，要加强律师的职业道德教育，更主要的是充分发挥律师的作用，尊重律师的权利，也要加强法律援助等制度的建设。四中全会《决定》提出，"全面推进依法治国，必须大力提高法治工作队伍思想政治素质、业务工作能力、职业道德水准，着力建设一支忠于党、忠于国家、忠于人民、忠于法律的社会主义法治工作队伍"，"加强法律服务队伍思想政治建设，把拥护中国共产党领导、拥护社会主义法治作为律师从业的基本要求，增强广大律师走中国特色社会主义法治道路的自觉性和坚定性。构建社会律师、公职律师、公司律师等优势互补、结构合理的律师队伍"，并首次提出，"建立从符合条件的律师、法学专家中招录立法工作者、法官、检察官制度……健全从政法专业毕业生中招录人才的规范便捷机制"。

法治文化繁荣昌盛

四中全会提出，"法律的权威源自人民的内心拥护和真诚信仰。人民权益要靠法律保障，法律权威要靠人民维护。必须弘扬社会主义法治精神，建设社会主义法治文化，增强全社会厉行法治的积极性和主动性，形成守法光荣、违法可耻的社会氛围，使全体人民都成为社会主义法治的忠实崇尚者、自觉遵守者、坚定捍卫者"。要使法律文化繁荣昌盛，就要重提双百方针。科学文化的发展有其自身的发展规律，要百花齐放、百家争鸣才能繁荣和发展。在这个前提下建立中国特色的法治理念体系，同时要进一步健全法律教育和法治宣教工作，使得广大公民干部有法律意识，法律理念朝着法治文化的氛围培育，甚至养成法律神圣不可侵犯的意识。

总之，这次会议是建设法治中国的一个里程碑，把党的十八大提出的"依法治国基本方略全面落实，法治政府基本建成，司法公信力不断提高，人权得到切实尊重和保障"的要求进一步落到实处。

（原载于《人民论坛》2014 年第 31 期）

法治中国新进程

建成法治国家，保守一点估计，要到 2050 年。1982 年宪法实施以来，监督机制不健全是主要的缺陷。宪法监督机制是未来建设法治国家的突破口，是重要的关节点。

法治中国在 2014 年进入了新的里程。

党的十八届四中全会 10 月 20 日至 23 日在北京召开，这是中国改革开放以来，首次以"依法治国"为主题的中央全会。

在中国社会科学院荣誉学部委员、著名法学家李步云看来，这是建设法治中国的第二个重要里程碑。改革开放 30 余年来依法治国基本方略的形成过程，反映出执政党对于治国理政方式的探索和调整。中国在法治的道路上渐行渐近。

几十年来，或许没有哪一年像今年这样，"依法治国"受到如此的重视，从中央领导层到街头巷尾，"依法治国"都是绕不开的主题。

在法学领域享有崇高声誉的李步云，勤恳耕耘 50 余年，亲历和推动了国家法治的许多重要进程。他说，十八届四中全会召开，"很受鼓舞"。11 月 18 日，李步云在北京接受本刊记者专访。

李步云表示，现在中国改革进入了深水区，因为利益调整，社会矛盾多发、高发。这其中产生了腐败现象等一系列比较严重的问题。解决这些问题，单靠几个领导人是不行的，必须要依靠法律和制度。"依法治国是市场经济的客观要求，依法治国是民主政治的重要条件，依法治国是现代文明的主要标志，依法治国是国家长治久安的根本保证。"

法治中国的里程碑

《中国报道》：党的十八大作出"全面推进依法治国"的重大决策和战略部署，十八届三中全会提出"完善中国特色社会主义制度和实现国家治理现代化"，今年 10 月份闭幕的十八届四中全会也将"依法治国"作为主题。这其中有怎样的内在联系？

李步云：十八届三中全会和四中全会都是贯彻党的十八大总战略部署。三中全会作出了全面深化改革的具体的部署，四中全会和它密切相关，部署了推进依法治国的治国方略。这两者是密切联系在一起的。

我们要完善社会主义法律体系，建设富强、民主、文明、和谐的社会主义国家，道路就在深化改革，要通过深化改革来实现中国梦。全面深化改革涉及物质文明、精神文明、政治文明、社会文明、生态文明这五大文明的建设。依法治国属于政治文明的范畴，政治文明的特点包括人民民主、依法治国、人权保障、宪法至上，这就是依宪治国的问题。

全面深化改革，要把改革的顶层设计转化为宪法和法律的规定，把全面深化改革具体化、制度化，用宪法和法律的权威保证改革能够推行，把党的主张变成国家意志。从某种意义上说，四中全会提出的依法治国是实现中国梦的保障，这个科学的判断很重要。

《中国报道》：您近期在接受采访中表示"十八届四中全会是依法治国的重要里程碑"，为什么这样说？

李步云：我们国家依法治国的起点是党的十一届三中全会，十一届三中全会公报提出，我们国家要经过人大加强立法，使法律有极大的权威，要实现法律面前人人平等，从三中全会公报开始，一步一步形成了制度。

第二个节点标志是 1979 年中央发布"64 号文件"《关于坚决保证刑法、刑事诉讼法切实实施的指示》，这个文件是由我具体负责执笔起草的，文件第一次提到了"社会主义法治"。第三个节点标志就是审判"四人帮"，审判林彪、江青反革命集团。

还有一个节点值得提及的，是 1982 年党的十二大和那次修改党章。当时我在《光明日报》发表的一篇文章提出"党必须在宪法和法律的范围内活动"，后来被采纳修改进了党章。

关键的节点是 1982 年宪法的制定。当时叶剑英委员长在宪法修改委员会第一次会议上的讲话是我执笔起草的，关于法律平等等很多曾经被取消的原则，又重新写进去了。1982 年宪法在序言里有一段话："全国各族人民、一切国家机关和武装力量，各政党和各社会团体、各企业事业组织，都必须以宪法为根本的活动准则。"这段话表明，执政党本身也要依宪办事。

但是，从里程碑意义上来讲，1997 年党的十五大是依法治国的第一个里程碑，它通过党内民主，用代表大会的形式正式把依法治国作为治国方略。1999 年，依法治国又庄严地写进了宪法。

这一次，我把十八届四中全会评价为第二个里程碑。它的意义在于详细地、全面地规定了依法治国应该怎么进行，给依法治国的未来画了一张蓝图，制定了目标，而且有 100 多个创新点，标志着全面深化改革保障的形成。

何时全面建成法治国家

《中国报道》：十八届四中全会提出，全面推进依法治国，总目标是建设中国特色社会主义法治体系，建设社会主义法治国家。您认为法治国家有哪些主要标志？我们离这个目标还有多远？

李步云：依法治国写入宪法以后，我提出法治国家的 10 个标志：法制完备、主权在民、人权保障、权力制约、法律平等、法律至上、依法行政、司法独立、程序公正、党要守法。

在四中全会召开前后，我也开始重新思考，究竟法治中国是什么样子的？后来我总结，其基本要求可概括为 8 条：人大民主科学立法，执政党依宪依法执政，政府依法行政，社会依法自治，法院独立公正司法，法律监督体系完善，法律保障体系健全，法治文化繁荣昌盛。

建成法治国家，保守一点估计，要到 2050 年。法治社会，要有高度的经济、文化作为基础，政治改革要达到很高的高度，同时生态文明也要建设好，不仅要有物质基础，还要有法治文化。

《中国报道》：法律的生命力和意义在于实施，您认为在法律制度相对完善的情况下，如何保障实施力度？

李步云：法律的有效实施，关键在于如何保证制度能够被遵守。一方面制度本身要完善，另一方面要有监督机制。四中全会提到法制监督体系，包括两个小系统，一是以权力制约另一个权力，特别是中央体系权力的制约；另一个是领导集体内部权力的制约，建立上下监督机制、内部监督机制等。还有一个体系是社会权利的监督，包括社会组织和公民个人的监督、媒体舆论的监督等。

上面说的是法制监督，还有一种"监督"就是建设法治文化，让人们树立法治信仰。现在我很高兴，四中全会提出宪法宣誓制度、设立宪法纪念日这样的具体措施，这是建设法治文化的重要举措。

建立宪法监督机制

《中国报道》：您曾多次提到建立违宪审查制度，并提出了具体方案。此次十八届四中全会也提出"完善全国人大及其常委会宪法监督制度"，这个"监督制度"应该如何实施？

李步云：1982 年宪法实施以来，监督机制不健全是主要的缺陷。我国社会主义法律体系已基本建成，有法可依的问题已经基本解决。目前和今后的主要问题是要树立宪法和法律的崇高权威，做到"有法必依，执法必严"。

我认为宪法监督机制是未来建设法治国家的突破口，是重要的关节点。20 多年前我就一直呼吁建立宪法监督的程序和制度。我提议在全国人大常委会下新设立一个"宪法监督委员会"，其性质和地位与其他九个专门委员会基本相当。任何国家机关、社会组织、企事业单位和公民个人，都有权利向宪法监督委员会提出违宪审查建议。

"依宪执政"不是西方"宪政民主"

《中国报道》：一直以来就有关于"宪政"的讨论，近期《新闻联播》也播出节目，表示中国的"依宪执政"不是西方的"宪政民主"。您认为二者有何区别？

李步云：二者有区别，这是一个当然的问题。我们是社会主义社会，西方是资本主义社会；我们是社会主义法治，他们是资本主义法治。但是，二者又肯定是有共同性的，比如宪法都具有民主、法治、人权三大原则。

"依宪执政"和西方"宪政"不一样，我们有党的领导，我们的宪法是社会主义宪法，宪法法律的实质是要更好地为人民服务。所以我们的"依宪执政"是党的领导、人民当家作主和依法治国的有机统一。党要按照宪法办事，领导国家建设富强、民主、自由、平等、文明的社会，做到这些就是依宪执政。

《中国报道》：十八届四中全会提出要加强涉外法律工作。随着对外开放不断深化，中国与国际社会的联系越来越紧密，怎样处理中国特色社会主义法律体系和世界文明的关系？

李步云：加强涉外法律工作，这是四中全会的一个重要亮点。世界经济一体化的进程在加深，世界离不开中国，中国也离不开世界。不仅经济是这样，政治文化上也相互影响，这是避免不了的。

法律不仅有工具价值，还有伦理价值，它是现代文明的表现。所以不管是国内法律还是国外法律，都有可以相互借鉴的地方。

这方面，国内的法律涉外的部分，要注意吸收世界经验，和世界接轨。国际法方面，我们参与的国际公约、双边条约、多边条约等有很多，比如最新的 APEC 反腐执法合作，这样的涉外问题怎么研究它，法院判决的时候使用国内法还是国际法，这些都是重要的问题。这就需要立法机关认真研究和解决。

（原载于《中国报道》2014 年第 12 期）

建设"法治中国"的几个问题

【题记】自党的十八大以来，习近平总书记就法治建设发表了一系列重要讲话，十分明确地提出了"法治中国"的科学命题和建设法治中国的重大任务。"法治中国"体现的是政治话语与学术话语的契合。李步云教授，中国社会科学院荣誉学部委员，在20世纪的90年代，为建设社会主义法治国家各处奔走，对"依法治国，建设社会主义法治国家"写入党十五大政治报告起了重要的作用。这次，围绕"法治中国"的科学内涵、历史意义、实现途径等问题对李步云教授进行了专访。

记者：李教授，您好，非常感谢您拨冗接受我们的采访。1997年，党的十五大报告正式提出"依法治国，建设社会主义法治国家"的治国方略，您为此作了很大的努力。当前，党的十八大三中全会强调"推进法治中国建设"，从"依法治国"到"法治中国"，二者是一个怎样的关系？我国的法治建设目前是一个怎样的状况？

李步云教授：我在十八大之前，曾经在一个高层研讨会上，我当时讲，首先，我们今后20年保持GDP7%到8%，我是有信心的。其次，反映贫富差距的基尼系数，由现在的0.45%降低到0.3%到0.35%，我们做不到北欧0.23%的水平，但贫富差距缩小我是有信心的。至于反腐，这涉及我们执政党的安全问题，关乎党和国家的生死存亡，在解决这个问题上，现在的措施，我也是赞同的。这还有一个治本的问题，治本的问题就是依法治国。这既是经济建设、文化建设、生态建设的保障，又是现代文明的一个重要内容。当我读了十八大报告，特别是党的十八届三中全会的60条以后，深受教育、深受鼓舞，这个60条非常全面，五大文明建设的主要问题都涉及了。同时，又非常具体，而且重点突出，这个重点应该是经济建设，通过发展混合所有制和保证市场经济起决定性作用，运用这两个主要的措施来推进经济建设。把经济建设放在首位是对的，恩格斯说，人活着首先要吃饭穿衣，然后才能从事政治、文化活动，我是很赞同的。

我们现在研究的法治国家是贯穿在整个五大文明建设和60条的全过程，经济建设、政治建设、文化建设、社会建设、生态建设，都要纳入法治的轨道，用法律规制它们，用法律的权威去保证它们。因此"法治中国"的基本建设应该是贯穿整个改革的过程，这是它的战略地位。"法治中国"的提法，是习近平提出来的，它和我们宪法和党章规定的"依法治国，建设社会主义法治国家"是一个什么关系？可能有两种理解，一个就是江必新院长提出来的，"法治中国"这个提法是社会主义法治国家的一个升级版，这个理解也是可以的，但必须要对习近平上任以来，他和新的中央领导集体为"法治国家"这个理论和实践贡献了什么新的东西，那才是升级版。还有一个理解就是一种形象的概括，因为今后这个目标是一个长远的，历届领导都会有发展。这两种理解，我想没有矛盾，可以这么统一起来。江院长的想法，就是很好地总结习近平这一届领导在法律理念、法律制度上有什么创新，就是我们需要注意和研究的，这是有益的。

记者：您刚才说"法治中国是贯穿整个改革，是具有战略地位的"。

对法治的战略地位您是怎么看的？

李步云教授：说到战略地位问题，我认为有两个词要注意区分，最近用了一个"法治方式"，是治国理政的方式，这和过去讲的它是一种治国的基本方略，是有所不同的。所谓方式，在人们印象中是方式方法，法治是一种方法是一种方式，但是它更是一个"方略"，这是十五大用的词。治国"基本方略"，也就是毛泽东讲的宪法是治国安邦的总章程，是建国的纲领，是所有领导人和广大人民群众必须遵守的行为准则，它既有目标，又有基本制度保障，还有程序、方法等等。所以，这两个概念，我觉得更应该强调它是治国的方略。我们国家有几个方略？就一个，没有两个，更没有三个。这个方略就是依法治国。为什么？因为法治有四个特点，即根本性、全局性、规范性、长期性，是所有其他的方针政策所不具有的。

第一，比如以德育人、科教兴国、人才强国、可持续发展等战略，甚至和谐社会这些都不能被称之为治国方略，只能是治国方针、政策，而这些治国的方针、政策都必须纳入法治的轨道，都必须要用宪法、法律来加以规范，这就是法治的根本性特征。

第二，法治的全局性。我们现在讲的这些方针、政策，并不包括全部制度。宪法最根本的是保证公民的权利，规定国家的体制，包括国家的机构怎么产生，它有多少权力，怎么行使这些权力等等。而宪法和所有法律，涉及所有社会生活方方面面，因而具有全局性。

第三，具有规范性，所有方针政策是比较抽象的，必须转化为法律，使其条文化，可操作、可遵守。

第四，宪法和法律，具有长期性，社会一万年以后也需要。过去曾认为国家和法律要消亡，我看不见得。毛泽东讲过，一万年以后还有法庭，既然有法庭当然还要有法律。他举了例子，未来的天上的飞机相撞、海里的船相撞，也得有一个规则才能处理。而其他的方针、政策都受时间条件的限制。

记者：法治中国与法治政府、法治社会是怎样的关系？建设一个法治国家应该有什么样的标准？

李步云教授：改革 60 条提出，法治中国、法治社会、法治政府整体推进，我觉得也可以这么说，但是必须搞清楚，法治中国是包括法治政府和法治社会的，不能说法治政府与法治社会和法治中国是并列的、并行的两个东西，这个不准确，因为它的结构就乱了。我们整个的第九章都是讲推进法治中国建设，法治政府不能说是法治中国以外的，包括法治社会这一新提法。因此我理解是马克思所讲的市民社会，我们现在有公民社会，这样一个社会的，特别是这样一个决议里面，这些社会组织是除了政府以外的社会，包括农村自治、行业协会、NGO，包括社团组织，所有这些组织都是属于社会，这个范畴它是相对于政府来说的。因此，不能把它们并列起来。在法治中国里面，提出了党依法执政、依宪执政是很好的问题。这些概念是非常重要的，尤其需要深入研究，很好地落实。

另外，关于"法治中国"的标准问题，1996 年 2 月 8 日，社科院法学所课题组在中南海讲依法治国时就已提出来了。当时一位中央领导提出，你们不是要提法治国家吗？那就必须说清楚什么叫法治国家，有什么要求和标准，我们现在做得怎么样，我们应该怎么做。他提出这个问题是很好的，一个法治国家，法治中国，应该是什么模式，它的标准怎么归纳。目前有两种做法，一种做法就是抓住良法和法律要有权威，从这两个方面去加以细化、具体化。我们课题组在中南海做报告都是讲五个方面的要求，有一点像个大口袋，什么东西都能往里装，我自己也记不清楚，后来我想简单一点明了一点，广大干部群众容易理解容易记住。1999 年 4 月 6 日，我应《人民日报》之约发表了一篇总结法治入宪的文章。我在那篇文章里面提了 10 条标准，共 40 个字，前五条指要有一个良好的法律：法制完备、主权在民、人权保障、权力制衡、法律平等。后五条是指法律要有权威：法律至上、依法行政、司法独立、程序正当、党要守法。西方一般从这些角度定义法治社会、法治国家的。另外就是我们现在搞法治省，法治地方这样一种归纳法，大致上是党要依法执政，人大依法行使权力，政府要依法行政，司法机关要独立公正司法，市场要依法规制，还要健全法律服务等等……这是一个基本按部门和领域的要求来建设法治省的。这两种模式，各有各的好处，后者可以更好地落实，但是它的缺点是很笼统，就是依法运行，价值体现不出来，法律精神体现不出来，两种方法我认为都可以。

另外，这次没有十分强调，但是我认为十八大和十八大前，我们提出的那个观念，是一个进步，是什么呢？胡锦涛讲过，依法治国，根本就是依宪治国，党依法执政最根本是依宪执政，中央办公厅专门发了一个指示，强调要维护宪法的权威，这个我认为是对的，应该坚持，应该强调。

记者：我们过去是讲"法治理论"，现在新提出一个"法治理念"，最近又提了一个"法治思维"、"法治精神"，怎么理解？

李步云教授：这个问题我正在思考，我初步的想法是法治思维是指法律思维的方式方法。一个人，特别是国家机关工作人员，在采取行政措施之前，首先要考虑这个行为是否合法，和法律是否相冲突，首先考虑这一点，再考虑其他东西，这就是法治思维。法治精神我的理解是它是法律价值的一个总称，法律价值最根本的是人的价值，即以人为本，此外还包括自由、秩序、效率、公平、利益和正义，这些价值之间相冲突的时候，要取得一种平衡，这就是法治精神。法律理论指的是法律和法律所反映的社会现实，它的基本性质、本质特征和发展规律等等成为一种理论。法治理念，应该是更广一点。既包括法律理论，又包括法律观念，这个观念可以把这个法治精神概括进去，把法治思维概括进去。关于这四个概念，我初步有这么一个区分，如果搞不清楚这个界限的话，我们就不能准确地把握它们，这是一个值得很好研究的问题。

记者：您认为，建设法治中国要经历一个怎样的过程？

李步云教授："法治中国"建设，其过程是要注意的。现在提出的措施，主要是现在一些制度设计，但是也包括理论，包括这个理念，主要是20年，未来20年，因为这个决定一开始就说了，到2020年，我们要实现这些目标，它是有一个时间限度的，因此它不是终极的目标，这个模式不是最终的模式，不是理想的"法治中国"的模式，而是一个阶段性的要求。所以说这个"法治中国"，理想实现是什么时候？很多人经常问我，按我的理解，我的估计大概起码还得30年，因为到2050年，建设理想的现代化强国的目标达到了，那就差不多了。所以现在我们的要求只是阶段的。我同意罗豪才教授的一句名言，"在法治中国建设上，依法治国建设上，急不得，又等不得"。因为在改革发展上，首先经济体制改革领先，经济不发展，要真正实现法治很难，所以发展是第一要务，这个发展主要是经济发展，特指经济发展，这样一个发展战略，急不得，急了效果适得其反。但是也等不得，一定要一步一步往前推进。我觉得60条，就是要在建设"法治中国"上，要踏踏实实跨进一大步。

我举几个例子，我个人认为是改革60条的几个亮点。第一是在保证宪法法律的权威这一节里面用了一句话："进一步健全宪法实施监督机制和程序"，这个话比10年以前，胡锦涛在首都各界纪念宪法施行20周年的那个讲话更前进了一步，他当时只提出要认真研究这个问题。

这一次，在这个 60 条里面没有提认真研究，而是明确提出要进一步健全这个机制。所以这个问题我党得是全国人大认真考虑的时候了。我曾经很早以前在人民大会堂的一个座谈会上曾对彭冲同志说，必须建立宪法监督制度，我说万里、彭冲你们两个人在任上，能够把这个制度建设起来，你们两个功德无量。在《南方周末》访谈的时候，我也讲过这个话：现在的中央领导，如果你们能够把这个制度建设起来，你们也功德无量。

另外一个亮点就是司法独立，我这里也说一下，这个司法独立包括很多措施，其中包括信访制度改革，包括去地方化、政治化、行政化，还包括党和司法机关的关系问题。孟建柱书记在全国政法工作电视电话会议上也讲了政法委员会今后不再干预司法机构办案。怎么处理好党的政策和法律的关系，怎么让党在宪法和法律范围内活动，要加强党的领导和监督，但不过多干预具体案子，影响司法权威，这样一些根本性的问题，都提到了。

司法人权，也是一个大问题，包括取消劳教和减少死刑，文件用的不是减少死刑，是减少适用死刑罪名，实际上就是减少死刑，这个也是国际国内非常关心的一个问题。死刑要减少，不能取消，我也不赞成取消。在劳教制度决定取消以后，全国人大还没有制定法律，废除原来的法律时，有些地方劳教所就摘牌放人了，这种行为是党政不分的理念在作怪。因为这只是党的主张和建议，必须要通过宪法和法律来实施。我认为，这几个问题是《决定》很大的亮点，也是法治中国建设中必须要解决的问题。

（原载于《检察风云》2014 年第 3 期，记者凌燕整理）

"依法治国的根本是依宪治国"

> 一个国家的法律体系，最根本的就是宪法。新一届领导提出"法治中国"的概念，如果说"法治中国"是一栋大厦，宪法就是整个大厦的基础，刑法、民法、行政法等就像梁和柱，其他的法律规则就像砖瓦。……在现代法治国家中，首先要树立宪法的权威。（李步云）

- 依法治国的根本是依宪治国，依法执政的根本是依宪执政
- 宪法是人权保障书的理论依据
- 建立宪法监督制度正当其时
- 依法治国必须依宪治国
- 宪法监督提上日程是重大进步

依法治国的根本是依宪治国，
依法执政的根本是依宪执政

　　"依法治国的根本是依宪治国，依法执政的根本是依宪执政"，被业界尊为"中国法治三老"之一的李步云，早前接受凤凰网独家对话时，这样阐述依法治国的根本。

　　依法治国，自 1979 年作为理念被提出，到十五大通过党内民主程序正式写入党的文件，1999 年写入宪法上升为国家意志，再到十八大上升至国家治理体系与治理能力现代化的制度保障，大致走过了这样一个历程。在李步云看来，一个现代法治国家，首先要树立宪法的权威。

　　然而，1982 年宪法颁布至今，宪法的权威，无论在官员还是民众中，始终难以树立。究其根源，李步云认为在于缺乏制度保障，"维护宪法权威要建立宪法监督制度，包括违宪审查。如果这个制度建立起来，将成为我们法治中国建设的里程碑"。

　　作为参与者之一，李步云还向凤凰网讲述了 1982 年宪法起草的诸多幕后故事，诸如围绕司法独立出现的分歧，四项基本原则如何写入宪法等。

　　凤凰网：十八大提出全面推进依法治国，并首次将法治上升为治国理政的基本方式。在您看来，依法治国的根本是什么？

李步云：以习近平为核心的新一届领导层，思想观念比过去有很大的进步。2012 年 12 月 4 日，习近平在首都各界纪念现行宪法公布施行30 周年大会上的讲话，得到了党内党外的普遍赞赏及拥护。他讲宪法的生命在于实施，宪法的权威也在于实施，并就未来落实宪法提出了四条要求：第一，人民民主；第二，依法治国；第三，保障人权；第四，树立宪法至高无上的权威。习近平的讲话很全面，体现了依宪治国、依宪执政的理念。

依法治国的根本是依宪治国，依法执政的根本是依宪执政。

一个国家的法律体系，最根本的就是宪法。新一届领导提出"法治中国"的概念，如果说"法治中国"是一栋大厦，宪法就是整个大厦的基础，刑法、民法、行政法等就像梁和柱，其他的法律规则就像砖瓦。宪法是一个国家的根本大法，是一切法律的基础，是治国的总章程。一个国家公民的基本权利，国家机构的产生、职权和运作程序等最基本的制度都是通过宪法确立下来。

因此，在现代法治国家中，首先要树立宪法的权威。

凤凰网：依宪治国包含哪些内容？

李步云：依法治国的根本是依宪治国。依宪治国包含哪些内容？现代宪法的三条原则就是民主、法治、人权。

具体到我们国家，1999 年，"依法治国"写入宪法；2004 年，"保障人权"写入宪法，首次将"人权"由一个政治概念提升为法律概念；之后又讲民主，十八大和十八届三中全会，提到进一步发展人民代表大会制度、健全协商民主制度和完善基层自治制度。

这三者的关系，应该是以法治来促人权、促民主。民主是最难的，法治最容易接受，人权又比较敏感。因此，在实际操作中，先搞好法治，再搞好人权，进而推动整个制度的改革。

依法治国从提出到成为治国方略

凤凰网：您 1979 年曾发表一篇文章《要实行社会主义法治》，就提出了依法治国的理念。依法治国最终上升为治国战略的过程是怎样的？

李步云：1979 年我在《要实行社会主义法治》一文中，从历史背景、理论依据、观念变革、制度更新四方面，全面论证了我国应该提倡依法治国的方针。这篇文章发表后，有了争论，一派意见说法治好，人治也好，两个都要，不要否定人治；还有一派说法治和人治都不好，都不要提，只提社会主义法制就可以了。

后来有了一个转折，1995 年 1 月，江泽民的领导班子第二次学习法制知识，提出以"依法治国"作为主题。我是这次课题组成员之一，当时我建议把"建设社会主义法制国家"改为"建设社会主义法治国家"，将"制"改成"治"。因为"法制"仅仅是法律制度的简称，而"法治"与"人治"对立，是指法律在社会中被赋予崇高的地位，包括法律的制定者和执行者在内，所有人都必须遵守。

这次讲课后，党的文件和政府文件开始提"依法治国"。党的十五大上，通过党内民主程序正式将"依法治国"写入党的文件，成为党内共识。1999 年 8 月，李鹏负责第三次宪法修改，这一次修宪的最大亮点就是将"依法治国，建设社会主义法治国家"写入了宪法，从而将党的主张上升为国家意志。

"八二宪法"确立幕后

凤凰网：您曾参与并见证了 1982 宪法的起草过程，请您讲讲"八二宪法"起草幕后，哪些内容是存在分歧的？最终又是如何确立的？

李步云：当时中央书记处办公室需要一个法律方面的人才，社科院法学所领导就推荐了我。我于 1980 年 7 月至 1981 年 7 月在那里工作了一年。

1980 年 9 月，五届全国人大三次会议通过了关于修改宪法和成立宪法修改委员会的决议。我去书记处做的第一件事，是负责起草时任全国人大常委会委员长的叶剑英在宪法修改委员会第一次会议上的讲话，代表中央对这次宪法修改定一个基调。这篇讲话稿由当我和一个理论组的同志负责起草，他负责经济部分，我负责法律部分。

宪法修改通常以前一部为基础，但 1978 年宪法没有完全消除"文化大革命"的影响，还保留着继续革命等错误思想，并取消了法律平等、司法独立等内容。1975 年宪法是"四人帮"起草的一部坏宪法。这样就以 1954 年宪法为基础。

我在起草讲话稿时，提到这次宪法修改应该贯彻两条原则：民主立宪和司法独立，均被采纳，写进了叶剑英委员长的讲话稿中（"法制的民主原则、平等原则、司法独立原则应当得到更加充分的实现"）。

当时法律面前人人平等这一原则已经取得广泛共识，民主原则广泛征求意见也没有问题，但在司法独立这一点产生了分歧。关于司法独立，1954 年宪法这样表达，即"人民法院独立行使审判权，只服从法律"，我认为这是体现"司法独立"最好的表达。

这次宪法修订，党内学术界对司法独立有不同意见，特别是党内个别领导同志对司法独立有所看法，所以现在宪法第 126 条是这样表述的："人民法院独立行使审判权，不受行政机关、社会团体和个人的干涉"。

凤凰网：没有说党。

李步云：是的，没有说党，没有说人大。只说不受行政机关干涉，那么党和人大就可以干涉吗？"干涉"是一个贬义词，是不科学的。党是要领导，人大要监督，领导和监督不是干涉。

凤凰网：当时关于司法独立出现分歧，反对这一说法的人担心什么？

李步云：担心会威胁到党的领导、人大的监督。

当时我和另外四个人建议，一是恢复 1954 年宪法的提法，即人民法院独立审判，只向法律负责，干脆利索；二是把"不受行政机关"改为"不受任何机关"。这个意见报上去了，但由于一些人的反对，没有被采纳。1999 年和 2004 年修改宪法时我都提过，但一直没改。

人大是最高权力机关，具体的职责宪法是有规定的。但办具体案件时，党不要过问和干预。法院之上还有一个机构、一个个人最后拍板该不该判、判什么罪，这就与宪法相违背了。

1982 年，我在《光明日报》发表一篇题为《党必须在宪法和法律的范围内活动》的文章，影响很大，这一点后来写进了党章，在宪法序言中也得到了体现："所有国家机关、政党、社会组织和公民个人都要按照宪法办事"。各政党都要按照宪法办事，也包括共产党，党要在宪法法律范围内活动。

凤凰网：1982 年宪法起草修订过程中，邓小平、叶剑英这些经历过"文革"的高层领导，对宪法、法治的认识是怎样的？

李步云：1978—1982 年，这一阶段党内思想是非常开放的，对学者非常尊重，我们起草的文件，领导直接就采纳。

1983 年以后，开始出现一些自由化倾向，提出了人权、自由、民主等口号，有些过头，中央开始清理精神污染，反自由化。

无论邓还是叶，"文革"当中都是受害者，对法治被践踏深有体会。邓小平当时的一系列讲话都是非常开明的，比如他讲：党政组织要管好党，不要过度干预司法机关；还有国内法治化建设、法律平等、建立律师制度等等。当时领导层中的主流思想很开明，推动了思想解放，推动了各方面的改革。我深深感觉到当时是思想、意识形态的黄金时代。

凤凰网：1982 年宪法，首次将"公民权利"提到了"国家机构"之上，这背后是怎样的过程？

李步云：因为国家机关由人民选举产生，是为人民服务的。现在意义上的人民其实就是中华人民共和国公民的概念。因此先强调公民的权利，然后再是国家机关如何选举产生。这样的一个逻辑体现了人权精神。

四项基本原则如何写入宪法

凤凰网：1982 年宪法，也就是现在的宪法，总纲里有四项基本原则，即坚持社会主义道路，坚持人民民主专政，坚持中国共产党领导，坚持马克思列宁主义、毛泽东思想。当时这四项基本原则写进宪法的过程是怎样的？

李步云：这是邓小平一开始就提出的，要把四项基本原则写入宪法。具体怎么写入宪法？当时有两种意见：一个是写入具体条文，一个是写入序言。最终确立把四项基本原则写入序言，从叙述中国近代历史发展的事实来表明坚持四项基本原则。

宪法里写进四项基本原则，我认为在当时和当前历史条件下，有一定的必要性。我们的改革任务非常复杂，涉及面非常广，这种情况下需要保持社会稳定，就必须坚持党的领导，坚持社会主义道路，坚持人民民主专政，坚持马克思主义指导思想。

宪法的权威问题

凤凰网："八二宪法"已有 30 多年，但无论对普通民众还是官员来说，其权威并未树立，您觉得宪法无权威的根本原因在哪里？

李步云：宪法的权威树立不起来，根本原因是缺少制度保障。维护宪法权威要建立宪法监督制度，包括违宪审查制度。如果这个制度建立起来，将成为我们法治中国建设的里程碑。

我在《建立违宪审查制度刻不容缓》的文章中，提到建立违宪审查制度的重要性，并提出了具体方案。在全国人大建立一个新的宪法监督委员会，执行包括违宪审查、宪法解释、重要权力机关权限的划分、违反宪法文件的撤销等任务。

凤凰网：关于宪法的监督，之前是否有这样的提法？一直做不到的原因是什么？

李步云：此前有人提出过要建立违宪审查制度，可能就是担心党的文件、决议、一些领导讲话，如果违宪怎么办。另外担心军队。1982年宪法制定时，当时有三票弃权，这在过去历史上是没有的，就是与违宪审查制度有关。

十八大报告提出："党领导人民制定宪法和法律，党必须在宪法和法律范围内活动。任何组织或者个人都不得有超越宪法和法律的特权，绝不允许以言代法、以权压法、徇私枉法。"

习近平在首都各界纪念现行宪法公布施行 30 周年大会上的讲话中也指出，一切违反宪法和法律的行为，都必须予以追究。

现在的中央领导如果能够把违宪审查制度建立起来，功德无量，是未来中国法治建设的里程碑。如果宪法都没有权威，法律怎么能够有权威？如果中央领导带头严格遵守宪法，下面的干部谁能不按法律办事？

（原载于凤凰网 2014 年 10 月 23 日，陈芳主笔）

宪法是人权保障书的理论根据

列宁曾指出："宪法就是一张写着人民权利的纸。"我们党内最杰出的法学家张友渔教授早在抗日战争时期即已指出："保障人民的权利，实为宪法的最重要的任务"，"而宪法便是人民权利之保障书"。为什么要用"保障人权"来定义宪法，来揭示宪法的根本任务？其理论基础和根据是什么？这是一个很值得研究的问题。笔者认为，宪法是"人权保障书"有如下四条理论根据：

实现"人民主权"的必然要求

它是建立在"人民主权"原理的基础上。"人民主权"即"主权在民"，是现代民主的理论基础和根本原则，它的对立物是封建社会君主主权即主权在君。我国宪法规定："国家的一切权利属于人民"，就是"主权在民"这一原理和原则的体现。既然人民是国家的主人，但是任何一个国家的公民（或）国民、臣民不可能都直接去管理国家，而必须实行代议制，即人民行使选举权，选出一个国家机构，代表人民行使国家权力，具体管理国家。在西方有议会制与总统制，我国是实行人民代表大会制度。但是被选出的国家机构及其工作人员，又很有可能滥用权力，甚至肆意侵犯人民的权利，不按人民的意志办事，因此就必须制定一部国家的根本大法即宪法，详细规定公民有哪些基本权利不允许侵犯，或国家要努力促其实现，同时详细规定国家机构都有哪些职权与职责和行使程序，使其不得滥用权力。宪法必须有这两部分的内容，否则就不是宪法。真正意义上的宪法只能是近代资产阶级革命以来的产物。古代是没有现代意义上的宪法的，它也不是"阶级斗争"的产物，而是实现"主权在民"这一原理和原则的必然要求。

权力与权利存在本质区别

它是由国家权力与公民权利的相互关系的原理所决定。现在国际和国内学术界和实务界常有人将两者混为一谈，或搞不清两者的原则区别和相互关系。其实，两者在表现形态、一般属性、基本特征、相互关系上都存在着本质区别。具体表现为如下八方面：一、国家权力包括职权与职责两方面，在宪法和法律的规定上，两者是不分的，在表述上通常用"职权"一词；而公民的权利和义务是分开的，权利是利益的获取，而义务是利益的付出，在本质和法律表现上，两者是截然分离的。二、国家的职权和职责是不能放弃和随意转让的；而公民的权利是可以放弃和转让的。三、国家权力的行使，相对人必须服从；但公民权利关系的两方，地位是平等的。四、对国家，法不授权不得为；对公民，法不禁止即自由。五、国家权力实质上"权威"；而公民权利实质上是"利益"，包括各种经济、文化、社会利益以及人身人格利益和各种行为自由。六、国家的职权与职责应当以职责为本位，即国家工作人员在行使权力的时候，首先要想到是在履行为人民服务的责任；而公民的权利与义务应当以权利为本位，但任何人又必须尽对国家、社会和他人应尽的义务，否则自己的权利也难以享有得到。七、公民的权利产生国家权力，而不是相反。国家权力是以宪法和法律予以确认和保障、国家工作人员才能享有的权力；而人权是依据人的本性所应当享有的，不是任何外界的恩赐。八、国家权力是手段；公民权利是目的。国家权力存在的意义和价值，就是为人民服务，即谋取与保障公民的各种权利，否则它就没有存在的价值。深刻理解这八条，对正确树立马克思主义权力观与权利观意义重大。这八条中，最后两条是关键。正如习近平总书记所作的准确而又通俗的高度概括，即"权为民所赋，权为民所用"。

保障人权具有终极的伦理价值

宪法是人权保障书这一定义，还是"依宪治国"、"依宪执政"这一体制中人权所处地位所决定。现代宪法（社会主义宪法应当是其最先进的形式）具有三大原则和制度，即民主、法治、人权。从终极意义上看，民主和法治既是手段，也是目的；唯有人权仅是目的。民主能够集中多数人的智慧，调动和发挥广大人民群众参与改造世界的积极性，这是手段。国家的一切权力应当属于人民，人民应当是国家的主人。因此，它又是目的。现代法律是集中多数人的智慧制定出来的，通过它具有规范、预测、统一、教育、惩戒等社会功能，它是人们认识和改造世界的工具。但法又具有公平、正义的本质属性，法治是人类文明进步的重要标尺。因此，在国家应依宪治国、执政党要依宪执政的政治形态中，民主与法治既具有伦理性价值，又具有工具性价值，唯有保障人权才具有终极的伦理价值。

人权自身具有崇高的价值

宪法之所以是人民权利保障书，还因为人权本身具有崇高的价值。国务院新闻办公室经国务院授权于 1991 年 11 月 3 日发布的《中国人权状况》白皮书曾称，"人权"是个"伟大"的名词，是无数志士仁人为之奋斗的崇高理想。我认为它的"伟大"之处可表现以下四条：

一、充分实现人权，是社会主义的崇高理想追求。社会主义是一个"人人自由、人人平等、人人富裕、人人能享有现代政治文明"的社会。马克思曾多次强调，那个理想社会的基本特征是"人的自由而全面发展"，正如《共产党宣言》所指出："平等是共产主义的政治论据"，"各尽所能、各取新需"的人人富裕社会早被庄严地写在了社会主义的旗帜上，并成为数百年来社会主义运动的基本实践。"依宪治国"、"依宪执政"乃是现代政治文明最基本的标志。因此，我们可以说，社会主义者应当是最彻底的人权主义者。

二、充分实现人权是"为人民服务"宗旨的切实保障。"人民"是一个高度抽象的概念，中国人民是由 13 亿多个都在追求幸福的活生生的个人所组成，如果我们对一个个具体的人的权利保护不重视，"为人民服务"的宗旨可能成为一句空话，甚至可能被有些人利用来肆意侵犯人民权利的借口。

三、充分实现人权是推进科学发展的出发点和最后归宿。"发展"本身不是目的，科学发展观的本质和核心是"以人为本"，它的基本理念是"发展为了人民，发展依靠人民，发展成果由人民共享"。

四、充分实现人权，是全人类的共同价值追求。人权是普遍性和特殊性的辩证统一。不同国家经济文化发展水平不同，有不同的民族和宗教，有不同的经济、政治制度，有不同的历史、文化传统，这些都决定了不同国家之间存在人权制度与观念的差异和发展模式与水平的不同。因此人权具有特殊性。人权的普遍性是由于人有共同的人性、共同的利益和道德。人人都希望自己的生命和人身安全得到保障，人身自由不被肆意剥夺，这是一个"不证自明"的真理。

（原载于《法制日报》2014 年 1 月 29 日）

建立宪法监督制度正当其时

我国进入改革开放伟大新时代 35 年以来，社会主义法治国家建设已经取得举世公认的成就。最突出的一个标志是社会主义法律体系已基本建成。"有法可依"的问题已经基本解决。目前和今后的主要问题是要树立宪法和法律的崇高权威，做到"有法必依，执法必严"。党的十八届三中全会作出的关于《中共中央关于全面深化改革若干重大问题的决定》（以下简称《决定》）提出了一系列有关全面落实"依法治国"这一具有全局性、根本性重大决策的全新的理念和制度设计。其中最大亮点就是要建立宪法监督制度。《决定》明确提出："进一步健全宪法实施监督机制和程序，把全面贯彻实施宪法提高到一个新水平"，同时，将这一制度的建立，放在"推进法治中国建设"的首位。《决定》关于"推进法治中国建设"的一系列新理念和制度新要求，深得广大人民群众的拥护和学术界的赞誉。

自 1982 年制定并实施现行宪法至今，中央一直重视法学家对这一问题的建议，要求有关部门认真研究和解决这个问题，例如，2002 年 12 月 4 日胡锦涛同志在首都《纪念宪法公布施行二十周年的讲话》中就已明确要求："要抓紧研究和健全宪法监督机制，进一步明确宪法监督程序，使一切违反宪法的行为都能及时得以纠正。"现在时间又过去了十多年。这次中央的改革《决定》要求在 2020 年之前必须解决这个问题，现在是认真研究和建立这一制度的时候了。

我们认为，宪法监督机制和程序的建立，必须从中国的具体国情出发，符合现行宪法的精神和基本要求，在现行人大制度的框架内进行设计，不能照搬西方模式。

可以从以下几个方面建立宪法监督制度：在全国人大常务委员会下新设立一个"宪法监督委员会"，其性质和地位与其他九个专门委员会基本相当。委员 19—21 人，从人大常委会委员中选举产生，主任、副主任委员可从副委员长中选出。宪法监督委员会的职权、职责，可以有如下几项：1. 对宪法解释，提出意见和建议。2. 对现行法律、国务院制定的行政法规、军委制定的法规是否同宪法相抵触，提出审查意见。3. 对报送全国人大及常委会备案的地方性法规是否同宪法和法律相违背，提出审查意见。4. 对报送全国人大及其常委会批准的自治区的自治条例和单行条例是否同宪法和法律相抵触，提出审查意见。5. 对全国人大及其常委会授权国务院制定的行政法规，或者授权省级人大及其常委会制定的地方性法规是否同宪法和法律相抵触，提出审查意见。6. 对国务院裁决的省级地方性法规同行政法规相抵触、省级地方性法规同国务院部委规章之间有矛盾的处理意见，提出审查意见。7. 对中央一级国家机关的重大政策和决策是否违宪，提出审查意见。8. 对中央一级国家机关之间的权限争议，提出处理意见。9. 对全国人大选举的中央一级国家机关的领导人的罢免案，提出审查意见。10. 全国人大及其常委会交付的其他工作。宪法监督程序可作如下规定：任何国家机关、社会组织、企事业单位和公民个人，都有权利向宪法监督委员会提出违宪审查建议，其中国务院、军委、最高人民法院和最高检察院、全国人大常委会各专门委员会和各省级人大的建议，宪法监督委员会必须列入议事日程予以研究。宪法监督委员无权直接作宪法监督事项的决定，必须报全国人大常委会讨论和作出决定并宣布。在我国的政治体制下，对执政党的新的方针政策是否同现行宪法和法律矛盾冲突，不在"违宪审查"范围之内。因为这只是党的意见和主张，全国人大及其常委会有权作出是否采纳或部分采纳作出修改宪法和法律的决定。以上宪法监督机构的设置及其职权的设定同我国现行宪法的原则精神和具体规定是完全一致的。

自 1982 年宪法制定实施以来，我国在制宪行宪方面已经积累了相当多的经验，广大干部和群众的法律观念和宪法意识已有很大提高，政治体制改革和民主、法治、人权建设已经取得长足的进展，预防和消除权力腐败的民主监督正在进一步完善。党的威望日益提高，党的执政地位日益巩固，党的十八届三中全会的《决定》得到了全国人民的衷心拥护，从中央到地方都在切实贯彻落实《决定》提出的各项要求。为到 2020 年实现中华民族伟大复兴的中国梦迈出了坚定的一步。我们希望全国人大在本届任期内能建立起宪法监督制度，它将成为"建设法治中国"一个新的里程碑。

（原载于《中国党政干部论坛》2014 年第 8 期）

依法治国必须依宪治国

宪法与国家前途、人民命运息息相关

记者：党的十八届四中全会即将召开，党中央将对新时期的依法治国作出新的全面部署。在依法治国之中，宪法具有独特的地位和重大的意义。如何让宪法发挥出在依法治国中的重要作用，走进人民生活、社会生活、政治生活，让宪法离我们更近，是法学家和社会公众共同关注的焦点之一。习近平总书记 2012 年在纪念现行宪法公布施行 30 周年大会上指出，"宪法与国家前途、人民命运息息相关"，"依法治国，首先是依宪治国；依法执政，关键是依宪执政"。在 2014 年庆祝全国人民代表大会成立 60 周年大会上的讲话中，他又一次强调"宪法是国家的根本法，坚持依法治国首先要坚持依宪治国，坚持依法执政首先要坚持依宪执政"。宪法作为国家的根本大法，对于正处于社会转型期的中国而言，您如何看待宪法在当下的重要性。

李步云：宪法之所以重要，因为它是国家的根本大法，是治国安邦、国家兴旺发达、长治久安的根本保证。在这个意义上，宪法对于任何国家都是一样重要的。但是对中国当下来说，理解这一点有特殊重要的意义。首先，正如你所说，中国正在进行社会转型。什么是转型，我认为是走向现代化、信息化、城镇化、工业化的这样一个过程。这个转型过程表明我们还是个发展中国家，我们需要国家的繁荣富强，更需要国家的长治久安。"文革"的教训表明，国家的长治久安是非常重要的。其次，还有个现实问题，为什么今天要强调宪法的重要性呢？这是因为，长期以来，由于各种认识上和制度上的原因，目前对宪法重要性的认识还没有得到普遍的提高，宪法还没有足够的权威。从干部到广大群众，包括领导层，都存在这个问题。因此，今天来探讨如何看待依宪治国、依宪执政，深刻理解这个问题，很有意义。

记者：您认为因为宪法还不具备足够的权威，因此今天探讨依宪治国和依宪执政很有意义，那么如何看待这二者的关系？

李步云：依宪治国是指我们执政党、各个民主党派、各级国家机关，总之，全体人民都要依宪治国。依宪执政是特指我们中国共产党，要依照宪法来执政。这两个问题虽有不同，但是密切相关。

在这个问题重要性的认识上，自依法治国这一治国方略写进宪法以后，最近几年法治思想又有提高，集中表现在胡锦涛等中央领导人曾经提出一个很重要的命题，就是依法治国根本的是依宪治国，而且中央办公厅还专门发了文件，要全党和全国的干部都来学习这个思想。在这个观点提出来之前，我曾在全国人大的"工作通讯"上发表过一篇文章：《依法治国重在依宪治国》。在文章里我讲了三条理由。第一，宪法涉及国家的根本制度，即国家权力的产生、分配、相互关系和程序等国家体制问题，以及详细列举公民的基本权利和义务。第二，宪法和整个法律的关系，是母法和子法的关系，它是一切法律制定的依据和指导原则，一切法律都不能违反宪法。第三，实施宪法重点要求的不是老百姓，当然老百姓也要按宪法办事；宪法重在治官，而且重在治中央的官，因为遵守宪法、违宪的问题主要还是在最高层。宪法的很多要求是对执政党的中央，对国务院、对两高、对军委的约束。正是在这三个意义上，我们必须强调依法治国重在依宪治国。

在过去民主执政、科学执政、依法执政的基础上，中央又提出了依宪执政，这是党中央在依法治国思想上又一个重要的发展。当下依宪治国最主要的问题是：宪法还不具有极高的权威。这是由我们社会转型的各种复杂因素决定的，但归根结底是：观念不到位，制度还有缺陷。宪法要具有权威，当然它本身需要不断的完善，但目前的主要问题是权威受到了观念和制度的约束。在广大群众中，特别是在各级领导干部中，这是目前存在的主要问题。

宪法不具备崇高权威就如同"毫无意义的空气振动"

记者：您认为当下依宪治国最主要的问题就是，宪法还不具有很高的权威，宪法的权威受到什么样的观念和制度的约束，这表现在哪些方面？

李步云：违宪的表现很多，这里举一个例子。例如"党委审批案件"制度。1979 年 3 月 6 日，我通过人民日报内参《情况汇编》第 1038 期，提出九条理由建议取消这一制度。当年 9 月 9 日发布的中共中央《关于坚决保证刑法、刑事诉讼法切实实施的指示》中正式宣布取消这一制度。但后来又有回潮，即改为"政法委"批案。可喜的是党的十八大召开后两个月，新的中央政法委书记在全国政法工作电视电话会上明确宣布，以后政法委不再干预司法机关审理具体案子。我国宪法明确规定，检察权由检察机关行使，审判权由法院行使，不能在它们之上还有某个机关乃至某个人可以最终决定某人是否有罪，该如何判。宪法完全没有这个意思，那么做是明显违宪的。

记者：您举的这个违宪事例非常典型，是使宪法的权威受到了约束。树立宪法的权威，对国家的兴旺发达和长治久安有非常重要的意义，这是从国家层面上来说的。同时列宁说过，"宪法就是一张写着人民权利的纸"，宪法的内容也包括详细列举公民的基本权利与义务，因此中央领导强调"宪法和人民命运息息相关"。可是事实上，作为普通老百姓，我们通常感觉宪法离自己很遥远。造成这个问题的原因是什么？

李步云：现在确实存在这个问题，普通老百姓对宪法是什么，宪法和自己有什么关系，知之不多，很模糊，很抽象。原因在于，首先，我们对宪法的宣传不够。通过何种形式，让老百姓了解什么是宪法，它的基本内容是什么，它和自己的关系是什么，在宣传教育方面还是缺乏的。另外，我们的制度有缺陷，就是宪法缺乏崇高的权威，违宪事件经常发生，公权力侵犯私权利的事件经常发生，影响了宪法的形象。老百姓是很讲实际的，他会认为宪法再好，如果不解决现实生活中存在的问题，不也就是那么回事吗？能有什么用呢？公民权利被侵害，腐败现象很严重，滥用权力或不作为，等等，这些都使宪法的崇高地位受到损失。

记者：宪法如果不具备崇高的权威，就不能真正发挥作用。如何才能有效地防止和杜绝违宪事件的发生，让我们普通老百姓觉得宪法是真正有用的，从而树立宪法的权威？

李步云：这是我们当下亟须研究和解决的问题。在这个背景下，中央提出了依宪治国、依宪执政的问题。

要解决这个问题，第一要反复在广大干部群众中大力宣传依宪治国、依宪执政的重要意义。现在各种渠道的宣传力度还不够。第二还要解决两个问题，一个是法律的规范性问题。有人认为宪法只是一份政治宣言，认为它和法律不一样，不具有规范的作用。但我们强调，宪法有规范性，因为宪法也是一种法律，是人们的行为准则，首先是中央机关、所有国家机关、所有政党和社会组织的行为准则，违反了宪法是要受追究的。但是这样的理念现在还没有建立起来。另一个问题是宪法本身要科学，必须没有漏洞，如果本身不科学，和现实不一样，规定是一套，做的是另一套，宪法就不可能有权威。

记者：是否可以这么认为，我国现行宪法本身还有不科学的地方？

李步云：我可以举个典型例子。从 1982 年宪法到现在，我一直在呼吁要修改现在的宪法第 126 条。第 126 条是这么规定的，人民法院独立行使审判权，不受行政机关、社会团体和个人的干涉。这种说法是不严谨、不科学的，背后的根子是党的领导和司法机关关系的错误理念。应该改为人民法院不受"任何机关"的干涉。"干涉"是个贬义词，对司法机关独立办案，党不能干涉，人人也不应干涉。党要领导，人大要监督，那是另外一个问题，而不是"干涉"。当年征求宪法草稿意见时，我们社科院的五个专家当时提过这个建议，或者恢复到 1954 年宪法，"人民法院独立行使审判权，只服从法律"。这最好、最简明地体现了司法独立的原则。

另外还要树立一个权利推定的原则。比如，知情权、迁徙自由、罢工权都是我国公民应当有的权利。但是由于我们条件不具备，为了保证安定，我们把迁徙自由和罢工权从 1954 年宪法里面拿掉了，而知情权，在宪法里面没有写进去。宪法即使没有规定，我们也应该推定公民享有这些权利。所以过去在解释罢工权的时候，我赞同暂不写进宪法，但是我肯定说罢工是合法的，但尽量用疏导、调解来解决这个问题。迁徙自由，户籍制度改革，现在正在进行。维护宪法的权威，解释宪法实施宪法的时候，要树立权利推定的理念。

此外，我还赞同宪法司法化，就是司法机关办案时宪法可以被引用，两高可以就具体案子对宪法做解释。但现在内部有规定，司法机关判案子，在判决文书里，不能援用宪法。我认为在个案上，如果法律没有规定，可以援用宪法的精神，宪法的具体规范。除了宪法修正案，我们再建立一种机制去解释宪法，并允许"两高"可以在办案子"无法可依"时能援用宪法，就可以使它变成活的宪法了。

建立违宪审查制度刻不容缓

记者：要让宪法变成活的宪法，根本还是要靠制度去树立宪法的权威，要用制度对违反宪法的行为加以处置。我们知道，从1982年宪法制定的时候，学者们就呼吁建立我国的违宪审查机制，但是一直没能实现。

李步云：这就是我要提的一个关键问题，即建立违宪审查制度。全世界的宪法里没有违宪审查制度的，十分罕见。违反宪法，没有一种制度、没有一个程序、没有一个机构来加以处理，怎么能维护宪法的权威？根本不可能！我们过去的做法是，中央下一个指示，检查一下看看宪法做得怎么样。有过这么几次检查违宪问题，但一直没有一个机制。我是30多年来一直在呼吁建立违宪审查制度，我认为建立这一制度将是我们实行依法治国、依宪治国的一个里程碑。

记者：能否请您再具体解释一下这一制度，这一制度有何好处？

李步云：我在《法制日报》发表的《建立违宪审查制度刻不容缓》这篇文章，提出了具体方案，即在全国人大常委会下的九个专门委员会之外，再建立一个委员会，叫"宪法委员会"，或者叫"宪法监督委员会"，它的性质和地位和其他九个专门委员会大体相同。主要由人大常委委员和人大代表里边具有法律知识和政治水平的人组成，也可以聘请三两个不是人大代表的法律专家参与，15 个、17 个、19 个都可以，找一两个副委员长来当这个委员会的主任，它负责具体的违宪审查和宪法监督。在这篇文章里面，我提了它可以有八项任务，其中包括违宪审查，国务院、最高法、最高检、军委所制定的法规、规章或地方性法规，凡违反法律和宪法的可以撤销。它们做重大问题的决议、任免，违法违宪的，可以宣布取消；可以对宪法做解释；对中央机关职权的划分有分歧，它可以作出裁定；也可以对国家领导人进行弹劾。如此等等，共八个方面的职权。谁可以提起违宪审查，国家机关、各政党和社会团体，每个干部都有此权利。如果是最高法、最高检、国务院、中央军委和人大专门委员会提出违宪审查，宪法委员会必须要列入议程讨论。是不是违宪，应该怎么处理，违反宪法哪一条，违反到什么程度，宪法委员会形成意见后，报人大常委会进一步讨论，是完全同意，部分采纳，还是否定，由人大常委会最后作出决定；特别重大问题，可以报全国人民代表大会审议。

设立一个专门委员会，宪法都不用修改。我们的宪法规定，人大常委会根据需要，可以设立专门委员会。如果老百姓或干部或社会团体等提出，党中央的哪个文件违反了宪法，宪法委员会可以受理，但是不做决定，可提出某些意见或建议转交给党中央，由党中央来处理。这么做不用担心它会凌驾于党之上。这样一个体制完全不会影响党的领导，只会给党的领导增光，只会维护党的威信，只会树立党的更好的形象，只会有利于对党的监督。现在中央非常重视对自身的监督。怎么监督，最有力、最硬性的监督就是在人大体制里加强对党的监督，而最有效的办法就是建立违宪审查或宪法监督制度。通过这种合法的程序监督党的领导、党的文件、党的决策，是完全行得通的。

这很值得中央认真考虑。

这个制度不建立，其他所有措施都有局限性。

（原载于《理论动态》2014 年 9 月 30 日，记者戴箐文）

宪法监督提上日程是重大进步

对话人物：1933 年 8 月生，湖南省娄底市人。中国社科院荣誉学部委员、法学研究所研究员、博士生导师。中国法学会学术委员会委员，最高人民检察院专家咨询委员会委员，中共中央宣传部和司法部"国家中高级干部学法讲师团"成员。

1978 年发表《坚持公民在法律上一律平等》，被视为法学界思想解放的标志。1979 年发表《论以法治国》，开了"依法治国第一腔"。曾参与 1982 年宪法的制定，并多次参加 1999 年修宪、2004 年修宪座谈会，所提的"国家尊重和保障人权写入宪法"等建议被采纳。

1982 年宪法
很好的宪法，反映了当时的认识高度

《新京报》：12 月 4 日是第一个国家宪法日，打算怎么过？有没有特殊安排？

李步云：之前接到了不少讲课、座谈的邀请，都跟宪法纪念日有关。但是 4 日，全国人大有一个非常重要的活动，关于立法法修改的座谈会。我觉得立法法修改非常重要，全国人大的这个座谈会一定要参

加，所以我就没有接受其他的邀请。

《**新京报**》：你如何评价现行宪法，也就是 1982 年宪法？

李步云：1982 年宪法是一部很好的宪法，基本反映了当时改革开放、解放思想的精神和思想路线，反映了当时我们达到的认识高度。这个高度超过了 1954 年以前的阶段，超过了 1954 年到"文革"这一阶段，更超过了"文化大革命"时期。1975 年宪法是一个非常不好的宪法，是"文革"时搞的。1978 年宪法，也没有完全消除 1975 年宪法的影响。

在很多方面取得了重大进步，比如恢复了两大原则：司法独立原则、法律平等原则。这两大原则 1954 年宪法有规定，但 1975 年宪法取消了，1978 年宪法也没有恢复。

《**新京报**》：1982 年制定新的宪法时，你在做什么？

李步云：我当年被借调到了中央书记处研究室工作，接到的第一个任务就是起草叶剑英委员长在 1982 年宪法修改委员会第一次会议上的讲话稿。

那时我才 40 多岁，精力很充沛，一天工作十几个小时，就住在中南海的办公室里。用了一个多月，在《人民日报》上发表了 10 篇文章，这些文章都跟宪法有关。

《**新京报**》：这些文章提出了哪些建议？有没有被采纳？

李步云：不少建议和想法后来被采纳了。比如其中一篇文章《什么是公民》，"文革"时期，不少人认为，地、富、反、坏、右"五类"分子以及被判刑的人员，不是公民。我建议，宪法修改应该写入"凡具有中华人民共和国国籍的人都是中华人民共和国公民"，这句话写入了 1982 年宪法。

另外，1982 年宪法将"公民的基本权利和义务"章节，放到了"国家机构"这个章节的前面。这也是我在《人民日报》的文章里提到的。

我认为,"公民的基本权利和义务"放在"国家机构"前面,体现出国家机关的存在是为公民服务这个重要思想。

1982 年宪法的序言中,有一句话,"全国各族人民、一切国家机关和武装力量、各政党和各社会团体、各企业事业组织,都必须以宪法为根本的活动准则,并且负有维护宪法尊严、保证宪法实施的职责"。这跟我提出的一个建议"党必须在宪法和法律的范围内活动",也是一致的。这个建议我最初是在《光明日报》发的文章中提出来的,十二大修改党章时采纳,也就是写入了党章中。1982 年宪法修改虽然没有采用相同的表述,但是"各政党"也就包括了共产党,体现的是任何政党都要维护宪法权威的原则。

1999 年"依法治国"入宪
论战结束,"依法治国"获得广泛共识

《新京报》:你被评价为开启了"依法治国第一腔",早在 1979 年就提出了依法治国的观点。1999 年修宪时,你想到"依法治国"会入宪吗?

李步云:1978 年,我和王德祥、陈春龙合作撰写的论文《论以法治国》发表后,争论非常激烈,形成了"三大派"论战:"法治论",反对人治,提倡法治;"取消论"认为,"法治"和"人治"是资产阶级观点;"结合论"认为,"法治"和"人治"都有必要,应该结合起来。这场大论战持续了很长时间,甚至引起了中央领导的注意。

1996 年 2 月,中央领导的一次法治讲座就是以"关于依法治国、建设社会主义法治国家的理论和实践问题"作为主题。这次讲座过后不久,"依法治国"就写入了"九五"规划,第二年写入了十五大报告。

十五大后,"三大派"论战也结束了,"依法治国"已经获得了广泛

共识。1999 年修宪时，"依法治国"入宪的各方面条件已经很成熟。这次修宪前，我参加了一次座谈会，看到的修宪方案中就有"依法治国，建设社会主义法治国家"。

2004 年"人权入宪"
"人权入宪"有利于消除错误认识

《新京报》：1978 年，你就提出了"在法律上一律平等"，2004 年"人权入宪"时，各方面条件是不是也像"依法治国"入宪一样，很成熟?

李步云：1978 年《坚持公民在法律上一律平等》发表后，引起了很大的争议和讨论。有人提出，"人人平等就是不讲阶级性"。但 1982 年宪法对于公民的基本权利和义务作出了一系列规定，而且还提出了"凡具有中华人民共和国国籍的人都是中华人民共和国公民"。但是，1982 年宪法没有正式提出"国家尊重和保障人权"。1999 年修宪前，我参加座谈会时，就提出了这个建议，不过这次修宪没有采纳。

2004 年修宪前，我记得是在 2003 年，时任全国人大常委会委员长吴邦国主持召开的一个修宪座谈会上，我被要求第一个发言。我提出四条建议，其中一条就是把"国家尊重和保障人权"写入宪法。当时有人反对，反对理由主要有两条：宪法"公民的基本权利和义务"章节，已经对公民的基本权利作出了规范；很多国家的宪法都没有写明"国家尊重和保障人权"。

这次座谈会上的争论并不激烈。最终"国家尊重和保障人权"也写入了宪法。这次修宪后，中央电视台做了一期专题，我在节目中讲了"人权入宪"的理由：不少干部认为"人权"敏感，不敢提，因为十几年前"人权"还是资产阶级口号。"人权入宪"有利于消除错误认识，有利于在国际上提高我国的地位和发言权。宪法的"公民基本权利和义务"章节虽然对公民的权利作出了规定，但是并不等于纳入了所有的公民的权利，随着时间发展会有新的权利出现，比如"知情权"就没有纳入宪法的"公民基本权利和义务"章节，但是公民的知情权理应受到尊重和保障。

宪法监督制度
宪法监督提上日程是法治重大进步

《新京报》：1982 年宪法修改时，对于宪法监督制度是怎样考虑的？

李步云：当时对于宪法监督制度有考虑，但是认为经验不成熟，所以没有涉及这个问题。1982 年至今 30 多年来，很多学者呼吁建立宪法监督制度，否则宪法就成了没有牙齿的"老虎"，难以维护宪法的地位和权威。30 多年前，在人民大会堂，一个跟中央领导的座谈会上，以及后来发表的文章中，我都提出过。

欣慰的是，十八届三中全会提出"要进一步健全宪法实施监督机制和程序"；十八届四中全会在这个基础上，进一步提出"完善全国人大及其常委会宪法监督制度，健全宪法解释程序机制"。可见，宪法监督制度终于提上了日程，这是我国法治建设的重大进步。

宪法的权威性
维护宪法权威还有不小的差距

《新京报》：1982 年宪法实施至今已 32 年，你如何评价宪法的地位和权威性？

李步云：32年来，宪法的地位一直在提高。特别是十八大以来，习近平总书记多次强调要维护宪法的权威，而且以"依法治国"为主题的四中全会提出了"依宪治国"、"依宪执政"，这是重大进步。

不过，宪法的地位虽然一直在提高，但宪法的权威性还没有完全树立起来。我讲课时，经常提到一个例子：美国一名首席大法官送给我的礼物就是一本美国宪法，他说他对其中的内容耳熟能详，每晚睡觉还是会把宪法放在枕头边，提醒自己不能允许任何侵犯宪法权威的行为发生。距离这样的维护宪法权威的意识，我们还有不小的差距。

《新京报》：当前该采取哪些举措，提高宪法权威性？

李步云：目前，最重要的还是普法，广泛宣传普及宪法知识，讲解宪法为什么重要，我们为什么要维护宪法的权威。比如，宪法纪念日这样的活动。

现阶段的重点是各级领导干部带头维护宪法，宪法的权威性才能真正树立起来。对宪法宣誓就是一种很好的教育形式。这虽然是个形式，但是形式反映信仰和追求。

（原载于《新京报》2014年12月4日，首席记者王姝文）

"靠法治促改革保改革"

在法治中国建设中，我们主要面临的问题，民间有一种说法，我觉得它有一定的道理。即认为现在的主要问题已经不是立法问题，而是执法问题和司法问题。因为我们宣布法律体系已经建立起来了，有法可依了，但这只是相对意义上讲。未来的中国法治建设，法律的立改废仍然是法治中国建设里边的一个很重要的问题，我认为这个不应该简单化。（李步云）

- 关于科学立法的几个问题
- 良法应符合真善美标准
- 通过变法促改革，保改革

关于科学立法的几个问题

　　首先向所领导和编辑部领导表示歉意，因为接到通知以后，由于我最近做了一个大手术，今天这个会，我参加不参加一直犹豫不决。很晚才给田夫打电话，说我还是下午来参加。这个题目也是犹豫不决，本来我在中国法学会承担了双百活动的讲座课题，题目就叫"全面深化改革与法治"，我又想这个题目太大了，我还没有完全考虑清楚。后来选了一个最小的题目，也就是关于科学立法的问题，我谈一点意见。

　　在法治中国建设中，我们主要面临的问题，民间有一种说法，我觉得它有一定的道理。即认为现在的主要问题已经不是立法问题，而是执法问题和司法问题。因为我们宣布法律体系已经建立起来了，有法可依了，但这只是相对意义上讲。未来的中国法治建设，法律的立改废仍然是法治中国建设里边的一个很重要的问题，我认为这个不应该简单化。这个问题我就不再讨论了，就是说社会主义法律体系是否已经建立起来了，还是说基本建成，是有不同看法的，中央作出这样一个判断也有策略考虑。下面我谈以下几个观点。

　　因为历届党代会报告里都强调要民主、科学立法，我认为民主立法现在有些进展，比如说全国人大的法律草案网上公开，让更多人参与讨论，开放性也比较大一些，再比如听证会有些地方搞的是不错的。所有这些说明民主立法是有进步的。我在挪威有一次看到议会开会讨论立法问题，我就听了他们这个会议。四分钟以后，整个会议一句话都不落全在网上公开，全挪威 400 多万人都知道了。这个会首相怎么讲的，议员怎么责问的，他怎么回答的，一个字都不落，全都公开了。我们现在做的这一点恐怕不够。即使我们学者要查一下立法过程是怎么争论的，这个档案也不会给我们看。所以说这个民主的路还应该有很长的路要走，但是有进步。

关于科学立法的问题，好像过去讨论的不是太多，我有这样几点思考，有这样几个观点。

第一，立法要在体系两个字上做文章。国内有几个重大立法项目，基本上照苏联模式。所谓立法体系就是指部门法之间的划分和划分的原则是怎么样的，这就是立法体系，法理学里也有这个命题。但它那个不科学，不符合我们的辩证法。它应该是整体和部分的关系，体系应该是立体，不应该是简单的部门法的划分，我们这个体系它还有哪些缺陷，需要补足，哪些需要修改，它讲的是这个问题。这个体系我曾经有两种表述。一种是概括为 16 个字，即"上下左右前后里外"要做到"科学统一和谐协调"。上下是指上位法和下位法要衔接起来，上位法需要下位法来制定法律法规充实起来，下位法也不能违反上位法的一些硬性规定；左右是指部门法之间的衔接问题，比如经济法和民商法的关系问题，实体法和程序法的关系问题；前后是指新法和旧法的关系问题；里外是指国内法和国外法的关系。这些要做到科学统一和谐协调。现在存在什么问题呢？

从上下来讲，我举个例子，现在法律体系下，人家提出了三大法的统一立法还没有，这个有它的难度，但是法律和国务院行政法规和省、市地方性法规的衔接问题要注意。第二就是左右的问题，过去争论得一塌糊涂的就是经济法和民商法的关系问题，还有程序法和实体法的关系问题基本上解决了。过去是先有程序法，后有实体法，这不对。但是今后还要注意这个衔接问题。前法和后法这个问题要大一点。我们过去搞过好几次法规清理，你五六年内它们之间有矛盾，后来才来改，那说明五六年就有副作用了。立一个新法的时候你就应解决这个矛盾问题，旧法哪些应该修改，哪些需要废止的。立法的时候就要考虑和处理好这个问题。里外的问题是我们立法法的最大问题。当时对于国外法如双边国际条约、多边条约、国际公约，我们在司法上怎么适用始终是个含糊的问题，一直没有解决。黄敬同志有一次在全国人大讲了这个问题，他说有 70 多个国际条约，同我们的国内法的衔接问题没有解决。立法工作者要重视这个"体系"问题，要在上下左右、前后里外上做文章。

第二个问题是法律要讲逻辑，法律是一种行为准则，如果说不合逻辑，就必须要改。

还有一个问题是法律必须要有三个要素，第一个是行为主体，第二个是行为模式，第三个是行为后果。没有这三个东西，不构成一个法律规范，而我们现在很多法律没有制裁。其中教育法是一个典型，宪法更是一个典型。最近我的访谈，翻来覆去讲，就是要建立宪法监督制度和程序。我说 10 年以前胡锦涛同志就说了，这个问题我们要认真研究。这次三中全会说得清清楚楚，就是要建立和健全宪法监督制度和程序。而不是说要研究研究。宪法和法律，都必须要有制裁，违反宪法、法律，可以不承担法律后果，那个法就不成为法，而只是个宣言。违反它，不承担任何法律后果，它怎么能有权威？

再谈一个问题，关于法律概念，每个概念和原则都有它们特定的含义。像司法独立、无罪推定、有利被告、自由心证，不能望文生义。实际上所谓司法独立、无罪推定有它特定的含义，你不能单从字面上去理解。一些法律的术语是大家长期传承下来的，它的含义是大家公认了的，不能随意去解释，那在立法上也是不科学的。

（原载于《法治与改革》，方志出版社 2014 年版，第 46 页）

良法应符合真善美标准

"真"，就是符合社会的本质和发展规律，符合时代的精神，符合本国的实际；"善"，就是符合广大人民群众的利益，符合正义公平的要求，能促进经济社会文化的发展；"美"，就是宏观上法律体系要完善，微观上法律主体、内容、行为后果这"三要素"要完备。

十八届四中全会提出全面推进依法治国，努力实现国家各项工作法治化，向着建设法治中国不断前进，鼓舞人心。

谈到立法问题，现在大家普遍认为，我们已经有法可依了，主要问题是树立法律权威、严格按照法律办事。我认为，不管当下还是未来，立法仍然是建设法治国家的一个突出问题，法律的立、改、废仍然是一个永恒的主题，永远是依法治国一个很重要的问题，是一个常态问题。

全面推进依法治国，仍然要高度重视立法问题。具体来说：

（1）关于民主立法。法律草案公开征求意见、立法听证要予以制度化，听证制度比专家论证制度还要好一点。立法草案要早一点发给参加审议的人大代表，给代表留出调查研究的时间。我经常举挪威议会立法辩论制度的例子，会议全程录音录像，会议结束后 2 个小时全部挪威人都能从网上看到，立法的公开性、透明性做得很好。

（2）关于科学立法。要在立法体系上多做文章，防止立法的平面化，我提出 20 个字的标准：法制完备、体系严谨、内部和谐、形式科学、协调发展。此外，民主、科学立法是手段，不是目的，目的是立"良法"，制定好的法律。什么是好的法律，过去法学界也有争论，没有归纳出基本要求，后来我撰文提出"真、善、美"的标准。"真"，就是符合社会的本质和发展规律，符合时代的精神，符合本国的实际；"善"，就是符合广大人民群众的利益，符合正义公平的要求，能促进经济社会文化的发展；"美"，就是宏观上法律体系要完善，微观上法律主体、内容、行为后果这"三要素"要完备。

现行党领导立法的基本渠道是，通过全国人大常委会党组把党的主张告诉全国人大及其专门委员会，这个机制基本可行。下一步，建议加强有关部门的法治工作力量，引进一些专门从事法律研究的专家人才，强化有关工作机制，更好地做好党领导立法的有关服务保障工作。

（原载于《党内法规研究》2014 年第 3 期）

通过变法促改革，保改革

我同意刚才海年的讲话，我们法学所曾经在国内被尊称为"执牛耳"，意思是说在全国是一头领头羊。敢于思想解放、理论创新，有相当一段时间曾享有这么个名称。它有当时历史条件，这个历史条件就是改革开放，正值思想解放前期，我们有一批老同志理论比较成熟，胆子也比较大，而且我们的领导也很开明。我们所在国内影响最大的一共有四次讨论。第一次讨论在北京市法院的一个大厅里，有邓力群讲话，当时胡乔木在院里传达了中央会议的那个讲话（刘海年研究员：小平同志内部讲话），我们所传达了那个精神，召开了一个思想解放的会议，有100多学者参加，试图在思想上突破理论禁区，有关民主、法治、人权等各种重大问题都提出来加以讨论。那个简报是我们两个写的，最后会议的那个简报大约四千字，发表在《光明日报》上，详细报道了这个会议。当时我记得印象最深的是邓力群，关于在小汤山秦城监狱的一件事，他亲眼看到监狱的一个干警为了惩罚监禁的被关押人，故意把一碗饭倒在地上，要这个受审判的趴在地上给舔了。当时班里刘建章等领导，都是关在一起的。我当时听了这个故事，非常气愤，后来我写的《论我国罪犯的法律地位》，就是根据这个故事来的，那是法学界第一次影响很大的，实现解放思想突破理论禁区的会议。

　　第二次会议也在北京市大法庭，主题是"依法治国"。当时有三大派争论激烈，法治派，取消派，"法治人治结合"派，三大派的争论在那个会议室摆开了阵势。我记得第一个发言是陶希晋同志，把整个局面打开了，他极力主张依法治国，他曾是董老的秘书，说话有分量，所以安排了他第一个发言。后来轮到第三个发言，不敢发了，看这个架势不对。最后我发言的时候，有一个教授站起来，打断了我的发言，说你们不正派，为什么把自己的观点硬塞进中央文件（指"64号文件"），"64号文件"是在中央文件中第一次写进法治，文件里有句话是：我们国家法律严不严格执行是我们国家是不是实行社会主义法治的一个重要标志。后来我打断说，这是政治局讨论过的，在中南海还先后开了八次座谈会，不能说是我们个人的意见。

　　第三次是在中纪委招待所，是讨论人权问题。我们院里有位哲学家，反对举人权旗帜，他说我们有社会主义旗帜了，还举什么人权旗帜？我说社会主义旗帜要举，人权旗帜也要举，或者说社会主义旗帜上写上人权两个大字，后来专为"人权"这个概念我们所的人权中心一连开了三天会，专为人权概念写了一个报告给中央。那个会议，对人权的确立起了关键作用（刘海年研究员：高举人权旗帜的报告是韩教授、李林两个人写的）。后来，我们所前前后后到国外调研写了60多篇报告给中央。那是一个高潮。

　　可能这个高潮之前还有一个，我忘了啊。那是1989年的法制改革研讨会。张友渔、王仲方等领导都参加了，除了学者，还有来自全国高校的著名学者，当时我们《法学研究》整理和发表了6万多字稿子。在全国，当时有少数有保守思想的人曾批评，那会议是资产阶级自由化的顶峰，实际上是改革开放理论创新的一个表现。

　　所以，我们这个所，有这个传统。后来我们向所领导建议啊，我们要善于抓旗帜，国家面临什么重大理论问题，什么重大制度改革，要抓得住，然后组织自己的研究，组织全国的讨论。今天的会议，我看也继承了这个传统，这个会议题目选得好，是中央正在思考的一个重要问题，可能大家都知道了今年四中全会，要专门做一个推进依法治国、建设法治中国的决定。中央委员会开专题会议讨论这个问题，在我们党的历史上，还是第一次，说明现在的中央十分重视法治建设。有位领导说改革要依法进行有它一定道理，但不完全对。就是说，要在法律的框架内来改革，不能突破法律。严格讲这句话不科学，宪法法律不合理的都应该通过这次改革来修改，社会全面改革都涉及到法律原来的规定，法律需要改的就要改。法律和古代一样，通过变法来促进社会改革。所以这个究竟是什么关系，也是我们这次讨论的第一个问题。就是要把理论说清楚，可能中央也关心这个事情，怎么掌握这个东西，用法律来巩固改革的成果，用法律来指导改革，通过法律改革来改革社会制度，需要我们提供一个理论模式，这是今天第一阶段讨论要回答的问题。

其他第几个问题都是这个题目里边的应有之义，我们今天讨论有一个好处，都没跑题，都是围绕这个总的题目。但是缺点也正在这个地方，因为问题太散，问题太广，我们没有交锋，交锋少，后来有一个交锋，是一个很好的现象，一般说来最好二三十个人讨论一个题目，有两种意见，三种意见不同，展开辩论，那个效率最好。但是，像我们这样一个会议，也有它的好处，就是把这个大题目铺开，各家提出新的问题新的观点，相互之间启发，然后我们所里的领导和我们的刊物，这两个刊物，发现哪些问题，对这些问题的研究有意义，特别有价值的研究，可以加工，在《法学研究》、《环球法律评论》，发表出来，这是我的建议。

另外，有一个观点，我非常赞同。高旭晨讲的张之洞，说对知识分子这个态度，毛泽东也说过，没有知识分子，中国革命不会成功。前几天，《炎黄春秋》编辑部新年联欢晚会，我对共识网总裁周志兴说，知识分子千万得罪不起。搞群众路线教育，首先是要相信群众，包括知识分子的绝大多数，在今天的这个局面之下，我们知识分子必须要有担当，也必须要有独立的品格，要坚持这个独立的人格，对人民、对国家负责，对党负责。真话可以少讲，但绝不要说假话。

最后还要感谢我们的兄弟单位，来了很多，很多名家，像朱景文、张恒山他们都是我们的老朋友了，都给我们来捧场，来参加这个会议。我也感到很感动。我就说这么多了。

（原载于《法治与改革》，方志出版社 2014 年版，第 46 页）

司法改革"方向是对的"

司法独立的问题长期以来集中在党和司法的关系上，后来出现了信访不信法的问题，再则是地方保护主义即地方干预。……四中全会明确将专业化，处理好法官与上下级法院的关系，院长庭长和上下级审判员的关系，作为改革的方向，我认为这是可以在若干年预期内做得到的，现在的问题在怎么一步一步地落实。（李步云）

• "阳光司法"非常重要——信息公开与透明的重大意义

"阳光司法"非常重要

——信息公开与透明的重大意义

　　谢谢主办单位给我参加这个会议的机会。会议日程安排要求我作一项主旨发言，实在不敢当，因为我对这一问题缺少专门研究，而且昨天来得比较晚，从 11 点工作到凌晨 3 点才睡觉，急急忙忙把材料看了一遍。下面谈谈我自己的一点粗浅认识。

　　我看了这些材料后有点心潮澎湃。因为我们浙江省法院和浙江大学做了一项非常有创意的开创性工作，即开展阳光司法的创建活动。这在国内也好、国际也好都是一项创新性工作。浙江不仅在法治余杭乃至法治浙江的创建上有着很大影响力，而且这次阳光司法创建活动也是有声有色，内容非常丰富，取得了很大成就，还提出了很多值得研究的理论问题和实践问题，同时调研组也就这些问题提出了自己的一些解决办法。我有一个想法，这样的一个报告都可以公开发表，可以在全国起一个推动作用。我个人对一些具体做法缺少发言权，仅从理论上、宏观问题上谈一点个人的认识。

　　去年我在重庆理论中心组做了一个报告，曾提到，我们党要巩固自己的执政地位，要实现民族的伟大振兴，其目标可以用四句话来概括，即促发展、保民生、反腐败和依法治国。如果这四条做到了，我们党的执政地位的巩固，民族的伟大复兴是完全有希望的。其中，我对前两条信心比较大，后两条的实现困难就大了。现在所谓信息公开，信息透明，阳光问题，在整个依法治国建设过程中都具有至关重要的意义。比如说民主，党的十七大提出公民应当享有四大政治权利，即知情权、参与权、表达权、监督权。而知情权是前提，没有知情权就谈不上在政治、经济、文化、社会等各个领域的参与和监督。国家工作人员是人民的公仆，但他们办事情对人民主人什么都瞒着，人民又怎么来参政议政呢？依我的理解，依法治国是人民民主、依法治国、人权保障、宪法至上，这16个字有一个很重要的环节，就是要信息公开。从宪法至上的角度上说，审判公开是一个宪法原则，但是我们落实得怎么样呢？我认为是不够的。知情权在宪法上是一个可以推定的权利，宪法上没有明确规定知情权，但是可推定它是宪法的权利。而反腐败同依法治国的四个内涵都有密切的关系，对提高我们工作效率和司法工作的水平也有很大的帮助。美国有一个学者说，阳光可以杀细菌，路灯可以防小偷。什么东西对公众都遮遮掩掩，一旦公开就会威信扫地。西方有一点值得我们学习，就是很多东西都公开。

上次我在最高人民检察院讨论去年的工作总结和今年的任务时，提了一点意见，包括依法治国、建设社会主义法治国家、国家尊重和保障人权，以及我们要建设一个独立、公正、高效、廉洁、权威的检察院。我们现在搞阳光司法，对建立独立、公正、权威、高效、廉洁的司法机构，是一个重大的抓手。机制的改革必然会影响到体制的改革。我曾经在各个省讲过，就一些复杂的影响广泛的重大问题，公检法三机关相互交换一下意见是可以的，但是不能在会上最后拍板。因为宪法规定审判权是由法院行使的，不能在法院之上还有某个机关、某个人最后决定某些具体案子该怎么定。现在我们从立案到执行全部公开。今后这个内部制度要不要公开？所以这些问题可能会促进我们司法体制的改革。比如司法独立问题，这里提到了媒体。我认为媒体在报道和评论某些具体案件的时候，自身也要有注意的地方，因为任何问题都有一个界限。我认为媒体怎么讲，司法机关应当注意听，但怎么办，还是法官自己把握。前不久在北京，张军副院长在做"双百活动演讲"示范的时候，关于社会管理创新的问题，我提了一条，我说社会管理创新很重要，但是任何措施都不能以损害司法权威为代价。包括现在提的三个统一问题，即政治效果、社会效果、法律效果的统一，该怎么理解？我说你们怎么理解我不管，我的理解是要统一到法律效果上来，在法律定罪量刑的幅度范围之内考虑政治效果和社会效果。所以这些问题，要从阳光司法抓起，包括政务公开、检务公开、警务公开，这些都会影响到体制这一根本问题。

最后我简单一句话归纳起来，阳光司法非常重要，我们浙江省及吴兴区工作做得非常之好，我希望你们坚持下去，给全国树立一个榜样，各方面起一个带头作用。我对浙江的创新精神表示赞赏，谢谢大家。

（本文系作者于 2012 年浙江宾馆召开的中国法治论坛
——司法透明指数研讨会上的发言）

"我们不是为了西方才讲人权，是为了中国人民的利益"

讲法治不讲人权不行，三中全会、四中全会就有很多地方强调保护人民的权益，四中全会涉及政治权利、公民的人身权利各个领域，所以人权又渗透到法治里面，从根本上讲，人权是法治的根本目的，法治从手段来讲是为了保障人权，所以人权是个核心的问题。（李步云）

• 以人为本：社会正义的落脚点

以人为本：社会正义的落脚点

在人类历史上，正义始终是全人类的共同价值追求。但由于人们所处的经济、政治和社会地位不同以及存在不同民族、宗教等因素，因此对这一概念的内涵和外延理解也不尽相同。尽管"正义"这一价值的内容极为丰富，但有一点是肯定的，它存在于社会各种人和人的关系中，自有国家以来，实现正义的责任主要在国家，但各种社会组织和公民个人也要承担责任。在任何社会里，"人"始终应当是社会和国家的主体。一切法律、政策和制度安排都应当是为了"人"，为了所有"人"的需求、利益和幸福。在一个现代文明社会里，"人"的各种利益、需求和幸福，都表现为人权。

社会要进步要发展，尤其是经济、科技要发展。但发展本身不是目的。发展应当是为了人民、依靠人民、发展成果由人民共享。

在人类文明的早期，法律就已被人们当作是一位穿着白袍，一手拿宝剑、一手拿天平，而且蒙着双眼的正义女神。在世界上一些主要语言文字里，"法"一词都有规则、规律和公平、正义的内涵。这是为什么？它有两方面原因：

一是由"法"自身的本质属性所决定。"法"具有如下基本属性特征：一般性——它是为全社会所制定，任何人都必须遵守；平等性——

任何人在法律面前必须平等，否则法律就不会有权威，也有违正义；公开性——用大家无从知晓的内部规定去处理人们的行为是不公正的；不溯及既往——不能用今天的法律去处理人们过去的行为，否则也是不公道的。

二是由社会对"法"的客观需要所决定。人类社会自始至终存在三大矛盾：即社会秩序同个人自由的矛盾，社会的生产、交换、分配和公共生活必须有秩序，但个人自由又是人们认识世界、改造世界的原动力和基本价值追求，然而秩序与自由是有矛盾的；人有物质与精神两大追求，但这些需求在人与人之间、个人与社会之间往往存在矛盾和冲突；权威与服从的矛盾，先前是社会组织与个人，后来是政府与百姓的矛盾。这三大矛盾需要一种共同制定的社会行为准则去规范、调整和处理，它就是"法"。最早表现为"禁忌"、"习惯"，后来表现为习惯法和成文法。如果没有"法"，社会就没有文明和正义可言，社会自身能否存在都会成为问题。因此，"法"是调整社会三大矛盾的客观要求，是一个发展的过程。

"法"具有双重价值，即伦理性价值和工具性价值，法治发展是社会和国家文明程度高低的一个标尺，同时它又是人们认识世界和改造世界的一个不可或缺的工具。它能集中多数人的智慧使这种社会行为规范符合事物的本质和发展规律，通过法自身的规范、指引、统一、评价、预测、教育、惩戒等社会功能，更好地认识世界和改造世界，这比人治纯粹依长官意志办事要高明和科学得多。

保障人权是制定和实施现代法律，特别是社会主义法律的根本目的。法有私法和公法之分。私法主要是调整个人与个人、法人与法人和个人与法人彼此之间的权利义务关系；公法主要调整国家机关及其工作人员彼此之间与国家机关和其工作人员同广大公民与法人之间的职权与职责的关系。

因此，规范和制约国家权力与保护公民的权利，实为现代宪法和法律的两大基本功能。但两者的关系是什么？习近平同志对此作过最高度、最简明的概括，即"权为民所赋，权为民所用"，意即国家的权力不是从天上掉下来的，而是公民行使选举权产生国家政权机构，并通过严格的程序规范和制约国家权力不得滥用。相反，公民权利不是国家权力所赋予，而是依据自身的人格、尊严和价值所有应当享有的，它不是任何外界的恩赐。同时，公民权利不是为国家权力而存在，相反，国家的宗旨应当是为人民服务，为人民谋利益，国家权力是手段，公民利益是目的。否则，国家权力没有任何存在的意义和价值。也正是因为这一点，所以列宁才说，宪法"就是一张写着人民权利的纸"。

在一个国家里，如果政府机关和各种社会组织能够采取积极的措施，发展经济、保障民生，缩小贫富差距，使每个公民的经济、社会和文化权利能够得到充分保障，同时严查不作为，使每个社会成员的生命、人身安全不受侵犯，人身自由、居住自由、人格尊严和隐私权利等得到严格保护，从而使每个人的人身人格权利得到充分保护，公民的种种政治权利和政治自由得到充分实现。当人权受到侵犯时，能够得到最好和最有效的救济。那么，这个国家的社会正义就能够得到根本的保障。

任何实体正义和程序正义，都直接或间接同人权保障有关，任何制度构建，都应当以"以人为本"作为指导原则和保障人权为出发点和最后归宿。这是实现社会正义的真谛。

（原载于《中国青年报》2014年2月26日）

"法治三老"谈法治

{ 法学界的"老人"也不少，可能是因为"我们三个，思想更解放一点，言论更自由一些，态度更'激进'一些"，所以被并称为"法治三老"。(江平) }

- 依宪治国：责无旁贷，乐见其成
- 郭道晖、李步云、江平：我们不讲谁讲

依宪治国：责无旁贷，乐见其成

编者按：2014 年 4 月，本刊有幸邀请到郭道晖先生、江平先生和李步云先生，李老自言：这是我们三人首次一起接受访谈，非常高兴。诚然，三位长者均已年届耄耋，共话的机缘也愈发难得。对谈伊始至终，他们精神矍铄，思维敏捷，说宪法，话共识，论改革，就当前的法治热点和焦点问题展开了广泛而深入的讨论。三老的经历和角度各不同，观点也自出机杼，精彩纷呈。自新中国 1954 年宪法起，已然六十载，三位长者从意气风发的法学青年一路走来，成为今时从容、睿慧、有气度的智者。在参与的诸多重要法治事件中，作为亲历者，他们有担当，在其时的工作岗位上尽职守责；作为反思者，他们是真诚的，看见法治经验的同时更注重对教训的汲取；作为建言者，他们有显见的赤子家国情怀，对宪治中国之成就充满理性的期待。编者在聆听三位长者三个小时的短暂分享里，仍得一窥大时代背景下法律人的矫健身影。祝愿三老幸福康健，也祝福依宪治国早日可鉴！

《中法评》：十八届三中全会通过的《中共中央关于全面深化改革若干重大问题的决定》提出，"全面深化改革的总目标是完善和发展中国社会主义制度，推进国家治理体系和治理能力现代化"。从"四个现代化"、"依法治国基本方略"到"国家治理体系和治理能力现代化"，在您三位看来，这些表述上的变化与法治的关系是怎样的？

江平：我觉得在"四个现代化"之后，我们现在又提出国家治理体系的现代化，这是一个很大的进步，至少我们承认在国家治理体系方面有些现代化的问题。至于怎么解决，有哪些基本途径和基本要素，我认为有三个方面：第一是解决好党的领导和依法治国的关系。这是最基本的。党政不能混淆，共产党必须实行的是在政治上的领导，而不能在具体问题上过多干预。第二是分工制约的体系，它实际上意味着各种权力，包括审判权、司法权、行政机关的权限应该各司其职、互相监督制约。第三是要正确处理好国家和社会的关系，我想就是一个国家、社会和个人的关系。在这些方面应该秉承在行政许可法制定的时候，杨景宇代表国务院作的一个立法报告：在市场上只要是能由市场主体自己解决的，就由市场主休自己解决；解决不了的，由社会组织来解决；只有当个人和社会组织都解决不了的时候，才能由政府来解决。这是我简单的一些看法。

李步云：我同意江老的看法。关于党的现代化的问题，执政党自身应按民主原则来组建运作。中国共产党正在朝着这个目标，一步一步往前走。要成为现代政党，实际上关键的就是解决好党政关系的问题。另外是法治的问题，宪法要落实，主要是权利保障。宪法的最高原则是人权保障，这么说是有根据的。列宁说过，所谓宪法就是一张写满人民权利的纸。我的导师张友渔先生，也提出宪法是人民权利的保障书。民主、法治相对人权来讲，是一种手段，但其本身也是目标。一个尊重宪法的国家起码要讲三项原则——民主、法治和人权，这是宪法的基本原则。

郭道晖：关于建立法治社会，刚开始还有人反对：国家法制应当是统一的，法治国家之外还搞什么法治社会，不成了二元化吗？现在十八届三中全会决定（即十八届三中全会通过的《中共中央关于全面深化改革若干重大问题的决定》，下同。——编者注）提出建立法治社会，这是很有远见的一步。但是，人们是不是真的理解何为法治社会呢？法治社会就是社会的民主化、自治化、法治化，其核心是公民权利的实现；它是既支持又监督国家权力运行的一个相对独立的实体。那种以为法治社会就是单指"用法来管理社会"的理解，是不对的。

《中法评》：三位老师的观点抓住了要害，谢谢！我们只补充一点，党章中有一段是这样表述的："党必须保证国家的立法、司法、行政机关，经济、文化组织和人民团体积极主动地、独立负责地、协调一致地工作。"老师们就党政关系的观点与此并无矛盾，异曲同工。

经济体制改革是全面深化改革的重点，核心问题是处理好政府和市场、国家和社会治理的关系。目前，我国市场体系不完善、政府干预过多和监管不到位等问题并存，同时社会（自治组织）成长缓慢，限制了市场经济的健康有序发展。在您三位看来，这些问题应当如何克服？

江平：市场法治包括两个方面：一个是自由的法治，另一个是秩序的法治。自由和秩序是法治两个非常关键的问题。自由实际上是权利的问题，秩序实际上是权力的问题，这两个问题我觉得长期以来没处理好。为什么呢？市场自由涉及市场主体自由的问题，这个问题应该归市场来管，政府不能够来管，或者只在几个很次要的层面上来干预。而市场自由最主要的问题是一个资源配置，再一个是市场准入，是否准许进入市场，是否具备相应的条件。但现实中在两个核心问题上，地方的利益太大或者政府部门的利益太大，本来是由市场主体自己来解决的（事项），它要来掌管。譬如说土地资源怎么样来分配，这个关系到很大的利益分配，都希望把这个权力掌握在自己手中。矿产资源也是这样，其他的包括金融资源等各方面都有这个问题。资源分配实际上是由政府控制或者由政府来管理或统管的。这个利益太大了。行政许可法规定了哪些可以自由准入，哪些需要限制，而我认为行政许可法通过以后，实际上政府所讲的目标根本没有实现，进入市场仍要有政府掌管的 100 多个部门许可才可以，这是一个很大的缺陷。市场准入也有利益机制，市场自由没有放开，法治没有建立起来，根本原因在于利益关系。

市场秩序的法治，当然是由政府来管，但我们现在假冒伪劣产品盛行，不守信用、欺诈现象很普遍，为什么在这一点上出现市场秩序如此混乱的现象呢？显然是政府在这些方面不愿意太多介入监管，愿意更多介入市场自由领域。我认为，这个原因很简单，市场监管是要得罪人，肯定是要得罪人的。在这个意义上，政府不愿意得罪人，很多政府睁一只眼闭一只眼，做老好人。像各级环境保护部门明明知道企业是污染企业，不愿意得罪它，怕影响当地的经济发展，甚至更进一步通过接受贿赂的办法蒙混过关。基本上还是一个利益的机制，所以不解决这个利益的机制，那是不行的，这是我的基本看法。

李步云：江老讲的都是要害，治理结构是一个总目标，第一个是要处理好党政关系，第二个要正确处理好国家、社会和个人的关系。郭老提出，"法治社会"是一个过去文件从来没有提过的名词，是一个新东西。法治社会的提出还涉及公民社会的问题（事务）。党和政府对社会事务的管理可以改革，大量社会事务中不该管的，党和政府不要去管。因此，从这一点而言，其实"公民社会"这个提法不神秘，是指政府以外的广大空间，包括企事业组织，包括社会组织，包括行业组织，包括农村和城市自治组织，都属于社会范畴，应该给它一个正确的定位，把它作为政府和人民的桥梁。

法治社会是相对法治政府来说的。社会组织要依法行使社会权力，保障广大自治组织和公民的权利。关于社会自治，建立法治社会，我提了四点建议：第一点针对的是国家层面的法律，即进一步要怎么保护它；第二点针对的是所谓软法，即行业规章、乡规民约，应适当发挥作用，但不能太硬，超过法律变成了"土法"，那是不对的；第三点是真正落实政社分开；第四点是社会组织中涉法的组织要重点培育，包括法律援助组织、律师组织。我提的四点建议，《人民日报》发表了。

郭道晖：我稍微补充一点，十八届三中全会决定提出，坚持法治国家、法治政府、法治社会一体建设。我对"一体建设"这个提法有一点保留意见，认为不是很准确，可能被解读为恢复过去"国家—社会一体化"的格局。我建议改为"同步建设"。现在提出法治社会，恰恰就表明社会和国家是两个独立的实体，是二元化的，法治社会是相对法治国家而言的（这里讲的"国家"是指广义的政府，不只是行政机关，还包括政权机关、司法机关）。当然说二元化，也不是绝对分离的。而在计划经济时期，国家和社会是一体的，国家垄断了社会（的一切资源），社会只是"国家的社会"，号称二者利益高度一致（其实，按马克思的理论，国家才应当是"社会的国家"：先有社会，后来才有国家；国家的权力是社会—人民所赋予的）。而实行市场经济以后，社会可以掌握一定的资源，拥有对社会和国家的影响力和支配力（即社会权力），运用自己的资源来保护、发展自己，同时也可以监督国家。国家要实行法治，社会要发展自治，社会也要发展自己，不应该一体化。

江老有一次在中国人民大学作演讲，对"社会权力"作了很好的解释和发挥，我非常佩服，也非常赞同他是通过私法的角度来阐释和发挥"社会权力"的理论，我是从公法的角度。他说郭道晖提出的"社会权力"概念，是把权力／权利一分为三：一个是国家权力，另一个是社会权力，还有一个是私人权利。国家权力的特性是强制性，社会权力的特性是自治，而个人权利的特性是自由，概括得很精辟，为以社会权力制衡国家权力的新观念拓展了一片新空间。十八届三中全会提出要建设法治社会，我认为这是领导人一个很有远见的谋略。法治社会就是公民权利能得以充分保障的社会，有些人实际上还不太懂，以为是用国家权力管理社会，用法来管理社会——千万不能这么理解。过去胡锦涛同志提出"创新社会管理"，有些干部就把这个理解成加强对社会的管制，实际上是完全错误的。十八届三中全会决定已经改称为"国家治理"、"社会治理"了。

李步云：我再接着讲法治的四个特性：第一个是全局性，不仅有以德治国、科教兴国、和谐社会这些目标，还有公民的基本权利、国家机构的架构，这些都具有全局性。第二个是所有的重要事项都要纳入宪法和法律的轨道，不能自己乱来，具有根本性。第三个是规范性，要将宪法和法律具体化，才能可操作。第四个是法治有长期性，而其他的东西都有过渡性，到一定时期就不那么重要了。在这个意义上，法治相当于我们的目标、模式、行为准则，因此，它比人治和党治要高明，涉及民主治理的问题，能集中多数人的智慧。

《中法评》：十八届三中全会提出，推行地方各级政府及其工作部门权力清单制度，依法公开权力运行流程。在您三位看来，政府权力清单制度的建立和完善具有怎样的经济、社会和法律基础？其对我国市场经济和法治政府的发展具有怎样的意义？

江平：这个问题让我想到，报上登过李克强总理在一次政府工作报告记者招待会上指出，私权没有禁止的就是合法，而公权没有授权的就是违法，我觉着这是非常好的一个概括。私权也就是个人的权利，凡是没有禁止的就是合法的，而政府权力只有授权才是合法，没有授权的就是违法。我认为这是非常正确的，这是有限政府的逻辑思维和根本出发点。

为什么要讲有限政府？政府就不能是无限的，政府只有授权才是合法的。这需要两个前提：一个是法律授权，另一个是上级主管授权。授权很重要，我们现在的法律在总体上完备，但还需要政府授权，地方政府有时需要中央政府授权，或者中央有些政府部门需要国务院的授权。在这个地方提出"权力清单"，这是一个很重要的概念。所谓权力清单，就要把哪些是法律所规定的授权给政府的权力，和上级对下级的授权内容都列进清单里面。也就是说，给政府的权力划个界限，或者说政府在行使自己的权力时哪些是正当的。我认为，真正制定地方政府和政府部门的权力清单制度意义是很大的，它把"公权力是有限的"这个概念明确了。

郭道晖：我补充一句，李克强总理说的这句话即法理学上的原则："对公民（权利），法无禁止即自由；对政府（权力），法无授权皆禁止。"我过去也感到，说法"无"禁止即自由，如果法本身并不完善，没有或者还来不及、或者漏掉了去禁止时，是否也都可"自由"去做？过去讨论海南岛新设为省时，法制草创不完备，就面临这样的问题。后来我将它改为"法不禁止即自由"，意思是从法理上和公平正义原则上应当"不"予禁止、法律也未明示要禁止的，公民和社会组织就可自由去做（这也只能理解为只是法律上不限制、不追究；也可能要受道德、纪律的问责）。至于"法未授权皆禁止"，用来制约政府权力的滥用，则是绝对的。我是这么看的。

李步云：江老的解释我觉得是对的，说到了点子上。因为有限政府就是这个意思，李克强总理提出这个问题，他的话体现了有限政府的意思。我在讲国家权力和公民权利八项区别中，第五条就是指这个，对政府法不授权不得为，对公民法不禁止即自由。这个原则早已有之，列这个清单就清楚，哪些是不能做的，清单里没有列明的政府就不能乱来。

《中法评》：这个清单由谁来制定？

三老：这是关键问题，不能自己给自己开清单；应该是要由人民代表机关——人大来划定。

《中法评》：目前，反腐败及其体制、机制的改革与完善，是大家普遍关注的政治、法律与社会问题。在您三位看来，官员腐败现象的发生，具有怎样的历史、社会和制度根源？从政府与市场关系、国家和社会关系的角度来看，你们认为，应当通过怎样的制度和机制安排，防止利益冲突和腐败现象的发生？

郭道晖：我对现在的反腐败很拥护，但是也觉得有遗憾，为什么？想到解放以前，共产党人抛头颅洒热血，英勇地走向刑场，他们是伟大的、光荣的，体现了高尚的道德。现在不少共产党员高级干部也是排着队走向刑场，这就可悲了。不仅他自己可悲，我们的党也应当反躬自省：为什么会变成这样?! 我过去写过文章，认为党对这个情况也有责任。江西省原副省长胡长清临刑前曾发问：假如很早制定了制度使我不能贪污，那我何至于走到今天？所以，中央要有这样的省悟，对这么多被判罪的、被杀头的贪腐现象也要担负一定的责任。要下狠心建立有效的制度，"把权力关进笼子里"，否则还会有共产党员贪污犯被关进笼子——监狱里。没有严格的好的制度，好人也会变坏。反腐败不能只靠现在抓一些人、杀一些人，开始时这么做很有必要，也很得人心；从长远看，还是要靠制度，要用制度来促使他不敢腐败、不能腐败，这才是对党、对国家，也是对干部负责。

李步云：刚才谈到治本的问题，我讲过，要民主、法治、人权。其中有个突出的问题，中央领导已经意识到了，即公开问题。什么是公开？西方有句话说"阳光可以杀细菌，路灯可以防小偷"。公开的办法是非常厉害的，涉及这样的问题，不要以为敏感，要追究人家责任。公开问题涉及领导财产公开的问题，资产阶级领袖都能公开自己的个人收入和财产，无产阶级反而不能公开？这个有些说不过去。公开可以慢慢来，但起码要有一套方案。比如说要提拔的人，财产要公开，作为一个过渡。公开问题的重要性现在已经被中央意识到了，因此倡导司法公开，纪委也公开。这个路子是对的，要继续走下去，这个过程中追究责任倒不是主要的，但起码要总结教训，总结制度出了什么问题。这不是追究共产党的责任，而是要真正汲取深刻的教训，找出制度里面有什么问题。归根结底，权力要制约，在保障公民权利、民主监督这些方面，我们没有做到位，力度不够。

江平：我觉着这个问题牵涉的面太大，有两个问题始终有点困惑。第一个问题是反腐以后对于那些公务员队伍中收入比较低的，怎么能够有真实的保证？我虽然不完全认可高薪养廉，但总的认为高薪养廉有其合理的地方：生活上无忧无顾，人才能够专心；如果公务员就是每月拿三四千元钱，确实是生活不下去，有孩子上学，有老人要养，这些问题怎么来解决？

第二个问题是现在各种潜规则、土办法太多。你说不许送钱、送礼，他就想尽办法通过各种渠道"硬塞"给你 10 万元钱。怎么来防止这些问题？所以，综合治理在反腐的问题上要有一些深刻考虑，不要形成现在公务员危险、不敢当的误解，让人以为还是当律师好，赚的钱都是合法的，做法官就麻烦，动不动就治罪。处理这些问题时不能顾此失彼。

《中法评》：十八届三中全会提出，要"赋予农民更多财产权利"，"探索农民增加财产性收入渠道"。这是否意味着国家经济和城市建设发展过程中所产生的土地增值及其他财产收益，应当由投资者和集体土地所有者分享。您三位认为，目前而言，农民获得更多财产权利和财产性收入的最大障碍在哪里？应当如何克服？

江平：这个问题我先说说吧，我认为在农民土地权利问题上，前提是公有制，必须在（土地）公有制不变的前提下增加农民的收入，在这一前提下有两个最关键的问题。第一个关键问题是，尽量减少国家征收土地，征收只能够是社会公共利益需要才可以。如果是出于商业利益需要，国家就不能征收。我们物权法制定时就有这个问题，到现在为止，几乎都是公共利益征收，没有商业利益征收，所以商业利益怎么办并没有规定。现在国家提出要尽量减少征收，我觉着这完全正确。

国家征收实际上是变相剥夺了农民的利益，以比较低的价格征收过来，以比较高的价格转给开发商，在这种情况下，利益冲突是不可避免的。国家越多征收，就越多侵占农民利益，所以要尽量减少国家对集体土地的征收，只有当真正出于公共利益，要修路，建设国防工业，才可以征收。其他情况，应该由集体土地的所有者跟用地的开发商直接去谈，这样的话，在土地问题上得益的才是农民。

第二个关键就是三中全会提出来的，扩大农民的土地财产流转，为什么这个问题非常重要？因为农村的土地就是三个用途：一个是建设用地，一个是耕地，一个是宅基地。这三种土地现在提出来，要发给农民产权证，之后农民可以用这些凭证去抵押，可以借到钱。当然，抵押以后就有可能会有借钱还不了的情况。怎么办？只要土地流转的用途不变，就可以流转。在这个意义上来说，虽然名字叫做土地承包经营权，实际上这个权利是可流转的。任何东西能够流转就能够产生收益，所以我觉着这两条现在对农民来说是至关重要的。

李步云：江老的意见已经非常具体了，首先我非常支持政府划红线，耕地不能乱征，要严格控制，这是一个根本办法。另外一个问题要处理，在出现具体的案子、最后研究时，一般处理的结论性方案是：政府出大头，承包商出小头，补偿被征收的土地。这里面很容易产生腐败的问题，土地是国家的，从企业家那里得到的钱进了当地政府自己的腰包，所以要处理好政府和承包商的关系，要监督。

郭道晖：农民的财产权非常重要。过去土地改革成功才有革命的胜利。土地是农民的命根子，改革开放搞建设也是如此，只有解决好农民的产权问题，才能激发他们的积极性。这个问题如何公平处理，是需要重视的。

《中法评》：在您三位看来，置身于变迁的历史与社会，我们的宪法应当怎样发挥作用，以期有效地回应当前广泛存在的思想分歧和社会问题？

李步云：简单来说，我认为有两条。第一，是落实宪法在治国安邦中的重要作用，依法治国是国家长治久安的根本保障。如果这么说对，更应该强调宪法权威的保障作用。这个提法今后要继续提，并且还要强调并坚持，党要依宪执政，党要依宪治国。习近平总书记在纪念现行宪法颁布实施30周年的大会上提出四条：一是人民民主；二是依法治国；三是人权保障；四是依宪执政，依宪治国。党要依宪治国，党要依宪执政。只要顺着这个思路，按照他的要求，真正落实了，路子就走对了。

第二，是制度保障。习总书记在上述纪念现行宪法颁布实施30周年重要讲话中也谈到宪法监督问题。我曾经写过一篇文章，是关于建立宪法监督制度的。我国长期以来缺少制度设计，这可以说是1982年宪法自从制定以来的最大缺陷。有人说我国早就建立了这个制度，但实际上没有落实。宪法中对此只有一句话，就是全国人大和全国人大常务委员会有权监督宪法实施，但没有一个具体的机构和程序，更没有建立起违宪审查制度。对此，我提出了具体方案：在九个专门委员会之外建立一个宪法监督委员会，由全国人大代表和常务委员中法律知识强的一些人来参与；它的任务包括 10 个方面，如宪法解释、违宪审查、领导人弹劾等。任何公民和组织都可以提出违宪审查的动议，除此之外，还有三种情况必须要列入议程，就是由专门委员会、一府两院、各省人大常委会提出动议，必须启动程序，研究讨论后交由全国人大常委会决定。这么来设计，不影响现有政治体制，宪法也允许建立专门委员会。

郭道晖：对这个问题，我认为有三个方面：第一点是，怎么求得对发展改革的共识，这个共识就是将现行宪法都落实到 1982 年宪法上。1982 年宪法，我是参与工作了的，全国人大常委会法制工作委员会派我去做宪法修改委员会的会议联络员，记录整理会议讨论和情况简报。应该说 1982 年宪法在四个宪法中是比较好的，好在把公民的基本权利义务由第三章改为第二章，放在"国家机构"这一章的前面：先确认公民权利，然后才是国家权力。另外，它也列入了比前几部宪法更多的公民权利。后来，1982 年宪法的几个修正案，进一步把人权入宪，把法治入宪，把市场经济、私有财产保障入宪，这几次修正反映了人民的意志和利益。我认为，统一共识要回到 1982 年宪法上来，要守住 1982 年宪法，公民也应该拥护宪法，即使它还有不少缺陷，需要以后逐步修改。

第二点是，改变对法治的旧思维，这是十八大以来的精神，树立法治的新思维，用这个法治新思维去治理国家。我认为建立法治国家首先要建立法治思维，或者说宪法思维。我的个人体会是，宪法是人民的宪法，宪法是社会（人民）和国家的一个契约，核心是保障公民权利，限制国家权力，宪法是社会与国家或公民与国家的约法。宪法的基本原则应是人权至上，它是宪法的最高原则，也是最基本原则。现在只提"依法治国"是不够的（因为有的地方用只保护既得利益集团的"非法之法"来治民，也号称是"依法办事"、"依法治国"），还必须要提依宪治国。依宪治国要求党必须要与时俱进，由革命党转型为执政党，党的一些基本制度要适应新的发展，所以我认为要建立新的宪法思维。

第三点是，要有违宪审查制度，保证宪法实施，没有这个制度，宪法就会落空。尽管宪法规定全国人大常委会可以对国务院不适当的决定或决议予以撤销，但宪法史上没有一次主动撤销过那些不合宪法、违反人权的"决定"。譬如劳动教养制度，那是严重侵犯人权的，实行了 50 多年，直到 2013 年才被撤销。立法法提出，公民对违宪的法规可以提出进行违宪审查的建议，但没有具体的程序。法学界不少人建议在全国人大常委会设立宪法监督委员会，但是我认为还不行：全国人大常委会本身是制定法律的，"自己做自己的法官"是不行的。

江平：我认为完善宪法通过解释和运行，主要是两个方面的问题，落实人民民主自由权利，这是非常关键的。没有法律，又不能仅仅依靠宪法，是空缺。第二个问题他们两位都提到了，就是宪法监督制度。从私权保护来看，有一部分是由行政机关的具体行政行为造成的，这个还好说，可以提出行政诉讼。而有些是属于行政机关的抽象行为，有一些是违反宪法的行为；这个问题不解决，宪法的规定就要落空。

《中法评》：对于刚刚启动的第三轮司法改革，您三位认为，此次司法改革的启动与前两次司法改革有何不同之处？对于第三轮司法改革，你们有怎样的建议和期待？

江平：我认为第三轮司法改革，至少跟前一次，（也就是）第二次司法改革，有根本的区别。我对第三次改革期望还是比较大的，为什么呢？因为它体现了法律至上，也提出审判权独立，包括检察权独立，去行政化、去地方化也都提出来了。在司法透明度上也不错，审判文书都可以公开了。在无罪推定上我认为是作了很大的推动，从最高人民法院副院长沈德咏的《宁可错放，不可错杀》的文章可以看出，确立了正确的思想，这一思想体现出新的审判理念。

至于我的期待，现在法院的院长确确实实是需要很好地再治理一下。现在各级法院院长有法学专业背景的人还是不多，大多数都是从同级官员提升上来，院长要从各区的区委书记来提拔，省里要从各地委书记提拔，副院长直接提拔上去一般来说还不够标准。在这一点来说，中国法院的院长人事，这是一个很大、也很重要的问题。法官强调专业化，法院院长没有专业化，这是很可怕的。我期待法院在人事改革上下更大的决心，可以真正把符合条件的、有经验的法官提升为院长，不能完全从行政级别来考虑。这是非常重要的，在中国要真正做到司法权威必须要司法公正，而这与法官，尤其是院长的专业素养很有关系。

李步云：我同意江老这个总的评价，第二次司法改革有很多问题。

第三轮改革我是很满意的，并寄予了很大希望，有几个好的迹象正在出现。在 1979 年，我曾给中央政治局写过一份报告，提出取消党委审查案件制度，这个提法被写进了"64 号文件"。文件明确说，要废除这个制度。但后来回潮，改成政法委会同法院院长、检察长、公安局长讨论定案，即政法委干涉司法审判的现状。十八大以后孟建柱同志在全国政法工作第一次电视电话工作会议上明确地说，以后政法委不再干预司法机关办案，这是一个很好的迹象。

第二个迹象是信访制度，现在已经明确规定由法院、检察院提起再审，政法委也不要受理涉法涉诉信访，这一点已经明确宣布。

但是，宪法第126条必须要改，该条款不严谨。第126条说人民法院审理案件，不受行政机关、社会团体和个人的干涉，应该改成"不受任何机关的干涉"。党要领导，人大要监督，但不能干涉，人民法院审理案件只服从法律，不受任何机关干涉。当然，司法改革中也存在一些问题，长期以来外行领导内行，政治领导法律，还有地方的安排问题，也有一点关系在里面。归根结底，还是职业化的问题，司法必须要职业化，在这个问题上我是同意的。

郭道晖：我完全赞同他们两位的看法，首先，我切身地感受到，第三次改革的确是有进步，至少我们可以期望它实现，但我感觉有点不够。它注重司法机关内部的一些改革，很少提到外部关系的改革，比如党和司法机关的关系，这个问题不解决，内部虽有很多改革，政法委或党委一句话就可以把它推翻，还是不行的。

其次，刚才也提到宪法第126条，在当时这样表述是有针对性的，有一定道理，强调社会组织不能干预主要是不许类似"文化大革命"中造反派组织干涉；不让公民个人干涉也包括领袖个人、党委第一把手干预，这有历史针对性的。

《中法评》：注意到老师们在前面的问题讨论中意犹未尽，就再请您三位谈谈对三中全会决定的理解和看法。

郭道晖：十八届三中全会有一个提法："法治中国"，什么是法治中国？法治中国与法治国家都内含"国家"，它们是同一概念还是两个概念？第九条的标题是"推进法治中国建设"，里面就把"坚持依法治国、依法执政、依法行政共同推进，坚持法治国家、法治政府、法治社会一体建设"提出来。由此可见："法治中国"是个大概念，包括法治国家、法治社会和法治政府。而且，不只是就国内而言，更重要的是，提出"法治中国"，还包含表明我们作为法治世界的一员，是一个国际法主体。所以，必须立足于法治世界，必须遵守和执行我们已经签订的国际条约。作为一个大国，法治中国应当承担国际责任。我们在国际法治上还应该有话语权，要参与制定国际法规则。

总之，法治中国是更大的一个思维和概念。我看了一些文章，都把法治中国和法治国家混为一谈，我认为这是不准确的。

江平：现在地方司法体制改革，将省一级财权、人事权集中起来，我是很赞成的，但事情都是有利有弊的。我觉得在省一级这么做绝对是利大于弊，因为司法的干预绝大多数都是来自基层，尤其是从基层法院开始，所以乔石当时就提出地方政法委不应当干涉地方法院的案件。那么，要摆脱地方的影响，就必须和地方的人事权、财权分开，避免各种瓜葛。当然，也有人担心跟地方一脱离，子女上学都麻烦了，但这些问题还是属于次要的。原来的设想准备从省以上改变全归中央，但现在看起来一时还做不到。无论在哪一个省，离开了省政府，事情就非常麻烦。

最后一个问题涉及司法权威，还是要通过司法公正来完成。基本上是两条：一个是司法独立，另一个是司法人员的素质。如果我们的审判员素质都很高，再加上真正司法独立，就比较容易实现司法公正。现在法官的流失很严重。中国现在有一个很大的悖论：600 多所司法院校，每年培养那么多的司法人员，其实完全应该可以够；但是，司法人员素质始终上不去，这跟人才的不断流动，不能够专心从事审判工作，跟这个体制有很大的关系。

李步云：首先，法治社会和法治国家作为对应关系，包含某些道理，国家和社会嘛，但整体上来看，法治国家包括法治政府和法治社会，包括立法机关民主立法和科学立法，司法机关独立工作。我对一个问题有保留意见，即将依法治国看作治国理政的方式。对此，我认为还是强调"方略"比较好，"方式"指的是法律手段，不是说不可以，但没有"方略"好。其次，人治显然是不可取的，而党治也不是现代的执政方式。现代国家的治国理念追求的应当是依宪治国、依法治国，依宪执政、依法执政。最后，必须强调民主。个人决定问题，少数或者少数人决定问题，总比多数人决定问题要差。一个篱笆三个桩，一个好汉三个帮嘛。另外，法律强调是从多数人的意志中来的，因此让法律说了算比个人说了算要高明，能少犯错误。现代化的能力可以是指这个，即集中多数人的智慧，形成宪法和法律规则，并按照这个规则来办事，不要个别人说了算，不要让领导人拍脑袋决定。党内民主，人民民主，也不要少数人说了算。

最后，我想谈一点展望，我觉得未来法治中国肯定可以建成，只是个时间问题。因为这是历史趋势，是中国人民的愿望，是中国梦的一个很重要的具体内容，是民族的希望，谁也阻挡不了，不是哪个人要不要干，现在主要是快慢的问题。我觉得这其中有客观因素和主观因素。客观因素取决于经济文化的发展，社会制度和文明程度的提高。主观因素也很重要，我把它概括成四句话：第一，是政治家们的远见卓识和胆略；第二，是法律实务工作者的职业操作和道德；第三，是法学家们的独立品格和勇气；第四，是广大人民群众的政治觉醒和参与。华东政法大学的校长何勤华教授在浦东干部学院参加讲座讨论时提出：李老师，这四条都是要害，但关键还是第一条，即政治家们的远见卓识和胆略，因为我们现在的政治体制现状是这样。对于第四条，现在互联网起了很大的作用，在互联网时代，你想封人家的嘴巴是不行的，人家可以利用"微博"等各种媒体和手段发表言论，这是时代的潮流。

在被问到对中国法治的前景时，我乐观回应。第一，民主、法治、人权、自由、平等、博爱是13亿人民的共同愿望和根本利益所在，任何政党领导人今后不可能违背这个意志。第二，市场经济不可逆转，从身份到契约的过程不可逆转，高度集中的社会制度也不行了，权利、自由、民主、法治、人权五大意识也已经普及。第三，对外开放不可逆转，因为国际上不允许倒退。经济、政治、文化上都不允许。第四，未来的领导人越来越年轻，越来越了解世界，越来越有知识，越来越没有历史包袱。现在的阻力中，一个是既得利益，另一个是保守的传统观点，这两条是关键阻力。因此，我说我对未来是充满信心的，这是基于理性而言的。我是个理想主义者，我想的是世界往何处去，中国往何处去，回答是：要顺应历史潮流。

（原载于《中国法律评论》2014年6月总第2期）

郭道晖、李步云、江平：我们不讲谁讲

颁奖词：正由于"法治三老"和其他坚持法治理念的学者一道，敢说敢言，坚持不懈地打破术语禁忌，让法治一步步"脱敏"，诸多曾被旧观念教条束缚住的法治用语和理念才成为我们今天政治和社会生活中习以为常的表达。三人都已年过八旬，今天仍在为法治的研究、实践和理念的普及四处奔走。

十八届三中全会后，"法治三老"成为媒体上的热词，在不同场合和不同话题上总能听到他们的声音。"法治三老"是人们对郭道晖、江平和李步云三位法学家的尊称。三人都已年过八旬，却仍在为法治的研究、实践和理念的普及四处奔走。

三老中，郭道晖的研究领域是"宪治"（依宪治国），李步云则专注法治与人权，为法治奔走呼告算是他们的"本职工作"，唯有江平是私法学者，主要研究民商法，"离法治和'宪治'比较远一点"。

江平近年来在法治和政治体制改革问题上发言较多。他向《南风窗》记者解释说，在 20 世纪 80 年末开始担任全国人大常委会法律委员会副主任时，政治学者、著名思想家李慎之也是这个部门的委员，江平经常和他交流，"有一次他和我谈起，搞法律的人要回避政治是回避不了的，最后总要碰到宪法的问题，总要碰到政治体制的问题"。

"我是搞民商法的，也可以说是搞市场经济的。如果政府的权力太大，市场管得太严，资源分配、市场准入，都要通过政府的控制才能行得通，那这样的市场经济肯定是不健康的。因此从我的专业来看，法治与'宪治'也是必不可少的一步"。江平始终认为，如果没有政治体制的改革，经济体制改革今天再往前走也很难走多远。

就这样，三人殊途同归，经常在学术和社会活动场合同台出场。江平说，法学界的"老人"也不少，可能是因为"我们三个，思想更解放一点，言论更自由一些，态度更'激进'一些"，所以被并称为"法治三老"。

"我们不讲谁讲"

四中全会的决定发布后，李步云觉得很兴奋，"专门作出依法治国的决定，在党的历史上是头一次。'文革'后，在法学界我是第一个明确提出依法治国的"。李步云的话并不是在为自己"邀功"，而是表达法治在官方话语中从"破冰"到扎根的艰难历程。李步云被业界称为"敢开第一腔"的法学家，江平也评价说，李步云在"人权和法治的问题上，呼吁得最早，是'旗手'"。

1979 年，李步云参与起草了中共中央《关于坚决保证刑法、刑事诉讼法切实实施的指示》。文件取得了法治建设的重大突破，是官方文件第一次使用"社会主义法治"一词；取消"公安六条"中的反革命罪和恶毒攻击罪，还宣布已摘帽的"地、富、反、坏、右"和公民享有一样的平等权利；此外，明确宣布取消党委审批案件的制度。文件中一些概念和提法与李步云在当时发表的几篇论文不无关系。文件发布后，李步云又与另外两位作者一起撰写了《论以法治国》一文，在理论界第一次明确提出我国要实行以法治国。但是当时一些领导人就提出，有社会主义法制就够了，法治是西方资本主义的提法。

1979年10月，李步云在《人民日报》发表了《论我国罪犯的法律地位》一文，首次提出了要保障罪犯合法权利。当时刚走出"文革"，"专政"观念还占据着当时不少学者和官员的头脑，此文立刻引发了强烈争论。一位监狱领导质问，要保障罪犯的权利，那我们今后还怎样管理罪犯？这篇文章在当时被批为"自由化的代表"。批判并没有吓住李步云，他很快又发表了一篇《再论我国罪犯的法律地位》，提出即使是被剥夺了"政治权利"的罪犯，还是应当享受未被剥夺的公民权利。这些观点在今天都已经成为依法治国的常识。

郭道晖则回忆说，1992年他写了一篇文章谈党与人大关系的法理思考，里面写到"党的执政地位不是天赋的，也不是一劳永逸的"。这篇文章引发了对他的"大批判"，但是郭道晖依然坚持自己的观点。社科院一位领导写了批判文章，被时任《法学研究》主编的李步云压下没有发表。2004年，十六届四中全会的决定中几乎"重复"了郭道晖的这句话，只是"天赋"变成了"与生俱来"。郭道晖说，这说明他坚持了正确的观点，"有些话在当时不一定被人接受，但是十年二十年后可能就会被证明是正确的"。

而江平"文革"后从事罗马法教学和参加民商事法律立法工作，当时的立法工作中，使用怎样的法律术语不仅是一个法学问题，还可能引起政治争议。据江平回忆，"物权"、"合伙"、"精神赔偿"、"处分"，甚至"法律行为"、"不得对抗第三人"等法律术语都由于意识形态和政治原因而陷入长久的争论。最终经过学术论证，这些术语才被接受，成为现在基本的法律用语。2000年，江平担任中国法学会比较法研究会会长，在一年举办的年会上，主题定为"比较法和现代法治"，但是有法学会领导却认为"现代法治"这个提法在党的文件中没有，提出要改一个主题，江平则从各方面论证为什么应该提法治现代化。

"法治三老"都经历了"文革"的冲击，对讲话可能带来的后果不可谓不清楚，但在法治基本概念和理念的话语"拉锯战"中，三老都没有退缩。

三中和四中全会的决定出台后，三老都觉得很高兴，他们常年呼吁的许多概念、理念和理论都已经成为官方接受的法治话语，但是他们都认为中国要实现法治还有很长的路要走。郭道晖已经年近九十，"吾生也有涯"，但是他说，"只要方向是对的，我们就有希望"。江平也对中国的法治前景表示乐观，因为这是"大势所趋，世界的潮流都在朝向民主和法治，虽然每个国家转换的速度和方式有所不同，但是这个转换是必然"。

三老的"讲话哲学"

有些话可以不说，但是绝对不说假话，这是三老多年来共同奉行的"讲话原则"。江平说："我宁可不说话，但是我不能说假话，我不能再为那些错误的东西捧场，这是最关键的。"2000年担任比较法研究会会长后，已经习惯了放松说话的他，由于研究会的工作受到干预太多，而觉得心灰意冷，在干满一届后，就辞去了会长职务。李步云也把不说假话当成自己一生中最值得骄傲的事情。

在经历了"说真话"的各种风波后，三老依然对这个国家有着深厚情感，因此他们也都形成了具有时代特色的"讲话哲学"。江平说，他的发言有明确底线，在"不越雷池一步"的同时，"只向真理低头"。江平理解现在年轻人的心态，出于现实的考虑，一些人不敢讲真话，这无可非议，但是一定要坚持不讲假话，不昧着良心讲话的底线。他认为应该允许不同的意见存在，特别是由于理念不同而发出的不同声音，但对于那些"想趁机往上爬，或者更恶劣的，他想把别人打倒，自己能够爬上去，这种'歌德派'我是最反对的，因为他动机不纯"。

郭道晖也形成了"有策略的讲话风格"，他的发言常常具有突破当时顽固旧意识屏障的力量，却又能在马克思主义的经典学说和领导人的讲话中找到扎实的权威依据，"讲真话要注意策略，不能像愤青一样讲话"。有一次演讲中，一位年轻听众提问说，"你们老了当然敢讲真话了，我们年轻人不敢讲"。郭道晖回应说，"我们1957年反右时就敢讲真话，解放前参加革命时也敢讲真话，不是老了没有顾忌才敢讲"。

江平之所以坚持不说违心话的"讲话原则"，是因为在"文革"中看到了知识分子的软弱性和动摇性。他对2006年社科院刘仁文教授的一篇文章印象深刻。刘仁文在《法学家为什么没有忏悔》一文中提出，德高望重的法学家谢怀栻在"文革"期间被打倒，包括现在一些著名的法学学人当年也参与了"揭批"，但是为什么没有见到有人出来忏悔？法学家本应代表社会的良知与正义，应该为社会良知承担道义责任。

江平深刻理解知识分子内在的软弱性，认为应该从更大的范围反思，"知识分子的公众良知有一个因素，那就是这个社会在多大程度上能够鼓励或允许你有一些批评的意见"。

正确吸取历史的教训

郭道晖总结说，三老有不少共同点，都是解放前就参加革命的"老革命"，又都在解放后多次运动中受到冲击，而又都敢于说话。2009年的一次法学名家论坛上，李步云在报告时谈到："你们看看，我、郭道晖、江平、谢怀栻，等等，哪一个不在反右、'文革'期间被打成右派？哪一个不遭受很多苦难？"回忆当年，他哭出声来："我们中国法学家很苦啊！"

江平1956年带着强烈的报国情怀，从苏联学成回国，但是次年就被打成右派，新婚不到两个月，妻子便迫于政治压力与他离婚。被划为右派后，江平在参加劳改劳动时，被火车压断一条小腿，落下终身残疾。但是他说，即使是压断腿那种"血淋淋的极限伤痛"也比不上一腔报国热血却被错划为右派的那种"刻骨铭心"。

李步云之所以写《论我国罪犯的法律地位》，也是受到了"文革"中不正常现象的震动。在一次民主与法制研讨会上，时任中国社科院副院长的邓力群说到，"文革"期间他被关押在秦城监狱，这个主要关押高级政治犯的监狱很有意思，它是原公安部副部长杨奇清负责建造的，但是第一个被关进去的就是他自己。虽然犯人都是曾经的高级官员，但是在"文革"期间，也受到了监管人员的非人对待，邓力群就亲眼看到，为了惩罚被审查的人，有监管人员故意把一碗饭倒在地上，强迫犯人趴在地上舔干净。

从"文革"中吸取的教训可以说是改革开放后中国法治建设的第一推动力。三老对法治的坚定追求也无不与他们在"文革"中遭罪的经历有关，但郭道晖却发现，一些官员并没有吸取"文革"的教训，甚至错误吸取"文革"的教训。"他们改革开放后就不敢说话了，或者只跟着领导说话。"郭道晖发表了《党与人大关系的法理思考》后，有关领导找他谈话，他对来人说："你们在'文革'中都挨过整，应该有这个体会，不能上面说什么就整人。"

1989年初，郭道晖到中国法学会工作，担任法学界权威期刊《中国法学》的主编，"受命于艰难之时"。当时"学术界一片沉默，不敢发言"，《中国法学》遇到了前所未有的稿荒。郭道晖考虑的是，如何组织法学讨论，抵制"极左"思潮影响。这件事至今是他认为较有成就感的，"作为主编，如果也去跟当时的风，那么法学界的面貌可能就是另外一个样子了"。

当时法学界一批年轻学者正发起"权利本位"还是"义务本位"的讨论，被一些官员和学者称为有政治错误，《中国法学》发表了评论员文章，廓清了政治是非与学术是非的界限，意在保护他们。郭道晖还压住了一些言辞激烈、挥舞政治大棒的批判性文章。"现在大家对我肯定，主要也是那一段时间，保护了一部分年轻学者，维护了学术讨论自由。"

据郭道晖回忆，在周永康担任中央政法委书记期间，政法委一位高官在法理学年会上做了一上午报告，"报告中把改革开放 30 年来，把已经纠正过的人治思想又说了一遍，比如说'权利本位是宣扬个人主义'，'政治是大道，司法是小计'，这些提法都是倒退"。江平也说："上一届周永康担任中央政法委书记的时候，我当时提出来说，中国的法治在倒退。现在新一届领导提出了法治改革方案，总的来说我还是充满希望，觉得这些改革能够推动社会前进。"

"法治三老"曲折而又卓绝的人生历程见证了中国法治建设的艰辛和成就，而他们过了八十高龄还站在法治话语的第一线，为传播法治理念而奔走，为打破阻碍法治进步的屏障而呼告，这无疑又在提醒我们，通往最终实现法治的前路并不必然是通畅的，仍需要各方的不懈努力。

（原载于《南方窗》，叶竹盛文）

法治的进步是同
"重大理论问题上取得的突破分不开的"

　　要在法律的框架内来改革，不能突破法律。严格讲这句话不科学，宪法法律不合理的都应该通过这次改革来修改，社会全面改革都涉及到法律原来的规定，法律需要改的就要改。……用法律来巩固改革的成果，用法律来指导改革，通过法律改革来改革社会制度，需要我们提供一个理论模式。（李步云）

- 法哲学为法学研究提供智慧
- 国家治理现代化——民主与法治
- 社会治理创新必须纳入法治轨道

法哲学为法学研究提供智慧

究竟有没有法哲学和部门法哲学？法哲学和法理学、部门法哲学和部门法学原理，它们的区别究竟在哪里，它们之间的关系又是什么？法哲学和部门法哲学是属于法学的范畴，还是属于哲学的范畴，抑或是属于一种交叉学科？它们是否有一个严谨的体系来支撑和构建一个完全不同于法理学和部门法学的内容与范畴体系？对这些问题还需要进行深入研究。

有学者说，如果法哲学不能指导部门法学或者为后者提供一套各部门法学可以共同使用的概念、范畴、原理、原则和规律，那就不能称其为法哲学。但也有学者认为，法哲学与部门法学不是指导与被指导的关系，前者是法哲学学者自己给自己下了一个"套"，使我们陷入了一个误区。可见，要使法哲学的概念得到人们广泛认可并在立法、司法、执法中得到良好实践效果，必须拿出一个完全不同于现在法理学和各部门法学基本原理的体系来，而其内容还必须丰富、具体、生动和有针对性，这需要时间。

我认为法理学与法哲学应该是有区别的。法理学是对法律现象和法的一般原则、规则、概念以及立法、司法等的高度抽象。法哲学则是马克思主义的唯物论、辩证法在法律现象、法律行为、法律思想中抽象出来的理论。它不能替代法学的各个分支学科，更不是至高的和万能的。它是一种法学认识论和方法论，但违背它就要犯错。改革开放30多年来我国法治的进步是同法理学在法治、人权等一系列重大理论问题上取得的突破分不开的。过去法理学的弱点是对部门法学基本原理的研究成果吸收和概括得不够，困难就在于法理学者既要有高度的抽象思维能力，又要有广博的部门法知识。

法哲学的研究对象是法、法律制度与法律思想中的唯物论和辩证法问题，它的对立面是这一领域中的唯心论与形而上学。法哲学的两个基本方面——唯物论和辩证法，是密切地联系在一起的。这也符合马克思主义哲学根本特点。法哲学的唯物论方面的具体内容，主要包括以下一些范畴，即法的两重性、法的基本规律、法与社会存在、法与客观规律、法与法律意识、法的作用、法的时空观等。法哲学的辩证法方面的具体内容，主要包括以下一些范畴，即法的内容与形式、法的本质与现象、法的一般与个别、法的整体与部分、法的权利与义务、法的秩序与自由、法的公平与效率、法的稳定性与变动性、法的继承与扬弃、法的协调发展、法制定与适用的辩证方法等。

法哲学对法学其他分支学科具有指导作用。任何学科的发展都离不开正确的理论指导。唯物论与唯心论、辩证法与形而上学的对立，同样存在于法学研究中。广泛深入地开展法哲学研究，将会使法学工作者头脑中多一些唯物论与辩证法，少一点唯心论与形而上学。法哲学的研究成果，对法学的各个分支学科都能起到拓展研究视野、深化研究层次、丰富研究方法、提高理论水平的作用。

法哲学对法律制定和实施同样具有指导意义。立法过程实际上是一个认知过程，是人的主观认识如何正确符合现实社会的客观规律与实际需要，如何正确反映法形式自身特点与性质的过程。强调立法要搞调查研究，正是因为立法要遵循从个别到一般的认识规律，因而离不开正确的哲学观念指导。法的适用过程，实质上也是一个认知过程。如何运用法律规范处理千差万别的具体案件，如何分析法事实的因果联系，如何处理法证据的客观性与主观性矛盾等等，都同人们的哲学观念与素养分不开。因而，法哲学虽不能代替理论法学的其他分支学科，也不能代替部门法学，但能启迪人的智慧，使人们获得有关法、法律制度和法律思想一系列根本原则的认识。

（原载于《人民日报》2014 年 6 月 15 日）

国家治理现代化

——民主与法治

在座各位，上午好！我讲的题目是《国家治理现代化——民主与法治》，我理解的国家治理现代化，高度概括用民主法治四个字就可以了，但是我先要说一下为什么我们国家要国家治理现代化，这是由于我们国家的性质、我们国家的本质所决定的。我们国家叫中华人民共和国，中华表示着我们这个人民共和国是 56 个民族组成的中华民族的大家庭，这个国家是 56 个民族的共同家园，我们是人民当家作主的国家，宪法规定国家的一切权力属于人民，主权在民，凡是具有中华人民共和国国籍的人就是中华人民共和国公民，也是中华人民共和国的人民，这与国际通用的说法是一致的。共和我把它概括为"四共"、"四和"。什么叫"共"？国家的一切权力归人民共有，国家的一切大事由人民共决，国家的主要资源归人民共占，国家的一切发展成果由人民共享。"四和"：官吏和民众和谐相处，民族与民族和睦相待，富人与穷人和衷共济，本国与他国和平相处。"四共"是我们社会主义的本质特征，"和"是中华民族的文化瑰宝，我这么来解释"四共"、"四和"，来解释我们的共和国是一个新的想法。因为党的十八大，特别是三中全会、四中全会，揭开了中华人民共和国历史的崭新篇章，贯彻了"四共"、"四和"的基本观点。这么一个人民共和国就要求我们的国家必须实现治理现代化。

国家治理现代化是十八大三中全会、四中全会提的一个新概念、新目标，过去我们讲国家要实现现代化，工业、农业、科学、文化，四个现代化讲得很早，但是国家治理现代化是三中全会、四中全会的一个核心思想、一个核心目标。达到治理现代化的目标，我认为用民主法治四个字也就可以了，所以这一点张文显刚刚说了，只有民主法治才能实现科学，民主法治既是目的，又是手段，既有伦理性价值，又有工具性价值。民主作为一种目的，伦理性价值就体现在国家的一切权力属于人民，人民是国家的主人。西方把民主只看作一个手段是不对的，我们首先要肯定民主这个目的，人民应该掌握国家的权力，这不是个手段问题。民主作为手段是因为它能够集中多数人的智慧，能让大家都来参与国家建设，所以在这个意义上民主是手段。集中大家的智慧，调动大家的积极性参与建设国家，在这个意义上是手段。1956年董必武在党的八大上说过，说到现代文明，法制要算一项，实际上和今天讲的法治是相通的，是现代文明的表现。由于它是三大矛盾的必然产物，法治的本性决定了法具有公平的性质，所以法治也是一种目的，是一种文明社会的必然要求。但又是一种手段，是集中多数人的智慧，来制定宪法法律，用宪法法律的规则来治理国家，充分发挥法律的独特社会作用，最终规范人民的行为，评价人民的行为，教育、惩戒、指引等，统一人民的思想，等等，七大功能，这是法律独有的社会功能。通过集中多数人的智慧制定这个法律，这就是良法，在这个意义上民主又是一个手段，是认识世界、改造世界的一个手段，在手段的意义上，因此民主和法治是国家治理现代化的两个根本要求。这是我个人对于治理现代化的理解。

提出要科学治理是有道理的，但是科学治理要通过民主，集中多数人的智慧，通过法律把多数人的智慧集中起来、表达出来，用规则的形式表达出来，要求大家都遵守，这样才能达到科学治理的目的。当然科学相对民主有其独立性，还有比较复杂的原因，是有道理的。所以今天我个人认为达到科学必须要民主法治，否则科学是实行不了的。个人拍脑袋、少数人说了算，不能实现科学治理，只有充分发扬民主，并且用一种规则，集中大家的智慧制定规则才能保证，防止个人说了算、少数人说了算，违反客观规律的做法才能避免。

下面我想怎么样突破，按照四中全会的要求，怎么样取得突破口，在民主建设上、法治建设上我们能不能找一个主要的突破口。我认为民主的问题最主要的是表现在人民代表大会制度，共和政体主要的表现形式是人民代表大会制度，是中国式的共和，同时还加上了我们的政治协商制度和民族区域自治制度，还加上基层治理制度，还有我们的经济民主，这些都是中国特色的民主形式。这里面关键的是人民代表大会制度，我接触过人大的很多领导人，他们都说我们的代表制度是好的，现在问题是哪里？宪法规定她的地位和作用还没有到位，这是比较一致的看法。前两天我刚在人大参加了立法座谈会，我在 1996 年深圳全国人大讲依法治国的时候，他们说你能不能再讲一点什么新东西，后来我就离开稿子讲了人大改革的 12 条建议，第一条就是完善选举制度，加大差额选举，包括提名的方式，在三个环节上改造，目的是让人民有更多的选择。第二条就是代表不要搞成荣誉职务，不要把代表作为一个荣誉，唱歌、跳舞的你可以给他很高的奖章，科学家你可以给他立一个碑，但他不具有政治家的资格。曾经有一位代表说过，他当人民代表，开会的时候他看书，这是他的同学亲自告诉我的。有一个省，有一个人大代表，五年没讲过一句话，没有发过一次言，最后他到期说了一句话"谢谢大家"，其他话没有说。你说这种代表有用吗？所以这个代表不要作为荣誉，一定有治国的水平和治国的愿望，这是一个。还有一个，就是人大常委专职化。现在我想 12 条措施里面，这一次有可能在这个问题突破一下，因为我和乔晓阳同志说过，四中全会说人大常委委员专职化的比例要扩大，四中全会有这个要求，我主张中央和省的两级人大常委全部专职化。他说同意，这个好办。一个常委委员无非是一个副部级待遇，这样的人选很多，有什么困难呢？所以还是要常态化，我在前天开会曹建明告诉我，说四中全会是 196 条全新的建议。到第二天乔晓阳告诉我 190 条，两天就变了，这是中央有关部门统计的，我估计也是中央办公厅法规局统计的，统计完以后最高检察院他自己要负责的 23 项，自己要落实的，然后法院和司法部门共同落实的 51 项，都要分配到一个一个部门正在落实。所以我对四中全会有一个总的评价，是我们法治道路上第二个里程碑，基本特点概括为八个字，即全面落实依法治国方略，加快建设社会主义法治国家。这八个字的要求是十八大报告里面提出来的，全面落实、加快建设，具体体现在它的全部内容上，报告有提出了 190 个新措施、新举措。

所以在这个意义上，民主的突破可能要常委化，中央和省级两级常委都专职化没有坏处，只有好处，因为现在立法任务很重，三中全会、四中全会刚才讲到是"姊妹篇"，我也是这样的看法，因为三中全会是全面深化改革，全面深化改革由什么来保证呢？要法治保证，要把改革措施形成宪法和法律的规则，用宪法法律来落实全面深化改革的各项举措。所以不落实改革是空的，要通过法律。所以四中全会有个决定，实现中国梦我理解民主法治既是中国梦政治文明的重要内容，又是保证中国梦实现的手段。关于民主我这个想法准备给中央写一个报告，论证一下人大常委专职化的必要性，我得到了乔晓阳同志的支持，我估计这也是全国人大比较有发言权的同志的共同看法。

第二个法治的突破口在哪里？我选择了一个，这是长期以来我的主张，这个主张也报到了中央，就是要既落实四中全会的要求，要进一步健全宪法监督制度的机制、程序，三中全会提了要进一步健全，但是没有动静。四中全会就进一步说了全国人大和人大常委会有这个责任，实际这是宪法的规定，我们国家的宪法监督任务是全国人大和常委会的，所以四中全会比三中全会进了一步，特别点了全国人大常委会有这个责任。十年以前胡锦涛在首都纪念宪法 20 周年时，只提出了这个问题要进一步研究。到了三中全会就没有进一步研究了，强调必须，结果没有动静。到了四中全会，进一步点了全国人大和人大常委会应按照宪法的要求承担起这个责任。但是，只是这么说，没有一个专门的机制等于白说，因为宪法早就有了。我在 2003 年修宪座谈会上举了一个例子，我说国家主席，按照我国宪法是个虚位元首，但是几十年来，和外国元首都是实质性谈判。在第三次修改宪法时加了一条，国家主席可以从事国务活动，这样就合宪了。

因此，我通过各种渠道给中央反映，要建立一个宪法委员会，一开始人大一些领导人不太同意，说我们有法律委员会，我们现在有一个法律备案室、备案处，但是它没有这个职能。所以我提出成立一个宪法委员会共 10 条任务，但对党的文件审查、对党的政策审查没有这个权力，但是免不了广大公众会提，党的有些做法是违反宪法的，你也不能阻止他。怎么办呢？内部操作，宪法委员会提出意见，要不要修改宪法，要不要对党中央对新的政策加以调整。由人大常委会讨论以后，再汇报党中央沟通这个问题，党的决定怎么样和宪法、法律衔接的问题，消除这种矛盾，是可以这么处理的。这样就不感到敏感了，有些问题可能是不太好处理。现在这个问题也在慢慢考虑。

我告诉大家，我很感动，中央对学者的意见是听了的，这次四中全会中央很重视学者的意见，有一天我接到中共中央办公厅法规局的一个电话，说要到我家里面听听我的意见，结果来访的不是他一家，而是四家，包括全国人大法工委、国务院法制办和军委法制局，四家一家来一个人。后来中央办公厅法规局把我的意见整理出一个要报，包括立法问题的意见、建立违宪审查制度以及良法的标准是什么，送给中央政治局及书记处成员。这里学术讨论会有一点争鸣，我就补充一点意见，刚才张文显讲的这个问题是有不同看法的，因为中央有个组织部给我打电话，说李老师现在有人对党规党法写进四中全会有看法，还有学者说党法这个提法不太好，法就是国家的，党法容易引起误会。我倒是同意写进去好，党法这个提法也是可以的。为什么？但是它不作为标准，法治国家的标志我不太同意。因为我在各种场合提了，法治国家过去我提了 10 条标准，这次提了 8 条标准，里边有一条就是执政党依法依宪执政，党规党法写进去就是要列到这一条里面，执政党要依宪依法执政，自己要管好自己，自己把自己的制度建立起来，保证党能够依法依宪执政，党规党法写进去是有好处的。但是必须明确，党规党法对党外人士没有约束，只是对党组织、党员有约束，不能说对广大公民、广大干部都有约束，这不太科学。这一点我有一点保留。

另外，俞可平局长是政治学方面的专家了，他讲了良法问题，我写过一篇文章什么是良法，概括起来三个字，真善美。真，要符合事物的规律和本质，符合时代的心声，符合当时当地实际情况。善，符合广大人民的利益，符合社会的公平正义，能够促进社会经济文化的发展。

美，是指法律本身宏观结构要科学，微观结构要合理，法律条文要符合逻辑。真善美一共九条，这九条也在要报里面详细报告了中央。因为时间关系，我就不解释了。

我就说到这里，谢谢大家！

（本文系作者 2014 年 12 月 13 日在西南政法大学政治学

法学理论研究基地第二届高峰论坛上的演讲）

社会治理创新必须纳入法治轨道

"法治社会"是党的十八届三中全会提出的新理念，是建设法治中国的新目标、新要求。它既是政治文明建设的新内容，也是社会文明建设的新举措。在概念的内涵与外延上，法治社会与法治政府相对应。法治政府要求所有行政机关及其工作人员依法行政、依法履责。法治社会则要求各种社会组织依法行使自己的社会权力，依法保护社会组织成员及广大公民的权利。

十八届三中全会的决定对创新社会治理体制提出了"改进治理方式"、"激发社会组织活力"、"创新有效和化解社会矛盾体制"、"健全公共安全体系"等一系列新理念、新举措，目的都是为了更好地维护最广大人民的根本利益，最大限度增加和谐因素，增强社会活力，提高社会治理水平。社会治理创新必须纳入法治轨道，由过去的"社会管理"改为现在的"社会治理"，这是理念上的一大进步。"管理"的基本特征是自上而下地"管"，而"治理"既包括"管"，也包括各种社会组织和广大公众自下而上地参与和监督。

如何推进法治社会建设？笔者认为，要着重做好以下工作：

一是通过法治宣传教育和严格依法办事，提高各种社会组织和全体社会成员对宪法和法律的信仰，从思想上树立宪法和法律的权威。在培育和发展社会组织中，要特别重视各种法治组织，如法律宣传教育、人民调解、法律援助、法律服务等组织，充分发挥其在法治社会建设中的作用。

二是围绕中央关于社会事业改革创新、社会治理体制创新的总体设想和具体要求，加快制定与之配套的各项法律、法规。及时总结实践中各项改革的成功经验，使其上升为法律、法规，以指导正在进行的改革实践。在这方面，应发挥中央和地方的积极性，尤其是有法规制定权的各省、市、自治区的人大及政府，有立法权的较大市，以及自治州、自治县等，可以在不违背国家基本法律和中央有关改革的基本精神、基本要求的前提下先行一步，以适应各区域各地方经济、文化、社会发展水平的差异，并为国家立法提供经验。

三是充分发挥乡规民约等其他社会规范在社会治理中的作用。城乡自治组织的乡规民约，以及各种社会团体、行业协会商会类、科技类、公益慈善类等社会组织制定的规章制度，虽然不具有依靠国家强制力推行和保护的属性，但在调整社会关系和社会生活中同样起着重要作用。在社会治理中，国家法律与乡规民约等其他社会规范协调、互补、互动，就能够使社会最基本规范和行为准则更好地起到他律、互律、自律的作用。

四是处理好政府和社会组织之间的关系。中央要求"政社分开"，目的是加强各种社会组织的自主性，更好地发挥它们在社会治理中的主动性、积极性和创造性，更好地调动社会组织成员及广大公民在国家各项改革、建设事业中参与和监督的积极性。在推进法治社会建设中，政府必须正确定位，既不缺位、虚位，也不越位、错位，做到有所为又有所不为。政府的主要任务是指导和监督各种社会组织依法开展活动。同时，也必须加强对社会组织依法开展活动的监督，使社会组织的自治活动在政府主导和法律规范的轨道上展开。

（原载于《人民日报》2014 年 1 月 15 日）

"我有幸成了张老的开门弟子"

1962年，中央决定从中国科学院哲学社会科学部聘请任继愈、于光远等一批著名学者，在北京大学担任导师，招收并指导研究生。我有幸成了张老的开门弟子。……从1967年2月正式分配到法学所，直到1992年2月张老仙逝，我一直在他身边工作。我的治学与为人，一直以他为榜样。（李步云）

• 治学为人皆楷模——缅怀恩师张友渔教授

治学为人皆楷模

——缅怀恩师张友渔教授

我能成为学界泰斗张友渔教授的门生，并在他的指导下学习、工作整整 30 年，是我一生的一大幸事。1962 年，中央决定从中国科学院哲学社会科学部聘请任继愈、于光远等一批著名学者，在北京大学担任导师，招收并指导研究生。我有幸成了张老的开门弟子。学习期间，他常到北大或我去他的办公室，接受他的指导。毕业后，我先留在北大搞"社教"和参加农村"四清"，从 1967 年 2 月正式分配到法学所，直到 1992 年 2 月张老仙逝，我一直在他身边工作。我的治学与为人，一直以他为榜样。他的崇高学品和人品，他对我的教育与帮助，使我终身受益。

张友渔教授是中国共产党的优秀党员、忠诚的共产主义战士；也是杰出的马克思主义法学家和政治学家。张老 1927 年在国立北平法政大学毕业后，于 1930 年赴日本留学，专攻宪法和劳动法。他是我们党内受过正规高等法学教育为数甚少的一位老同志。从他入党到辞世的 65 年革命生涯中，不仅担任过无数个高级党政领导职务，而且在长达 20 多年的时间里，一直以文化界、教育界、新闻界的左翼文化人和"左派教授"身份，在形势十分险恶的白区从事统战工作和情报工作，如先后做过冯玉祥、阎锡山、傅作义、李宗仁、李济深、张澜、刘文辉、韩复榘、石友三等人的工作，曾参与沈钧儒、邹韬奋为首的救国会的领导，为党在白区的工作作出了重大贡献。同时，这65年始终没有放下他的笔，对法学、政治学、新闻学、经济学以及国际问题作了广泛而深入的研究，取得了丰硕的成果，不仅在当时发挥过重要的学术的和政治的影响，而且也为我们民族的文化宝库作出了历史性贡献。根据80年代初中国社会科学院组织的《张友渔文选》编辑委员会①的收集与整理，他的各种著述达数百种，逾500万字。该编委会曾分别编辑出版《新闻学论文选》、《政治学论著》、《宪政论丛》（上、下卷）、《日本问题与国际问题》、《张友渔社论、通讯、杂文选》、《张友渔诗文集》和《张友渔回忆录》等单行本发行，同时还编出了《法学论文集》。最后，该编委会精选出两卷本《张友渔文选》（上、下卷）作为其代表作，由法律出版社于1997年2月出版。张老多方面的学术成就与贡献，是中国哲学社会科学界所普遍认可与推崇的。例如，由鲍霁教授策划主编的《中国当代社会科学名家自选学术精华丛书》第一辑，收有冯友兰、冯至、周谷城、俞平伯、费孝通、梁漱溟、薛暮桥等八人的自选集，其中就包括《张友渔学术精华录》在内。新中国成立尤其是党的十一届三中全会后，张老是我国最高权力机关的主要法律顾问，从宪法到几乎所有法律的制定，都融入了他的智慧和心血。他的学术研究重点由此也转向了政治学尤其是法学。他先后出版了《宪政论丛》、《关于社会主义法制的若干问题》、《论公民的权利和义务》、《法学基本知识讲话》等著作。许多论文分别发表在《法学研究》、《中国法学》等重要学术刊物和报章上。法律

---

① 参与该编委会工作的有院人事局、科研局、法学所、政治学所等单位很多同志。王仲方同志任编辑顾问，陈荷夫同志主持统编事宜。

实务界和学术界一致尊称张老为"法坛泰斗",他是当之无愧的。在长达半个多世纪的生涯里,在革命实践和学术研究中,同时作出如此重大贡献的,也是我们党内为数不是很多的一位老同志。

张友渔教授在学术上留给我们后人的,不仅是 500 多万字著作中所内含的非常丰富的思想与智慧,而且还有他十分鲜明的治学经验和为人风范。张老之所以能够在学术上取得重大成就,同他在治学上具有科学理念和崇高人品密切相关。在今天,也许后者对年轻学子和学者更有现实的教育与启迪。我认为,张老的治学经验和为人风范是高度统一的。它们可以用以下八个字予以概括:求实、创新、严谨、宽容。

首先,"学以致用"[①],理论联系实际,是张老治学经验中最主要的一条。他在很多文章和讲话中都经常突出强调这一点。他说:"理论与实际相结合,学术为政治服务,是我一生学术活动的方向,并认为只有很好地坚持这个原则,做学问,搞研究,才会有广阔前景,也才能为革命和建设事业做出应有的贡献。"[②]他还说:"法学研究工作者的任务就是为建立、维护、实行法制服务,否则他们就没有存在的必要。""研究一个问题,认识一个问题,一定要理论联系实际,特别研究法制问题,不能坐在书斋里,从空想出发,从书本出发,而必须从实际出发,了解事实,总结经验。"[③]他对什么是"实际"的解释,全面、准确而深刻:"所谓实际,包括两方面,一是当前的实际即客观存在的事实;另一是过去的实际即准确的文字资料。"既要"联系中国的实际,也要联系国际的、外国的实际。现在的中国同过去的中国是不同的,更不同于原始

---

① 《我的治学经验》,《法学研究》1989 年第 4 期。
② 《张友渔学术精华录》(自序),北京师范学院出版社 1988 年版,第 3 页。
③ 《当前法学研究的任务和方法》,《法学研究》1991 年第 4 期。

社会那种鸡犬相闻，老死不相往来的状况。现在整个世界是相通的，中国是世界的一个部分，不能不受国际的影响。"① 他还指出："从今天的实际出发，也不能不考虑在同一社会发展阶段内的将来可能的发展、演变的实际；不能只考虑眼前的个别的问题，而应同时考虑过去和未来，考虑总的发展情况。"② 凡是读过张老著作的人都会清楚地感觉到，他的每本书、每篇文章，总是有的放矢，从不无病呻吟。这固然同张老几十年从未脱离过革命和建设的实际工作有关，同他"学以致用"的治学理念分不开，而且同他对革命事业和人民利益的高度责任感也是密切联系在一起的。我个人只要有机会，就会在自己的文章或谈话中，宣传张老提出的要反对两个教条主义的著名论点。他说："在法学理论基础和指导思想问题上，我们要开展两条战线的斗争，既要反对对马克思主义法学的教条主义，又要反对对资产阶级法学的教条主义，才能建设具有中国特色的马克思主义法学。"这两种教条主义，"一是固守马克思主义法学的某些具体论述和结论，而不善于领会它的精神实质和掌握它的基本方法，去研究新情况，解决新问题"。"二是盲目推崇和效仿资产阶级法学，而不是加以具体分析"。③ 我通常把张老的这一主张通俗地称之为反对"土教条"和"洋教条"，前者把马克思主义创始人和后来领袖人物的话，句句当真理，要求一切照办；后者在西方法学名家、名著面前顶礼膜拜，或全然不顾中国的具体国情，主张照搬西方的种种具体制度模式。直到今天，这两种错误思想倾向仍然是我国法学发展的重要障碍。张老不仅十分强调"学以致用"和理论联系实际，而且也反对法制建设中的经验主义和实用主义，非常重视理论的价值和作用。他说："理论

---

① 《当前法学研究的任务和方法》，《法学研究》1991 年第 4 期。

② 同上。

③ 《法学十年》，载《张友渔文选》（下卷），法律出版社 1997 年版，第 589、588 页。

产生于实践，又反过来指导实践。脱离实践的理论是空想，没有理论指导的实践会迷失方向。"① 张老一生从未脱离实际工作，但又始终没有放下笔，固然同生性爱好读书、研究有关，但是同他对理论工作的高度重视及其责任感、使命感也是分不开的。

其次，"创新"也是张友渔教授治学理念中很重要的一条。他说："我发表言论、写东西，都是讲自己的话，不抄袭，不盲从，反对教条主义，也不迎合时尚。决不大家都这么说，或者哪个有权威的人说了，我就跟着说。经过我自己考虑了，研究了，认为是对的，我才说。""我主编《政法研究》时曾说过，整段整段地照抄马列主义经典著作不给稿费。因此，在'文化大革命'中，被戴上反对马列主义的帽子。"② 认真和多读一点张老著作的人都能发现，他的文章很少引经据典，或引用他人的东西，讲的都是自己的话，并且具有文字平实、逻辑清晰，而又充分说理的鲜明风格。自 30 年代以来到他辞世，张老始终站在时代的前列，参与马克思主义法律观、政治观、新闻观在中国的传播。各个历史时期常有自己独到的建树。例如，民主革命时期，他在对国民党在宪政问题上的反动理论和制度进行批判的基础上，深刻阐明了体现人类共同价值与理念的现代宪法观。他说："宪法是规定国家体制、政权组织以及政府和人民相互之间的权利义务关系的基本法。"③ 他提出，宪法的根本任务在于保障人权。"保障人民的权利，实为宪法的最重要的任务，因而宪法中也就不能没有这样的规定。像美国独立宣言、法国人权宣言所表现，各国人民最初争取宪政的主要目的，便在保障人权，而宪法便是人

---

① 《有关法学理论的一些问题》，载《张友渔文选》（下卷），法律出版社 1997 年版，第 410 页。

② 《我的治学经验》，《法学研究》1989 年第 4 期。

③ 《宪政论丛》上册，群众出版社 1986 年版，第 96 页。

民权利之保障书。"① 他对法治的内涵以及它同民主的关系作了这样精辟的分析:"民主政治的含义远较法治的含义为广。法治并不就等于整个民主政治,但法治不仅是民主政治的一种表现形态,而且是民主政治的一个重要属性。因此,要求民主政治,必然会连带地要求法治。把民主政治的要求缩小到仅仅要求法治固不可,要求民主政治而反对法治也不可。"② 他指出:"所谓真法治,就是建筑在民主政治的基础之上,作为民主政治的表现形态的法治。"他对真假法治提出了无可辩驳的论据:"在德国,在意大利,在日本,都曾存在着宪法,存在着国会,存在着法律,但这绝不能证明在这些国家内,实行着民治。因而也就不能说,这样的法治优于人治。"③ 他从三个方面详细概括了真法治的主要特征与要求,包括保障人民权利;限制政府权力;政府的命令违宪违法,人民没有接受的义务;宪法必须上下共守等等基本原则。④ 张友渔教授关于宪法、民主、法治、人权所作出的这种丰富、深刻、简明、精确的理论概括,实为发展中的马克思主义有关依宪治国理论的经典之作。新中国成立后,张老在法学界一直扮演着开拓创新,引领法学理论研究的角色。例如,早在"文革"前,当"法是统治阶级意志的体现"这一定义还是不可置疑时,他就另有说法:"我国的法是以工人阶级为领导的广大劳动人民意志的体现,并且也符合其他社会主义劳动者和拥护社会主义的爱国者的要求。"⑤ 当国内不少法学教科书简单地用"经济基础决定上层建筑"来阐释法的发展变化时,他却提出,法的发展除受经济基础所决

---

① 《宪政论丛》上册,群众出版社 1986 年版,第 98 页。

② 同上书,第 141 页。

③ 同上书,第 139 页。

④ 同上书,第 144—145 页。

⑤ 《关于社会主义法制的若干问题》,法律出版社 1982 年版,第 80 页。

定外，上层建筑的其他构成要素的状况与变化也有不同程度的影响。而且，"一个国家的具体条件和民族特点等，对法也有一定影响"①。当一些政治家和学者坚持"民主只是手段，不是目的"时，他却作出辩证分析："社会主义民主和社会主义法制是不可分割的统一体的两个方面，都是巩固社会主义经济基础、推进社会主义发展，在目前则是推进社会主义四个现代化的主要工具。就这点来说，二者都不是目的，是手段。但就两者的相互关系而言，则社会主义民主是目的，社会主义法制是保卫民主的手段。社会主义法制必须以社会主义民主为基础，反过来又保卫社会主义民主。"② 当人们对"是法大，还是党委大"这个问题还莫衷一是时，他却明确回答是"法大"。他说："党对国家机关的领导，应当是政治上的领导，而不是组织领导。""党与人大的关系，就是党在政治上领导人大，而不是组织上成为人大的上级机关。"③"党对司法机关的领导主要是指方针、路线、政策的领导，是指监督司法机关依法办案和配备好干部。不是指包办代替政法机关的具体业务。"④ 由于张老在政治上所处的地位，能发表这些见解需要有很大的理论勇气；而他的创造性思维对推进法学观念的进步和法律制度的改革，作用也更大。

第三，治学严谨是张友渔教授一贯倡导并身体力行的。这在他那里具体表现为三个方面：一是他十分重视资料工作。他说，搞研究"一定要有丰富的、全面的、准确的资料"；"资料一定要核实，不能是片面的东西，必须比较各种不同的资料加以核实，不能轻易相信一方面的资

---

① 《关于社会主义法制的若干问题》，法律出版社 1982 年版，第 9—10 页。
② 同上书，第 79—80 页。
③ 《一个必须认真研究和探索的问题》，《张友渔学术精华录》，北京师范学院出版社 1988 年版，第 48 页。
④ 同上书，第 132 页。

料"。他在这方面的认真态度，我曾有过亲身体验。1965年，他在审读与指导我的研究生论文时，就曾亲自查阅过论文中援自《共产党宣言》一处引文的各种中译本，并问我："你的这处引文引自哪个版本？"我当时答不上来。他告诉我这是哪个版本，并要求我回去以后各种版本都再查阅比较一下，以便弄清其准确含义。当时我的惭愧心情，至今记忆犹新。二是写文章内容要有一定思想深度。形式上，概念、判断与推理，要符合逻辑所要求的准确、严密、清晰；文章结构要合理，文字表达要规范、流畅。他的几乎所有文章都符合这一要求。这对任何人来说，都必须经历一个艰苦的锻炼过程。他在自己的回忆录中曾谈过这方面的经历。他在读小学的时候，就喜欢读气势澎湃和有逻辑性的文章，对《庄子》、《列子》、《左传》、《孟子》尤其喜欢读。"在读师范学校时，就已开始给报社投稿，有新闻稿，有诗词，也有短篇小说、论文。"[①] 他也亲自对我讲过，30年代他在《世界日报》任主笔的时候，每天要有一篇社论，晚上必须写好，第二天要见报。他的笔头子就是那样逼出来和练出来的。三是他写书写文章，都是亲自动笔。他发表在《法学研究》1991年第4期上的《当前法学研究的任务和方法》和他在中国社科院庆祝党成立70周年纪念大会上的讲话稿，都是他亲自起草。那一年他已是92岁高龄。在他晚年因为实在太忙，也曾偶尔找我或我和我的学生刘兆兴教授（现为中国比较法学研究会会长）一起去帮忙，但工作方式都是依照文章主题，先讲他的想法，而后一起讨论，定好论文纲要后，我们帮助写初稿。他在修改初稿时，每次改动都很大，结果文章从思想到文风都地地道道是他的东西。

第四，学术宽容也是张友渔教授从事研究工作和领导学术活动一大

---

① 《我在年青的时候》，《张友渔文选》（上卷），法律出版社1997年版，第644页。

特色。他一贯倡导学术自由，切实贯彻双百方针，坚持真理面前人人平等。他待人谦和，从不以学术权威自居。他对待在自己领导下的研究人员，对待整个学术界的人，从来没有出现过乱扣帽子、抓辫子、打棍子的事情。他的儒雅风范和民主精神，在法学界有口皆碑。这方面我举两个例子。他在原学部担任副主任时，曾负责《新建设》的领导与管理。经他亲自同意，曾发表过原北京政法学院一位教授写的文章，题目是《论无罪推定》。他这样做是要有很大勇气和魄力的。因为当时一位负责政法工作的中央领导同志曾明确表示过不同意"无罪推定"这一概念和原则。他说，我们反对封建社会的"有罪推定"，也反对资产阶级的"无罪推定"，我们主张实事求是。而且这位中央领导还是张老的亲密战友和顶头上司。后来张老曾对我说："其实我个人也不完全同意那位教授的观点，但我们必须贯彻双百方针，才能繁荣学术研究。"每当我回忆起这件事情的时候，总把张老同西方一位哲人联系在一起。那位哲人说过：我不赞成你的观点，但坚决捍卫你发表观点的权利。另一个例子同我有关。我在 1979 年 10 月 31 日《人民日报》发表《论我国罪犯的法律地位》一文，当时在国内曾引起一场不小的风波。全国各地很多监狱的服刑人员纷纷拿着那张报纸要求监狱当局保护自己这样或那样的权利。《人民日报》、全国人大法工委、公安部劳改局和我本人，都收到过大批信件，有支持的，也有反对的。某最高司法机关的一份正式文件曾列举并批判搞"资产阶级自由化"的两篇代表作，其中之一就是我的那篇文章。1981 年搞"清理精神污染"时，法学所上报了两篇文章，其中一篇就是我的。社科院社会政法片在讨论时，主持会议的张老说："李步云这篇文章的观点没有错，如果有什么不足，顶多是说早了点，现在我们这些干部的权利还得不到充分保障呢！"这事后来也就不了了之。我想张老这样做，倒不是因为他同我是师生关系，而是他在任何困难条件下，都能坚持学术宽容理念。后来实践也证明，那篇文章的内容是正确的，两个基本观点都被立法机关采纳。一是全国人大采纳了我在《人民日报》发表的《什么是公民》一文的建议，在 1982 年宪法中作了一条新的规定："凡具有中华人民共和国国籍的人，都是中华人民共和国的公民。"罪犯也是公民的含义就包括在内。后来制定的监狱法，对服刑人员应当享有的权利作了详细规定，也受了我那篇文章的影响。张老的学术宽容理念，同他的政治宽容理念和博大胸怀是分不开的。"文革"期间，他遭受过错误批判甚至隔离审查的冤屈。每次接受"中央专案组"连续几个钟头的提问后，回到住处吃完饭，倒在床上马上便能入睡。张老对十年"文革"痛心疾首，但对个人所受委屈，从无怨言，也很少提及。不少杂志曾请他谈长寿秘诀，他总是回答："我是没有养生之道的养生之道，即一切顺其自然。"有次我对他说，你也有自己的养生之道。他问："是什么?"我说："你的心胸十分宽阔。"他想了想而后说，你讲的对。

张友渔教授的一生，是传奇的一生，也是光辉的一生。他的功业，将名垂青史；他的风范，将永留人间。法学所的同志非常怀念这位创办者，社科院的同志也非常怀念这位领导人。今天，我们可以告慰张老的是，我们国家的民主建设已经取得重要成就，依法治国已被确立为治国方略，人权保障已被庄严地规定在宪法中。他非常憧憬并曾为之奋斗终生的理想，一定能在这一代或下一代人的继续努力下逐步得到实现！

附　录

附录一 法的特征与本质

什么是法？它区别于其他社会现象的质的规定性在哪里？这是法理学首先应当回答的。马克思主义的法学观认为，法是体现统治阶级意志的社会规范。法是统治阶级的整体意志，而不是个别统治者的意志，或统治者个人意志的简单相加。不是统治阶级意志的全部，而仅仅是上升为国家意志的那部分意志。法是由国家强制力保障实施的社会规范。法律规范区别于道德规范、宗教规范、纪律规范等其他社会规范的首要之处在于，它是由国家制定或认可的并由国家强制力保障实施的社会规范体系。法是受社会物质生活条件决定的社会规范。物质资料的生产方式是决定社会面貌、性质和发展的根本原因，也是决定法律本质、内容和发展方向的根本因素。对于这些特征和本质，历代马克思主义法学家都有过相应的论述。

一

在马克思主义经典著作中，有着对法的特征、本质和规律的精辟论述。以列宁为领导的苏俄的革命与实践，进一步发展了马克思主义法理学。

从现代法学的意义上讲，法具有特定的含义。马克思与恩格斯也对"法"与"法律"作了区分。例如，马克思早期曾提出，"法"是"自由的无意识的自然规律"，而"法律是事物的法的本质的普遍和真正的表达者"，"事物的法的本质不应该去迁就法律，恰恰相反，法律倒应该去适应事物的法的本质"。①"法律只是在自由的无意识的自然规律变成有意识的国家法律时才起真正法律的作用。"② 可见，"法"是指事物的法则，"法律"是指人们制定的法律。只不过，在一般表述中，"法"与"法律"常常混用。

马克思和恩格斯认为，原始社会没有法律。恩格斯在《家庭、私有制和国家的起源》中说，原始社会的"这种十分单纯质朴的氏族制度是一种多么美妙的制度呵！没有士兵、宪兵和警察，没有贵族、国王、总督、地方官和法官，没有监狱，没有诉讼，而一切都是有条有理的。一切争端和纠纷，都由当事人的全体即氏族或部落来解决的，或者由各个氏族相互解决；血族复仇仅仅当做一种极端的、很少应用的手段；我们今日的死刑，只是这种复仇的文明形式，而带有文明的一切好处与弊害。虽然当时的公共事务比今日多得多——家户经济是由一组家庭按照共产制共同经营的，土地乃是全部落的财产，仅有小小的园圃归家户经济暂时使用——可是，丝毫没有今日这样臃肿复杂的管理机关。一切问题，都由当事人自己解决，在大多数情况下，历来的习俗就把一切调整好了"③。"在氏族制度内部，还没有权利和义务的分别；参与公共事务，实行血族复仇或为此接受赎罪，究竟是权利还是义务这种问题，对印第安人来说是不存在的；在印第安人看来，这种问题正如吃饭、睡觉、打猎究竟是权利还是义务的问题一样荒谬。同样，部落和氏族分为不同的阶级也是不可能的。"④ 法是社会发展到阶级社会以后的产物。"在社会发展某个很早的阶段，产生了这样一种需要：把每天重复着的产品生产、分配

---

① 《马克思恩格斯全集》第 1 卷，人民出版社 1956 年版，第 138、139 页。
② 同上书，第 72 页。
③ 《马克思恩格斯选集》第 4 卷，人民出版社 2012 年版，第 108—109 页。
④ 同上书，第 175 页。

和交换用一个共同规则约束起来，借以使个人服从生产和交换的共同条件。这个规则首先表现为习惯，不久便成了法律。随着法律的产生，就必然产生出以维护法律为职责的机关——公共权力，即国家。随着社会的进一步的发展，法律进一步发展为或多或少广泛的立法。这种立法越复杂，它的表现方式也就越远离社会日常经济生活条件所借以表现的方式。"①

马克思主义认为，在阶级社会里，法是上升为国家意志的统治阶级意志的体现，是巩固阶级统治的工具。"法律又是什么呢？法律就是取得胜利并掌握国家政权的阶级的意志的表现。"②"法律是什么呢？法律是统治阶级的意志的表现。"③"任何工人一旦熟悉了法律，就会很清楚地看出，这些法律代表的是有产阶级、私有者、资本家、资产阶级的利益，而工人阶级，在他们还没有权利选举自己的代表参加法律的制定和监督法律的执行以前，永远也不能根本改善自己的景况。"④

马克思主义认为，法律虽然是统治阶级意志的体现，但是，法律的内容是由特定的社会物质生活条件所决定的。"权利决不能超出社会的经济结构以及由经济结构制约的社会的文化发展。"⑤"正像达尔文发现有机界的发展规律一样，马克思发现了人类历史的发展规律，即历来为繁芜丛杂的意识形态所掩盖着的一个简单事实：人们首先必须吃、喝、住、穿，然后才能从事政治、科学、艺术、宗教等等；所以，直接的物质的生活资料的生产，从而一个民族或一个时代的一定的经济发展阶段，便构成基础，人们的国家设施、法的观点、艺术以至宗教观念，就是从这个基础上发展起来的，因而，也必

---

① 《马克思恩格斯选集》第 3 卷，人民出版社 2012 年版，第 260—261 页。
② 《列宁全集》第 16 卷，人民出版社 1988 年版，第 292 页。
③ 《列宁全集》第 17 卷，人民出版社 1988 年版，第 145 页。
④ 《列宁全集》第 4 卷，人民出版社 1988 年版，第 279 页。
⑤ 《马克思恩格斯选集》第 3 卷，人民出版社 2012 年版，第 364 页。

须由这个基础来解释，而不是像过去那样做得相反。"①"新的事实迫使人们对以往的全部历史作一番新的研究，结果发现：以往的全部历史，除原始状态外，都是阶级斗争的历史；这些互相斗争的社会阶级在任何时候都是生产关系和交换关系的产物，一句话，都是自己时代的经济关系的产物；因而每一时代的社会经济结构形成现实基础，每一个历史时期的由法的设施和政治设施以及宗教的、哲学的和其他的观点所构成的全部上层建筑，归根到底都是应由这个基础来说明的。"②

马克思说："那些决不依个人'意志'为转移的个人的物质生活，即他们的相互制约的生产方式和交往形式，是国家的现实基础，而且在一切还必需有分工和私有制的阶段上，都是完全不依个人的意志为转移的。这些现实的关系决不是国家政权创造出来的，相反地，它们本身就是创造国家政权的力量。在这种关系中占统治地位的个人除了必须以国家的形式组织自己的力量外，他们还必须给予他们自己的由这些特定关系所决定的意志以国家意志即法律的一般表现形式。这种表现形式的内容总是决定于这个阶级的关系，这是由例如私法和刑法非常清楚地证明了的。这些个人通过法律形式来实现自己的意志，同时使其不受他们之中任何一个单个人的任性所左右，这一点之不取决于他们的意志，如同他们的体重不取决于他们的唯心主义的意志或任性一样。他们的个人统治必须同时是一个一般的统治。他们个人的权力的基础就是他们的生活条件，这些条件是作为对许多个人共同的条件而发展起来的，为了维护这些条件，他们作为统治者，与其他的个人相对立，而同时却主张这些条件对所有的人都有效。由他们的共同利益所决定的这种意志的表现，就是法律。正是这些互不依赖的个人

---

① 《马克思恩格斯选集》第 3 卷，人民出版社 2012 年版，第 1002 页。

② 同上书，第 796 页。

的自我肯定以及他们自己意志的确立（在这个基础上这种相互关系必然是利己的），才使自我舍弃在法律、法中成为必要，不过，自我舍弃是在个别场合，而利益的自我肯定是在一般场合（因此不是对于他们，而只是'对于自我一致的利己主义者'，自我伸张才算作是自我舍弃）。对被统治的阶级说来也是如此，法律和国家是否存在，这也不是他们的意志所能决定的。例如，只要生产力还没有发展到足以使竞争成为多余的东西，因而还这样或那样地不断产生竞争，那末，尽管被统治阶级有消灭竞争、消灭国家和法律的'意志'，然而它们所想的毕竟是一种不可能的事。此外，当关系还没有发展到能够实现这个意志以前，这个'意志'的产生也只是在于思想家的想像之中。当关系发展到足以实现这种意志的时候，思想家就会认为这种意志纯粹是随心所欲的，因而在一切时代和一切情况下都是可能的东西。"①

马克思在《〈政治经济学批判〉导言》中说："我的研究得出这样一个结果：法的关系正像国家的形式一样，既不能从它们本身来理解，也不能从所谓人类精神的一般发展来理解，相反，它们根源于物质的生活关系，……"②"经济关系产生出法权关系"③，"每种生产形式都产生出它的特有的法的关系"④。正如《共产党宣言》所说："你们的观念本身是资产阶级的生产关系和所有制关系的产物，正像你们的法不过是被奉为法律的你们这个阶级的意志一样，而这种意志的内容是由你们这个阶级的物质生活条件来决定的。"⑤马克思说："只有毫无历史知识的人才不知道：君主们在任何时候都不得不服从经济条

---

① 《马克思恩格斯全集》第 3 卷，人民出版社 1960 年版，第 377—379 页。
② 《马克思恩格斯选集》第 2 卷，人民出版社 2012 年版，第 2 页。
③ 《马克思恩格斯全集》第 19 卷，人民出版社 1960 年版，第 19 页。
④ 《马克思恩格斯选集》第 2 卷，人民出版社 2012 年版，第 688 页。
⑤ 《马克思恩格斯选集》第 1 卷，人民出版社 2012 年版，第 417 页。

件，并且从来不能向经济条件发号施令。无论是政治的立法或市民的立法，都只是表明和记载经济关系的要求而已。"①"立法者应该把自己看做一个自然科学家。他不是在制造法律，不是在发明法律，而仅仅是在表达法律，他把精神关系的内在规律表现在有意识的现行法律中。如果一个立法者用自己的臆想来代替事情的本质，那么我们就应该责备他极端任性。"②

法律具有两种基本的职能：一种是政治职能，一种是社会职能。马克思在谈到剥削阶级国家时曾指出："政府监督劳动和全面干涉包括两方面：既包括执行由一切社会的性质产生的各种公共事务，又包括由政府同人民大众相对立而产生的各种特殊职能。"③ 恩格斯也说过："政治统治到处都是以执行某种社会职能为基础，而且政治统治只有在它执行了它的这种社会职能时才能持续下去。"④ 马克思和恩格斯的论述清楚表明，国家执行着两种性质不同的职能即政治职能与社会职能，这就决定了法律也要担负这两种职能。讲法的社会性，就是指法具有执行社会职能这样的特性。

法应该是内容与形式的辩证统一。马克思说，"法律是肯定的、明确的、普遍的规范"⑤，"法律不应该逃避说真话的普遍义务。法律负有双重的义务这样做，因为它是事物的法理本质的普遍和真正的表达者。因此，事物的法理本质不能按法律行事，而法律倒必须按事物的法理本质行事"⑥。从形式上看，法是由国家制定或认可的国家意志的体现。不管是制定法还是认可法，都是以国家的名义进行的。法的国家意志性意味着法应该具有高度的统一性。列宁曾经指出："法制不应该卡卢加省是一套，喀山省又是一套，而应该全俄统

---

① 《马克思恩格斯全集》第 4 卷，人民出版社 1958 年版，第 121—122 页。
② 《马克思恩格斯全集》第 1 卷，人民出版社 1956 年版，第 183 页。
③ 《马克思恩格斯全集》第 25 卷，人民出版社 1974 年版，第 432 页。
④ 《马克思恩格斯选集》第 3 卷，人民出版社 2012 年版，第 560 页。
⑤ 《马克思恩格斯全集》第 1 卷，人民出版社 1956 年版，第 71 页。
⑥ 同上书，第 244 页。

一，甚至应该全苏维埃共和国联邦统一。"①

社会主义的法应该是广大人民意志的表现。马克思指出："所有通过革命取得政权的政党或阶级，就其本性说，都要求由革命创造的新的法制基础得到绝对承认，并被奉为神圣的东西。"②"只有使法律成为人民意志的自觉表现，也就是说，它应该同人民的意志一起产生并由人民的意志所创立。"③"既然正确理解的利益是整个道德的基础，那就必须使个别人的私人利益符合于全人类的利益。"④

二

1919 年李大钊发表《我的马克思主义观》开始向国人介绍马克思主义。以毛泽东为代表的中国共产党人在领导中国革命走向胜利的过程中所创立的人民民主专政的国家和法律理论，把马克思主义法学原理和中国实践相结合，推动了马克思主义法学在中国的发展。

李大钊认为："把于决定法律现象有力的部分归于经济现象，因而知道用法律现象去决定经济现象是逆势的行为。"李大钊在《再论问题与主义》中，按照唯物史观阐释了法律决定于经济物质条件的道理，指出："社会上法律、政治、伦理等精神的构造都是表面的构造。……有经济的构造作他们一切的基础。"陈独秀、李大钊等猛烈抨击旧制度，揭露封建法律是"维护特权阶级的法律"，"宪法者，现代国民自由之证券也"。⑤ 主张"法律面前人人平等，

---

① 《列宁全集》第 33 卷，人民出版社 1988 年版，第 325 页。
② 《马克思恩格斯全集》第 36 卷，人民出版社 1974 年版，第 238 页。
③ 《马克思恩格斯全集》第 1 卷，人民出版社 1956 年版，第 184 页。
④ 《马克思恩格斯全集》第 2 卷，人民出版社 1956 年版，第 167 页。
⑤ 陈独秀：《孔子与宪法》，《甲寅日刊》1917 年 1 月 30 日。

绝无尊卑贵贱之殊"①。李达对法律进行了辩证的考察，揭示了法律与国家、法律的本质与现象、法律的形式与内容这三大基本范畴的关系，认为在私有社会，"法律的本质，即是阶级关系，即是阶级性。而法律的功用，是保障特定阶级的经济结构的"②。

毛泽东 1920 年左右转变为马克思主义者，他说："我接受马克思主义，认为它是对历史的正确解释，以后，就一直没有动摇过。"③他开始向往俄国十月革命后的新政府新法制，提出"俄国的'布尔塞维克'，照字义讲，就是'多数党'，照主义讲，就是要组织工农的共和国，以工农办理国家的事务，也有政府，也有宪法，并不是'无政府'。"④苏俄的榜样，给了他在法律观点选择上的另一种希望。1921 年毛泽东了解了法与经济关系的原理，他曾一言概括之："法律是上层建筑。"⑤"资本家有'议会'以制定保护资本家并防制无产阶级的法律；有'政府'执行这些法律，以积极地实行其所保护与所禁止。"⑥"社会政策，是补苴罅漏的政策，不成办法。社会民主主义，借议会为改造工具，但事实上议会的立法总是保护有产阶级的。"⑦"大战而后，政治易位，法律改观，以前的政治法律，现在一点都不中用，以后的政治法律，不装在穿长衣的先生们的脑子里，而装在工人们农人们的脑子里，他们对于政治，怎么办就怎么办，他们对于法律，要怎么定就怎么定。"毛泽东运用马克思主义法的理论批判《湖南省宪法草案》时说："什么是省宪法草案的最大缺点呢？今依条文的次序来说，第一个最大的缺点，是人民的权利规定的不

---

① 陈独秀：《宪法与孔教》，载《新青年》第二卷第三号。
② 李达：《法理学大纲》，法律出版社 1983 年版，第 102 页。
③ 《毛泽东一九三六年同斯诺的谈话》，人民出版社 1980 年版，第 39 页。
④ 同上书，第 16 页。
⑤ 《毛泽东文集》第七卷，人民出版社 1999 年版，第 197 页。
⑥ 《毛泽东书信集》，人民出版社 1983 年版，第 5 页。
⑦ 《新民学会资料》，人民出版社 1980 年版，第 23 页。

够。"①"现在无业及失业的人如此之多，这样重大的社会问题，宪法上不规定解决办法，真是岂有此理。这里规定人民有求得正当职业的自由权，就是将人民的生存权，规定于宪法保障，依我看比规定身体的自由权还要重要一等。"②

1949 年在《论人民民主专政》中，毛泽东指出："人民是什么？在中国，在现阶段，是工人阶级，农民阶级，城市小资产阶级和民族资产阶级。这些阶级在工人阶级和共产党的领导之下，团结起来，组成自己的国家，选举自己的政府，向着帝国主义的走狗即地主阶级和官僚资产阶级以及代表这些阶级的国民党反动派及其帮凶们实行专政，实行独裁，压迫这些人，只许他们规规矩矩，不许他们乱说乱动。如要乱说乱动，立即取缔，予以制裁。对于人民内部，则实行民主制度，人民有言论集会结社等项的自由权。选举权，只给人民，不给反动派。这两方面，对人民内部的民主方面和对反动派的专政方面，互相结合起来，就是人民民主专政。"③

董必武 1948 年 10 月 16 日在政权问题研究会上作了题为《关于新民主主义政权问题》的讲话，对马克思列宁主义的政权学说作了完整的阐述，他根据马克思列宁主义关于国家是阶级统治工具的原理，深入浅出地揭示了各种历史典型政权的阶级性，指出"政权是一部分人代表着特定的阶级，运用国家的权力，发号施令，叫人们做什么事情，或禁止人们做什么事情。这样的东西，就叫政权"。他指出："什么人掌握政权，执行什么样的政策，这是决定政权性质的基本因素。"封建时代，地主掌握政权，他的私有财产你不能动它，而他却可以强制你拿租税；"人民掌握了政权，就可以命令他拿出来，他不能不拿出来。我们凭什么呢？就因为我们有了政权，有了军队"。"政权既是关系千百万人的生命和他们的生活方向，所以一切革命的政党，最重

① 《大公报》1921 年 4 月 25 日。
② 同上。
③ 《毛泽东选集》第四卷，人民出版社 1991 年版，第 1475 页。

要的问题，是夺取政权。……革命家要达到他的目的，首先是解决政权问题。""还要采取许多步骤，做许多事情，根据无产阶级和广大劳动人民的当前利益和长远利益发号施令……因此，我们得到这种政权之后，一定要维护这个政权，发展建设这个政权……"在《政研会讲话》中，董必武对民主与专政的关系问题也作了说明。他指出，有很多人不懂得民主与专政的辩证关系，以为有"民主"即不能有"专政"，有"专政"就不能"民主"，其实最专制的封建政权也有专政中的民主，而看起来好像很民主的资产阶级政权，实际上是少数人操纵的，问题是要看对谁专政和对谁民主，对少数人专政还是对多数人专政，对少数人民主还是对多数人民主。董必武指出："新民主主义的政权，是以无产阶级领导的，工农联盟为基础的人民民主专政"，它"对反动阶级专政，对反人民的反对派专政……对工人阶级，农民阶级、民主爱国人士实行民主"。董必武还强调我们的新政权是人民当家作主的政权，所以必须坚持马克思列宁主义关于必须打碎旧的国家机器的原理，指出："革命的政权机构，不是把旧的政权机构照原样继承过来，而是彻底粉碎旧的政权机构，建立革命的人民当家作主的政权机构。"同时，他对新的革命政权机构应当采取什么样的组织形式等问题，也作了论证，指出我们的政权的最好组织形式是人民代表大会制，全国的最高权力机关是人民代表大会，它选举中央人民政府，人民政府的权力是人民代表大会给予的，它的工作要受人民代表大会的限制。"只有这种人民代表大会制的形式，才能符合新民主主义的要求。"才是"能包括广泛的各民主阶级的政权形式"。董必武十分重视人民代表的产生程序，指出："不想法子使人民代表大会代表产生得好，是不能充分代表人民的意志的，怎样才能使人民选好他们的代表，要很好地研究。"① 在中共八大上，董必武提出了一种"人民民主法制"的概念。他说："我

---

① 《陶希晋文集》，法律出版社 2008 年版，第 253—254 页。

们的人民民主法制，是工人阶级领导的人民群众通过国家机构表现出来的自己的意志，是我们国家实现人民民主专政的重要工具。"① 围绕政权建设的问题，董必武系统地阐述了他的政体学说。"我们的政权机关是各级人民代表会议或人民代表大会及合级人民政府。这样的政权组织形式，是最好的基本的组织形式。它是最民主的，能包括一切人民群众的组织。"②

三

改革开放以来，邓小平同志深刻地总结我国和其他社会主义国家在民主和法制建设方面的经验教训，创造性提出了建设有中国特色社会主义的民主法制理论，极大地发展了马克思主义法学。20 世纪 90 年代以来，在发展社会主义政治文明、建设社会主义法治国家的实践中，以江泽民为核心的中国共产党第三代领导集体，与时俱进、开拓创新，以新的理论观点和工作经验丰富和深化了马克思主义法学。特别是党的十六大，不仅对新一轮法学理论创新产生了巨大的政治推动作用，而且为新一轮法学理论创新提供了殷实而丰富的思想理论资源，推动了马克思主义法学在中国的新一轮发展。

在马克思主义的经典论著中，对于法的本质揭示，限定了较狭窄的外延。马克思恩格斯在《共产党宣言》中针对资产阶级的意识形态曾说过："你们的观念本身是资产阶级的生产关系和所有制关系的产物，正像你们的法不过是被奉为法律的你们这个阶级的意志一样，而这种意志的内容是由你们这个阶级的物质生活条件决定的。"由于标准的和彻底的资产阶级革命同时消灭了代表落后生产关系的地主阶级和农民阶级，而社会仅存资产阶级和无产

---

① 《董必武政治法律文集》，法律出版社 1986 年版，第 475 页。
② 同上书，第 180 页。

阶级两大阶级，显而易见，在马克思恩格斯的观念中，法的本质局限于"一个阶级"即资产阶级的意志。以历史的逻辑推断当无产阶级取得政权而将资产阶级踩在脚下的时候，社会主义法只能是无产阶级一个阶级意志的体现。至列宁时的苏维埃，法律除了要反映工人阶级的意志外，还必须体现占社会比重很大的农民的意志，由列宁亲自起草并被视为第一部苏维埃法律的《告工人、士兵与农民书》即体现了列宁的这一思想，因为"专政的最高原则就是维护无产阶级同农民的联盟"①。无疑，苏维埃法是工人阶级与农民阶级"两个阶级"意志的体现，这在外延上比马克思恩格斯的一个阶级扩大了一层。毛泽东时代，由于中国革命的特殊性，即除了工人阶级、农民阶级外，还有民族资产阶级、小资产阶级等，故中国共产党领导的政权制定的法律具有"人民性"，用"人民的意志"取代了"工农"意志，并以"人民性"概括社会主义法的本质。法在本质的外延上又较列宁关于"两个阶级"向前扩大了。由上观之，马、恩、列、毛等马克思主义者在论及法的本质与功能时皆局限于政治领域和阶级意志上，并从中得出的结论是：法是统治阶级意志的体现，是维护统治阶级专政的工具。

邓小平对法的本质认识的深化，主要集中于两个方面三大理论。两方面是：一方面对法功能的认识除了政治领域外，又推及经济领域，即法主要是调整社会关系尤其是经济关系的调整器，是促进经济发展、社会进步的主要社会控制；另一方面对法的本质的认识已超越了"阶级性"而以"民族性"概括之，使社会主义法的本质更具前瞻性。三个理论即一是社会主义本质理论。邓小平认为社会主义的本质是解放生产力，发展生产力，消灭剥削，消除两极分化，达到共同富裕。社会主义法是社会主义上层建筑的有机组成部分，对社会主义本质的深化也必然要求重新对法的功能进行认识，即社会主

---

① 《列宁全集》第 32 卷，人民出版社 1988 年版，第 477 页。

义的本质是解放生产力和发展生产力，这一本质同样也是社会主义法的本质。社会主义法以解放和发展生产力为目的，它表明的是中国人民从现实的物质生活方式中提出的最根本的要求，这一要求制约着社会主义法从职能上真正由以阶级斗争为中心向以经济建设为中心转移。二是"一国两制"理论。在"一国两制"条件下，承认特别行政区的存在和允许三大法系（即大陆的社会主义法系，香港的英美法系和台湾、澳门的大陆法系）在四个地域（大陆、香港、澳门、台湾）同时有效。"一国两制"的构想目的在于实现中华民族的统一，统一即表明中华民族有共同的利益，这种共同的利益必然表现为统一的共同意愿，因而在对社会主义法本质的认识上，用中华民族的共同利益来取代阶级利益，用民族性、民族共同利益作为法的本质的最高追求。三是改革开放理论。中国改革开放是从经济领域开始的，而经济领域内的规则是对客观规律的记载和肯定，作为市场经济的法律则应当首先体现市场经济的客观规律，而不只是立法者的主观意志。那些离开市场经济的自身规律想当然地依照立法者的愿望而立的法必然会阻碍市场经济的发展。凡体现了规律性的法律必具有长期性与稳定性，而单纯体现立法者主观意志的法律则往往极易变动，通常是随着立法者的改变或立法者的意志的改变而改变，朝令夕改。市场经济是全球性经济，各国市场经济的模式或形式虽千差万别，但其规律性的东西却是相通的和相同的，反映市场经济规律的法律也必有共同性，如公司法、证券法、票据法、期货交易法等。因之，客观规律的内容应成为今后法的主要内容。由此我们以邓小平理论来对社会主义法作如下重新界定：社会主义法就是以解放和发展社会生产力为目的的、适应市场经济要求的、反映整个中华民族根本利益和要求的由国家制定或认可并靠国家强制力保证实施的行为规范的总和。[1]

---

① 参见徐显明、范进学：《邓小平法理思想论纲》，《法学家》1999 年第 6 期。

邓小平同志一贯重视民主与法制建设问题。发展民主、完备法制是社会主义的本质要求。邓小平同志明确指出："我们进行社会主义现代化建设，是要在经济上赶上发达的资本主义国家，在政治上创造比资本主义国家的民主更高更切实的民主"。1992 年南巡讲话时，他又指出："两个文明建设都要超过他们，这才是有中国特色的社会主义。"贫穷不是社会主义，愚昧也不是社会主义，没有高度的民主不是社会主义，没有完备的法制也不是社会主义。可见，邓小平同志是从社会主义本质要求的角度来看待民主与法制建设问题的。这就把民主与法制建设问题提到了前所未有的高度，提到了与经济建设同等重要的高度。不进行经济体制的改革，就不可能彻底解放生产力、发展生产力，提高人民物质文化生活水平就是空话；而没有人民物质文化生活水平的提高，就不是真正的社会主义。同样，人民没有政治上的民主，民主没有法制的保障，人民精神生活水平的提高也办不到，社会主义制度的优越性也就无从体现。发展民主、完备法制是社会稳定与发展的前提

稳定是发展的前提，发展是稳定的保证。没有充分的民主，没有健全的法制，社会的稳定，经济的发展就是沙滩上的楼阁。民主与法制是社会稳定与发展的重要前提条件。片面追求经济增长率，轻视法制和精神文明建设的思想和做法是错误的。邓小平同志早在 1978 年就明确提出了社会主义法制建设的基本方针，即著名的 16 字方针——"有法可依，有法必依，执法必严，违法必究"。这 16 字方针，是邓小平法制思想的高度浓缩。有法可依，就是要有完备的立法，这是建立社会主义法治国家的前提；有法必依，就是要讲求实效，这是建设社会主义法治国家的关键；执法必严、违法必究，就是要求执法与司法的公正、公平，这是建设社会主义法治国家的目标与保障。

马克思主义法学是不断创新发展的。"三个代表"重要思想是邓小平之后党在理论上最重大鲜明的理论创新，突破了党原有的很多滞后于中国社会发展和世界发展的思想观点。十六大报告关于全面建设小康社会的奋斗目标

的论述，关于经济建设和经济体制改革的论述，关于政治建设和政治体制改革的论述，关于文化建设和文化体制改革的论述，关于国防和军队建设的论述，关于"一国两制"和实现祖国完全统一的论述，关于国际形势和对外工作的论述，关于党的建设的论述，都体现了理论创新。十六大对文明理论的一个重大贡献是突破了物质文明与精神文明二元划分的传统理论，明确提出了政治文明的范畴，确立了物质文明、政治文明、精神文明三元并立的新理论。十六大报告是法律观念更新的典范，确立和弘扬一系列先进的法律观念，如法治观念、民主观念、人权观念、权力制约观念、程序观念等。[①] 这些都对发展社会主义法律具有重要意义。2004 年 9 月，党的十六届四中全会《决定》提出了执政能力的五大任务，其中构建社会主义和谐社会的能力，作为党的执政能力。2005 年 2 月 19 日胡锦涛主席发表讲话，指出构建社会主义和谐社会，是我们党从全面建设小康社会、开创中国特色社会主义事业新局面的全局出发提出的一项重大任务，适应了中国改革发展进入关键时期的客观要求，体现了广大人民群众的根本利益和共同愿望。要在推进社会主义物质文明、政治文明、精神文明发展的历史进程中，扎扎实实做好构建社会主义和谐社会的各项工作。构建和谐社会要实现社会阶层之间的和谐，调整社会结构，和谐社会的法律一定是能代表最大多数人的利益的法律。马克思在《共产党宣言》中明确指出："代替那存在着阶级和阶级对立的资产阶级旧社会的，将是这样一个联合体，在那里，每个人的自由发展是一切人的自由发展的条件。"党的十六届四中全会提出"构建社会主义和谐社会"是对马克思主义的发展，符合人类历史发展规律的要求，是我们党在新时期推进伟大事业的又一个重大理论创新，也推动了我们的社会主义法律的发展创新。

---

① 参见张文显、黄文艺：《马克思主义法学的新发展》，载《马克思主义法学与当代》，中国金融出版社 2004 年版，第 35 页。

四

本节将通过对法的基本含义、法的一般特征、法的主要特点、法的构成要素、法的本质属性等方面的分析和论证来阐明法的特征与本质的问题。

(一) 法的基本含义

中国历史上汉语最早法学的古体是"灋"。依《说文解字》一书考证:"灋,刑也,平之如水,从水;廌,所以触不直者去之,从去。"[①] 据说,"廌"是一种在审判时被其触者为有罪或败诉的神兽,此即王充所讲:"性知有罪,有罪触,无罪则不触"。"水"表示公平的意思,"去"则表示败诉者必受惩处。在古代中国很早以前,"法"与"刑"曾通用,后来"法"与"律"亦通用。如《说文解字》说:"律,均布也。"段玉裁注:"律者,所以范天下之不一而归于一,故口均布也。"《唐律疏议》也说:"法亦律也,故谓之为律。"法与律复合为"法律",主要是近代以后的用法。清末起,法与法律常并用。

在英语里,"Law"同汉语的"法"是对应的。在欧洲的几种主要民族语言中,如拉丁文的 Jus 和 Lex,法文的 droit 和 loi,德文的 reeht 和 gesetz,都用来表示法。但是前者除有"法"的含义外,兼有权利、公平、正义、法则等含义,因此它们有时被理解为是指"客观法"(或理想法、应然法);后者则主要被理解为是指人们依主观认识与意志而制定的法即"主观法"(现实法、实然法)。这同西方很早就已存在的自然法思想及其传统有密切的联系。

当代中国学者中也有人主张分别用"法"与"法律"这两个不同的词来表述这两个密切相关但又有很大区别的问题。应当看到,西方的自然法(与人定法相对应)的理论虽然包含有神秘色彩和不少唯心主义的因素,但也包

---

① 《说文解字》(影印本),中华书局 1963 年版,第 202 页。

含着很多科学的合理的成分，不应简单地全盘否定。马克思主张，法律（人定法、现实的法）应当真实反映它所调整的各种社会关系的客观性质及其规律，无疑是十分重要的。这一法的应然性与实然性问题，也应成为法哲学的一对重要的基本范畴予以深入探讨。但是，我们不宜也很难用"法"与"法律"这两个不同的词汇来分别表述法的应然与实然这两个不同的范畴。因为，在我国法的理论与宣传工作、立法与司法、执法的实践中，"法"与"法律"是常常通用的。例如，人们常说要"有法可依、有法必依、执法必严、违法必究"。这里的"法"，就不是也不应是指法的应然状态，即法所必须真实反映与体现的客观事物的性质和规律，而是也只能是指现实的法。有鉴于此，本书依习惯不作区分，即在一般情况下"法"与"法律"通用。但是，在特定情况下例外，即在需要区分和表述当代中国法的效力等级时，"法律"是特指国家最高权力机关——全国人民代表大会制定的规范性文件，以示同国务院制定的行政法规和地方性法规、部委规章、政府规章等相区别。

法是否可作广义和狭义的区分，即国家出现之前的原始社会是否有广义上的法？直到现在，西方绝大多数法学家和人类学家都主张国家产生以前就有"原始法"。在我国，比较传统的观点是："法是阶级社会特有的现象"，是阶级斗争的产物；换句话说，法的存在是阶级斗争的需要。近十多年来，一些著名法学家如张友渔、陈守一等对此传统观点提出了质疑，认为原始社会存广义的法，并且持这种观点的人越来越多。广义的法同人类社会共始终。马克思、恩格斯在《家庭、私有制和国家的起源》等著作中，常常称原始社会的习惯为法。狭义的法指私有制和国家出现以后的法。两者的共同点主要表现在以下几个方面：首先，它们都是一种具有一定普遍性的社会规范和行为规则，都明确要求社会的成员可以做什么、不能做什么、必须做什么。在原始社会这三种规范都是存在的。比如，三者分别表现为："氏族一切男女成员在氏族议事会享有表决权"；"氏族的任何成员都不得在氏族内部通婚"；

"死者的财产必须留在氏族内，归其余的同氏族人所有"。同我们现在的法相比，在这三类行为规范方面，是最早有"禁忌"，后来发展为其他习俗和习惯。其特点是禁止性规范多于义务性规范；义务性规范多于权利性规范。这是由于当时生产力水平极其低下、社会关系非常简单等条件所决定。其次，它们都是一种有权利与义务为其内容的行为规范。恩格斯说："在氏族制度内部，还没有权利和义务的分别；参与公共事务，实行血族复仇或为此接受赎罪，究竟是权利还是义务这种问题，对印第安人来说是不存在的；在印第安人看来，这种问题正如吃饭、睡觉、打猎究竟是权利还是义务的问题一样荒谬。"[①] 这种权利与义务观念的不分，是受当时生产力低下、实行生产资料公有以及观念简单等条件所决定，但这并不是说当时的习惯和习俗没有权利与义务作为它的内容。据恩格斯在那个时候的考证，即使权利大大少于禁忌与义务，然而权利就已不少，如生存权、名称权、财产继承权等等不下十多种。后来人类学家的考证还要多得多。再次，原始社会的习惯虽然主要通过舆论来维系，便也具有一定强制遵守的特点，违反它也要招致一定的后果，如实行血亲复仇等。总之，这三个方面的共同点，决定了原始社会的习惯也可称之为广义上的法。原始社会的习惯同私有制和国家出现以后的法的主要区别在于：前者是自发地形成的，后者是人们自觉地通过国家制定或认可的。前者无专门的司法机关，而主要依靠道德和习俗的力量，有时也依靠氏族组织或氏族首领的权威，来保证法的实现；后者则有专门的司法机关如侦察机关、法院、监狱等组织机构来保证法的实现。

无论是广义的法（包括原始社会的习惯）还是狭义的法（国家出现以后的法），都不是人们的任意创造，而是人类社会存在与发展的客观要求。任何形态的社会，要想能正常存在而不至于被各种社会矛盾和冲突所毁灭；要

---

① 《马克思恩格斯选集》第4卷，人民出版社2012年版，第175页。

想能正常发展而不至于被社会生产与生活的无序状态所困扰而停滞不前以致倒退，就需要有一社会调控机制。社会调控机制主要有两类，即社会组织和社会规范。社会组织有多种多样，其中最具普遍性和权威性的是原始社会的氏族组织和后来的国家。社会规范也有多种多样，其中最具普遍性和权威性的是原始社会约定俗成的习惯和后来由国家制定的法律。恩格斯曾说："在社会发展某个很早的阶段，产生了这样一种需要：把每天重复着的产品生产、分配和交换用一个共同规则约束起来，借以使个人服从生产和交换的共同条件。这个规则首先表现为习惯，后来便成了法律。"① 生产、分配和交换活动是人类最基本的实践活动，是社会存在与发展的基础。这是马克思从生产、分配与交换需要共同规则这个角度来阐明原始社会的习惯与国家出现后的法律存在的客观基础。当然，人类社会的其他领域如政治、文化、社会（如家庭）等领域同样需要共同规则，需要习惯和法律。否则，社会也不能存在和发展。换一种分析方法，也可以说，人类社会之所以需要法，是为了解决社会的矛盾和冲突，使其和谐与协调，以保证人类社会的存在与发展，也是显而易见的。因为人类社会始终存在三方面的主要矛盾：一是社会秩序与人的思想与行为自由的矛盾。如果没有一种共同规则，要么社会将处于无序状态，要么人的自由得不到保障。二是权威与服从的矛盾，即原始社会的氏族组织与氏族成员、阶级社会的国家组织与社会成员的矛盾。如果没有一种共同规则，要么国家组织不能运行，要么个人的权利得不到保障。三是人与人之间（包括个人与群体以及个人与整个社会之间）在利益与道德上的矛盾。如果没有一种共同规则来调整这种关系和解决这种矛盾，要么个人的利益受他人的侵犯，要么个人会侵犯他人的利益。总之，习惯与法律存在的客观依据，应当从社会自身的内在矛盾中去寻找，而不应从神或一些人的主观意志

---

① 《马克思恩格斯选集》第 3 卷，人民出版社 2012 年版，第 260 页。

中去寻找，那种认为法的产生源于神的意旨，是君主的授予，是"自然法"的体现，是"绝对精神"的外化，是"民族精神"的产物，如此等等观点都是不正确的。

（二）法的一般特征

本节及以后所称的法，都是指狭义的，法即与国家相联系的法。法的特征是指法之所以成为法而与他事物相区别的质的规定性。

1. 法是调整社会关系的行为规范

法的规范性具有以下特点：它具有结构性，是由行为模式、行为条件、法的后果所组成；它具有系统性，是由许多具体规范所组成的有机联系与和谐协调的规则体系；它是人们的行为准则，而不是思想准则；它是社会规范，不同于调整人与自然的技术规范；它具有概括性，是种种具体行为的抽象，它具有一般性，是全体社会成员都必须遵守的（一般法），或被社会中某一部分成员遵守的（特别法）。人们通常称法为"规范性法文件"，以示同一般的法文件如法的制定机关就任命或某一特定问题所作出的决定、司法机关就审理某一案件所作出的判决或裁定等相区别。因为后者不具有行为规范性，又是针对某一特定的人和事，也不能反复适用。这些法文件虽然具有法的效力，但不是法。

2. 法是国家制定或认可的行为规范

社会规范的种类很多，除法外，还有道德规范、宗教规范、社会组织规章、行业规章、习惯与礼仪等。法同其他社会规范的一个基本区别是，它由国家制定或认可。国家制定的法，指成文法；国家认可的法，指习惯法和判例法。因此，法同其他社会规范相比，必然具有下列特征：统一性，即一个国家只能有一种法和法律体系；普遍适用性，即法律在其效力所及的时间与空间范围内普遍适用；权威性，即法的效力高于所有其他社会规范。

3. 法是以权利与义务为内容的行为规范

法是通过规定各法律主体的权利与义务，来影响人们的行为动机、指引人们的行为方式、规范人们的行为准则，以调整各种社会关系。这同道德和宗教不同。后者一般说来是以规定人对人（或群体与社会）或人对神的义务而调整社会关系。这同政党组织与社会团体等的规章也不同。后者的权利与义务在内容、范围和实现途径等方面，都同法律的权利与义务有重大区别。广义上，法律所规定的权利包括"职权"，义务包括"职责"。但是，狭义上，两者是有很大区别的。例如，就公民的权利和政府的权力而言，两者的区别主要在：其性质和地位是，公民的权利产生政府的权力，而不是政府的权力产生公民的权利；权力只是手段，它以保障公民（也包括群体和国家）的权利为目的。其重要特点是，权力同管理与服从相关联，权利则同利益的享有与负担相关联。其表现形式是，职权与职责相对应，权利则与义务相对应。其实现方式是，政府既不可越权，也不能失职；而权利可以放弃，义务则必须履行。因此，不应混淆职权职责和权利义务之间的界限。

4. 法是司法机关可以适用的行为规范

法是司法机关办案的依据。司法机关的职责是根据政权机关所制定的法作为尺度和准绳来衡量其所审理的案件中有关行为是否违法、是否犯罪。一种社会规范如果不能作为司法机关办案的依据，不能在办案中予以适用，就不是法。根据法的这一特征，不仅其他社会组织制定的规范不是法，即使是由某些国家机关所制定的规范性文件也不是法。如在我国，乡级人代会及其政府制定的一些规范性文件就不是法。但是，这并不是说，所有可以作为办案依据的行为准则都是法，或者可作司法机关办案依据的都是法。此即特定情况例外。比如，有时候国家制定的政策也不可太多太滥，以免冲击法的权威和作用以及政出多门。对法的概念的外延理解过于宽泛，不利于维护国家法制的统一和尊严。

依照国际上比较通行的概念，我国的部委规章和地方政府规章是属于"委任立法"的范畴。我国宪法第 89 条和第 90 条、地方各级人大和政府组织法第 35 条，对此作了一般性授权。我国行政诉讼法第 52 条规定，人民法院审理行政案件，以法律和行政法规、地方性法规为依据；第 53 条规定，人民法院审理行政案件，参照国务院部委规章以及省一级人民政府和省一级人民政府所在地的市、国务院批准的较大市的人民政府的政府规章。这里的"参照"应被理解为同"依据"没有实质上的区别，但在适用法的顺序上有所不同。由于现代社会生活日益发展迅速和复杂多变，适当扩大对行政机关的"委任立法权"是一种国际性趋势。我国人口众多、地域辽阔，各地发展很不平衡。权力机关不像西方议会那样可以经常开会，权力机关的专业立法人员的力量也不足。因此，适当加强行政机关的委任立法，是必要的。

5. 法是由国家保证其实施的行为规范

任何一种社会规范，都有一定的强制性，都有某种保证其实施的社会力量。不同在于，法的规范是由国家强制力保证其实现，而道德规范是由内心信念以及社会舆论等保证其实施；政治与社会组织的规范是由本组织的纪律来保证其实施。"法依靠国家强制力保证其实施"有其特定含义，它并不意味着法不可以通过人们的自觉执行和遵守来实现，也不是说思想的、行政的、政治的手段，对保证法的实施不起作用。它是指国家强制力是法实施的主要的决定性的力量。

法除了具有以上五个一般特征以显示其同其他社会规范相区别，还具有以下一些重要特点。这些特点也是法这一社会现象所固有的，也是法之所以成为法的重要因素。

一是确定性。即法的规则所确立的法的主体客体、权利义务、法律后果等等，都必须是具体的明确的肯定的，才能保证法的可操作性和可预测性，使人们在执法、司法与守法中确切知道自己该怎么做、不该怎么做。这是法与道德相区别的一个重要特点。二是程序性。这是法与其他社会规范的一个重要不同点，当然这是相对而言。立法、司法、执法都应有一定的程序，这是保证和体现法的公正性、客观性、科学性的重要手段，是法制文明的一个重要标志。在某种意义上说，程序是法的生命形式。三是公开性。法必须公布周知。它在什么地方生效，它对哪些人有约束力，就应当在什么范围内公布，使人们都能知道它的具体内容和要求是什么，以便其遵守。因此，"内部规定"不是法。如果法律不是公开的，人们不知道国家允许做什么，不允许做什么，而又可以用"内部规定"去惩罚人们的某些行为，不符合法自身的正义性。四是平等性。这里主要不是指立法上的平等（因为不同性质的法有不同的平等内容），而是指司法上的平等，即当法被制定出来以后，对任何人都应使用同一尺度的准则。这是体现法的普遍适用性和维护法的权威所必须，古今中外概莫能外。至于实现程度如何，那是另一个问题。在封建专制主义的条件下，虽然君主可以一言立法、一言废法；君主的权威高于法的权威，他们常常不按法律办事，这种事情屡见不鲜。但是，任何君主不能公开宣称，他们可以不受法律的约束。五是不溯既往性。法在一定空间和时间中存在和运动。法必须有它生效的起止时间。如果国家可以随意用现在制定的法，去处罚人们过去发生的行为，显然也是不公平的。当然也有例外，即对极个别的严重违法与犯罪行为，如反人类的罪行可以追溯，但应当由法作出明确规定。

（三）法的内容与要素

任何一种法都由以下三个要素构成，即法的内容、法的形式、法的精神。法的内容构成法的实体，是法的主要成分。在通常情况下，人们讲法，是指法的内容。但事物的内容总要通过一定形式才能表现出来，世界上没有无内容的形式，也没有无形式的内容。因此法的形式不是可有可无或根本不重要的。法的内容与形式又总会内含、承载与体现一定的法的精神。虽然法的精神有时人们不易感觉到，但它是客观存在的，并在社会生活中起重要作用。

1. 法的内容

法的内容主要由法的规范、法的原则和法的概念所构成。某项具体法律、某一具体的法的规范性文件，不一定都有法律原则；但一国的法律体系，主要的法典和重要的法律，必须具有以上三个方面的成分。

（1）法的规范

"规范"一词源自拉丁文 norma，含有模式、规则、标准、尺度等意思。为了建立与维护社会生活的有序状态，人们在总结实践经验的基础上，创制出了种种社会规范，如法律规范、政党与社会组织的规范、宗教规范与道德规范等等。法的规范是指由国家制定或认可，并由国家强制力保证其实施的行为规则。它除具有一般社会规范所具有的一般性、概括性、确定性、可预测性等特征之外，还具有国家意志性，其效力高于其他社会规范，这是法的规范同其他社会规范的主要区别。

通常认为，法的规范是由以下三个要素所构成：一是行为模式。它包括可以这样行为、应当这样行为、禁止这样行为等行为准则。它们是属于法的规范的核心内容。二是条件假设。指行为模式存在的时间和空间，如法律的时间与地域效力的一般性规定和某一具体行为模式的时间与空间效力，以及行为模式的主客体条件，如民、刑事责任能力。三是行为后果。指法的规范中规定遵守或违反该行为模式所引起的法律后果。其中，否定性后果是指违反法的规范所给予的相应的法律制裁，如追究民事、刑事、行政、经济的责任以及违宪制裁等。肯定性后果是指遵守法的规范应当得到的奖励与保护。

法的规范是法的细胞，是组成法的基本单位。千千万万法的规范，构成一国法律的基础。

（2）法的原则

"原则"是指认识、分析与处理事物、事件的准则。法的原则是法的规范（规则）产生的基础，是法调整社会生活、社会关系、人们行为的准则，是法的制定与实施过程中的指导性要求与标准。它们能够最集中地体现法的本质和法的价值。反映法的调整对象的客观性质与发展规律。

在法的内容中，法的原则同法的规范（规则）相比较，具有以下特性：一是概括性。法的原则是从经济、政治、文化以及法自身等社会关系中抽象与归纳出来的。它既可以是国家政策的定型化，也可以是社会公理的定型化。它不规定具体的权利与义务，不设计特定的行为模式，不明定某种法律后果，不像一整具体的法的规范那样可操作性强，但它可以在更广泛的领域和范围内对指引、规范、约束人们的行为起重大作用。二是稳定性。法的稳定性是法的重要特性，对保证法的权威牲具有重大作用。法的稳定性主要是通过法的原则的稳定性来体现和保障的。法的规范的变化可以较多较快；法的原则却相对稳定。因为法的原则集中与概括地体现和反映了事物的性质和规律。法的原则与法的规范在一定意义上也是一般与个别、抽象与具体的关系，因而前者具有更大的稳定性。三是指导性。法的规范主要解决微观方面的问题，而法的原则主要解决宏观方面的问题，即在较大的空间与较长的时间内对人们的行为起目的性、价值性、方向性的指导作用。

法的原则的类型，可作如下划分：一是公理性原则与政策性原则。公理性原则是基于人的本性、人的人格与尊严而产生并发展的、得到人们普遍认可的社会伦理观念并以法律予以认可的公理，如法律的人民主权原则、人权保障原则、平等原则、人道原则，民法的"自愿、公平、等价有偿、诚实信用"原则，刑法的"罪刑法定"、"罪刑相当"、"罪责自负"原则等等。政策性原则是指一个国家在一定时期内为了在经济、政治、文化、国防等方面实现一定的发展目标、战略任务而需要执行的路线、方针与政策等政治决策，如我国的"计划生育"、"可持续发展战略"等。二是法律原则还有宪法原则和部门法原则之分。如宪法上的"法律面前人人平等"原则属宪法原则；民法、刑法、行政法以及诉讼法等部门法中的"平等"原则，就是部门法原则。后者在具体内容和要求等方面彼此之间会有一定差异和区别。部门法原则是宪法原则的具体化，其内涵会更丰富多彩，但它要受宪法原则的精神所指导和约束。凡是属于宪法性原则，必有若干部门法原则相对应使其得以落实和具体化；但不是所有部门法的原则都会上升成为宪法原则。

法的原则在法的制定和法的实施中，都有重要作用。在法的制定中，法律原则的作用主要表现在以下几方面：首先，法的原则是在法的规则中设定具体权利与义务、职权与职责的依据与指导。例如，民主、人权、平等等原则，在各种程序法中的指导作用是十分明显的。又如，罪刑相适应原则，在刑事法律规则中表现得非常广泛。其次，法的原则也是创制新的法律规则的动因与准则。例如，我国新创制的关于银行存款利息要缴纳税费的规则，其目的是用于对下岗职工的生活补贴，是为了贯彻法律平等原则的新的需要。又如，我国民族自治地方的自治条例可以变通法律，但不得同法律的基本原则相抵触。再次，法的原则也是维系法律体系统一、和谐与协调的基础，在我国，除了宪法，还有刑法、民法、经济法、行政法等各种部门法，宪法原则是各部门法原则制定的基础；后者则是前者的具体化和展开，一并受前者的约束与规定。从宪法到省会市与较大市的地方性法规与政府规章，构成我国法律效力等级体系。下位法的制定，都应以上位法的原则的精神作为依据；所有法规与规章的设计都应以宪法与法律的原则作为基础。从宪法原则到下位法的各种原则所构成的法律原则体系，是维系纵横交错的整个法律体系的核心与基础。

在法的实施中，法律原则的作用主要表现在以下几方面：首先，法律原则体现法的价值，是法官、检察官在适用法律、行政官员在执行法律时，理解与把握法律规则的精神的依据，这有利于将概括性的法律条文准确地运用于千差万别的具体案件或事务上。特别是在复杂与疑难案件中，情况更是如此。其次，法律原则是弥补法律缺陷与漏洞的重要手段。由于事物的复杂多变与人们认识的一定局限性，立法中出现缺陷或漏洞是难免的。人们在适用法律规则时，可以运用法律原则补正法律规则之缺陷，也可以在法律出现空白时适用法律原则。再次，法律原则是合理地掌握与运用自由裁量权的依据。我国司法中有自由裁量权，如量刑幅度。行政法中自由裁量权更大，如有"行政合理性"原则。法律原则可以作为自由裁量的依据，它可防止自由裁量出现重大偏差。

（3）法的概念

概念是人们对认识对象的一般特征的抽象。法律概念是人们对种种法律现象的一般的共同的特征经分析与归纳而抽象出来的一种法的范畴。法的原则与法的规则是由一系列概念所组成。它和普通概念不同之处是它的法律性。法律概念中不少是法律所特有的，如法人、诉讼当事人等；有的同普遍概念在语汇上无区别，但在法律上有特定的含义，如故意、过失、善意等。一国法律中的概念，有些概念的内涵与外延是历史传承下来的。有些概念的内涵与外延则由该国法律所明文界定，并因情势的变化而变化。法律概念作为构成法律的基本要素，在法的制定与法的实施中的作用是十分重要的。它是制定种种具体规则的基础，也是正确理解与实施法律的前提。许多法律上的争议，往往同法律概念定义不明确、界限不清晰有关。

法律概念的种类主要有：（1）有关法律关系主体方面的概念，如自然人中的公民、外国人、预备犯、中止犯、犯罪嫌疑人、法定代理人等等；法人或其他组织中的法人、行政机关、审判机关、检察机关、社会团体、武装力量等，以及权利能力、行为能力、责任能力等。（2）有关法律关系客体方面的概念，如"标的"、"蓄储"、"证券"、"票据"、"滞纳金"等。（3）有关权利与义务、职权与职责方面的概念，如权利中的选举权、被选举权、婚姻自主权、劳动权、受教育权；职权与职责中的立法权、审判权、监督权；义务中的服兵役、纳税、履行合同、有期徒刑、行政拘留等。（4）有关法律事实与法律行为的概念，如"漏税"、"偷税"、"出生"、"死亡"、"失踪"、"违约"、

"侵权"、"正当防卫"等等。

2. 法的形式

法的形式是与法的内容相对应的一个概念与范畴。它们可以从各种意义上进行理解与运用。例如，人们常说，"法是社会关系的调节器"，这里所说的"社会关系"是法的内容，而"调节器"则是法的形式。法所调整的社会关系，涉及经济、政治、文化、家庭、民族等等方面的内容。前面所讲的规则、原则和概念，都直接关涉法所调整的社会关系。而这里所讲的法的形式，则是指法的规则、原则、概念的外在的表现形式，如成文法与不成文法，成文法的结构、体例，法的逻辑特点与文字特征等等。马克思说，"法律是肯定的、明确的、普遍的规范"[①]，就涉及法的外部特征。本书第五章"法的分类"中将对成文法与不成文法作论述，我们在此只对成文法在形式上所涉及的问题作一简要论述。它们的深入分析论证，是立法学、法逻辑学、法语义学等分支学科的研究任务。

成文法的结构，有法典与单行法之分，其取舍同法的内容及主客观条件是否成熟等因素有关。例如，刑法、民法、诉讼法多以法典形式出现，而行政法、经济法一般只能以单行法（法规、条例等）的形式出现。我国过去经验不足，没有民法典；现在则开始具有了制定民法典的条件，包括其需要与可能。宪法是否要有序言以及序言与总纲的内容是什么，不同国家有不同做法。如我国宪法对经济制度、文化制度规定得具体，而西方国家的宪法一般对这些不作具体规定。法的内容的安排顺序也是有讲究的。例如，我国1982年宪法改变了过去几部宪法的做法，把"公民的基本权利和义务"一章，放在国家机构之前，就是考虑到在公民权利与国家权力的关系问题上，应当是公民的权利产生国家权力；国家权力存在的意义是保障和实现公民的经济、

[①] 《马克思恩格斯全集》第1卷，人民出版社1956年版，第71页。

政治、文化及社会方面的各种权利。我国的立法法规定："法律根据内容需要。可以分编、章、节、条、款、项、目。""法律标题的题注应当载明制定机关、通过日期。"（第五十四条）"法律应当明确规定施行日期。"（第五十一条）"在常务委员会公报上刊登的法律文本为标准文本。"（第五十二条）这些规定都是属于成文法结构形式方面的问题。

法律的逻辑必须严谨。从法的宏观到法的微观，都应如此。法律体系必须做到内部和谐与协调，法的位阶要清楚，规则之间不能彼此矛盾和相互冲突。否则，人们在执行、适用或遵守法律时将无所适从。而且，法是发展变化的，应注意在法不断的立改废中保持法体系的和谐与协调。法律规则的事实假定、行为模式与行为后果三个组成要素缺一不可。否则，其规则将不成其为规则；在实践中，人们比较容易忽视对法律后果的设置，从而使法成为仅具指引意义而可以不予遵守的规则，其作用将大大降低。

法的语言文字也有其自身的特殊要求。成文法的规则、原则、概念都必须通过一定的语言文字表述出来。同形象思维的文学艺术不同，法律必须使用科学的语言文字，以符合逻辑思维的要求。法律的操作性强，其实施涉及社会上每个成员的切身利益以至某些人的生杀予夺，因此，法律所使用的语言文字包括各种定义，必须准确、明晰、严谨和前后一贯，不能含糊不清、模棱两可、晦涩难懂、前后矛盾。例如，我国 1978 年宪法规定："公民的基本权利和义务是，拥护共产党的领导，拥护社会主义制度，服从中华人民共和国宪法和法律。"这里的三点内容，实际上只是义务而不是权利。1975 年与 1978 年宪法都曾规定，国家武装力量是"工农子弟兵"，是"无产阶级专政的柱石"，这些都是不确切的或者不是科学的法律语言。同时，我们还应注意法律语言文字的使用环境（时间、地点、条件）以及现实生活和语言文字本身的发展变化。马克思说过，对于科学的概念，"不能把它们限定在僵硬的定义中，而是要在它们的历史和形成过程中来加以阐述"。例如，我国

1949 年的《共同纲领》使用"国民"一词作为宪法权利与义务的主体。1954
年宪法改为"公民"。但其内涵与外延一直不明确。曾有人认为，在我国凡
是被剥夺政治权利的人不是公民。当然这样理解并不正确。因为 1954 年后
我国的宪法和法律都使用"公民"这一词汇作为法律关系中权利与义务的主
体。如果被剥夺政治权利的人不是"公民"（或称"人"或"国民"），那他们
就可以不受宪法和法律的约束，或者必须为这些人另外制定一套法律。这显
然是不行的。因此，1982 年宪法作出了一个新的规定："凡是具有中华人民
共和国国籍的人都是中华人民共和国公民。"

由于时代与历史条件的不同，政治家们和法学家们对法的内容与法的形
式的关注重心就会不同。以近代西方法理学为例。在近代资产阶级革命过程
中，自然法学派曾占主导地位，那时他们关注的和历史所要求的，是批判封
建主义的非正义性，这一派研究的侧重点是法的内容及其伦理价值。当近代
资本主义经济与政治制度牢固建立起来以后，规范法学派曾兴盛起来，原因
是人们需要充分运用法律作为工具来巩固这一制度，这一派研究的侧重点是
法的形式。到了现代，社会法学派又应运而生。他们面临的是社会的矛盾冲
突日益发展，这一派关注的重点是法律如何协调好各种社会利益。马克思主
义法学在法的内容与形式问题上也经历了一个变化。在社会主义革命时代，
马克思主义者着重批判的是资本主义法律的非正义性，所追求的是广大劳动
人民在社会（首先是经济制度与经济生活）各方面的平等，因而所关注的是
法的内容。革命胜利后的一个时期里，他们强调社会主义的政治和法律制度
在阶级内容上优越于资本主义的政治与法律制度，而往往把西方政治与法律
制度中一些程序上、形式上本来是合理与科学的东西，斥之为是形式主义的
甚至是骗人的。在很长一个时期里，由于社会主义在经济与政治制度上权力
的高度集中以及其他一些原因，如过分强调法的阶级观点，甚至把社会主义
法仍然归结为是"阶级斗争的工具"，因而存在只注重法的内容，不重视法

的形式的研究和在实际工作中不注意对法的形式的尊重的情况。

3. 法的精神

在我国，在法的制定、实施以及法制宣传与教育中，人们常常使用"法的精神"一词。近年来，在一些论著中也已经开始探讨这一概念。但是，在以往法理学的各类教科书中还没有或甚少出现"法的精神"这一概念与范畴。作者认为，法的精神似乎看不见，摸不着，但它是客观存在的。它集中反映在法的内容里，同时在法的形式上也有体现。有时候，人们自觉地运用法的精神去观察、分析、解释法律现象，去指导法的制定和实施；有时候，人们则是不自觉地在法学研究或立法与司法的实践中运用它。如果说，构成法的三个基本要素是法的内容、法的形式和法的精神，那么法的内容就是法的骨骼和血肉，法的形式就是法的结构和外表，法的精神则是法的神经中枢和灵魂。

法的精神的外在的集中的表现最基本的有两个：一是立法旨意（或称立法宗旨、立法目的）。无论是古代还是近现代，立法者总会这样或那样地表现出该国某项法律的立法旨意，以反映出该法律的法的精神。在近现代，成文法中比较重要的法律（尤其是法典），都要明文表述立法旨意。如《中华人民共和国合同法》第一条规定："为了保护合同当事人的合法权益，维护社会经济秩序，促进社会主义现代化建设，制定本法。"此外，立法机关在制定过程中进行法律辩论，往往是集中在对法的精神的不同理解和处理上，有时还通过立法者的"法律说明"等方面，用文字的形式表达该法律的法的精神。在判例法制度下，一项法律的法的精神往往反映在法官的判词中。二是法律原则。在一个国家的以宪法为基础，以民商法、行政法、刑法、诉讼法等法律部门为主体的法律体系中，一系列法律原则集中体现出一个国家、一个时期的法的精神。

法的精神同法的内容和形式一样，是一个综合性概念，其内涵与外延十分丰富与宽泛。在法的一般原理的体系中，它主要关涉法的本质特征、法的价值以及权利与义务、职权与职责的相互关系等范畴与领域。例如，立法者和执法者怎样依据以正义为核心的一整套伦理价值观念去分配、协调、保障法律主体的各种权益；怎样在法的制定和实施中贯彻自由、平等、秩序、效率等法的价值并协调与平衡各种价值的相互冲突；怎样处理权利义务、职权职责的复杂关系使之符合特定时代、国度、阶级与人群的价值取向等等。法的精神是共性与个性的统一，是静态与动态的统一。它们根源于法所调整的各种关系自身的规律和法自身的特性，同时又受不同历史时代和不同国家的经济、政治、文化的现实条件的决定、影响与制约。在不同的时代，它的内涵有很大区别，古代法的精神与现代法的精神有时是正相反的。如古代"以义务为本位"，而现代"以权利为本位"。然而，凡是体现客观事物的特性与规律，符合那个时代的经济、政治、文化的现实条件，又促进了那个时代、那个国家的物质文明、精神文明与制度文明的发展的法的精神，就是正确的和进步的。

法的精神是应然性与实然性的统一。法的应然性决定于法所调整的对象的一般规律和法自身的特殊本质。例如，法应当以人为本，应是为人类谋幸福的工具；个人与社会不应绝对分离与截然对立；利益与道德都是人类不可没有的需要与追求；效率与公平应当协调与兼顾；权利与义务应当以权利为出发点和重心；是权利产生权力，权力应以服务于权利为目的，等等。这些都是法的应然状态。又如，法体现正义、法要求平等、法必须公开、法应不溯及既往，也都是法之所以是法的必然要求。然而，法的存在与发展又要受时间、空间和条件的限制。它受制于一定国家的一定发展阶段的具体国情，也受制于当时当地人们的各种价值观念和认识水平。法的应然状态与实然状态的矛盾，是推动法发展的一种动力。

法的精神也是客观性与主观性的统一。其客观性有两层含义：一是它有自身的性质、特点和发展规律；二是它具体地存在于一定国家一定时期的法律制度中。这些都是不以人们怎样认识它和评价它为转移的。其主观性是指，在制定法律和实施法律的过程中，人们（尤其是立法与司法工作者和法学家们）的价值观念和认识能力，法的精神的形成和实践具有重要作用。

（四）法的本质属性

法的一般特征是法区别于其他事物如政策、道德以及其他社会规范的标志和因素，是法之所以为法的最一般的质的规定性。法的本质属性是法这一特殊事物的深层的、稳定的内部联系，它深藏于种种法的现象的背后，是法存在的基础和发展变化的推动力量。法的本质属性可以从不同层面和不同角度进行把握，因为事物是多样性的统一。

1. 法的意志性与规律性

法律是由人制定的，是人们有意识活动的产物，它必然贯彻、反映、体现人的某种意志（包括愿望、需求、主张、见解等）。法作为社会关系的调节器，作为社会生活中人们行为的共同准则，它具有认识与改造世界的工具性价值，同时也具有维护社会平等、公平、公正、公道等社会正义的伦理性价值。这是人们制定与实施法律的意志的前提。意志和利益不可分离。法的根本性作用是通过权利与义务的形式来调整各种利益关系。如何对极其复杂的各种利益关系进行调整，取决于立法者的意愿。法律必须符合现实生活的需要与可能，这就需要有判断，也就必然反映出立法者对某些事物的见解和主张。所有这些都说明，法具有意志性，意志性是法的重要特性和特征。法学史上人们在对法的本质特征进行探讨时，一般都会肯定法的意志性，出现过诸如法是"神的意志"、"民族意志"、"主权者的意志"、"公共意志"等等学说。马克思主义经典作家则主张"阶级意志"，认为"法律就是取得胜利并掌握国家政权的阶级的意志的表现"[1]。

法律直接表现与反映立法者的意志，但立法者不可能只是反映自己的意

---

[1] 《列宁全集》第 16 卷，人民出版社 1988 年版，第 292 页。

志，而必然自觉或不自觉地代表社会上某些阶级、阶层或不同利益集团、不同群的利益和意志。无论是封建专制主义政治制度下君主"一言立法"或"一言废法"，还是现代民主主义政治制度下的议会民主立法，情况都是如此。由于法是以"国家意志"的性质、形式与名义产生和存在的，因而不同历史发展时期和不同国度里的法律总是会或多或少地要反映与体现全体社会成员的利益与意志。这在法调整社会公共生活的领域里表现得比较明显。上述复杂的情况要求人们正确地处理好以下矛盾：一是要协调好立法直接参与者之间的不同意愿与主张，不能独断专行；二是直接掌握立法权的人要合理地反映好他们所代表成员之间的关系，不能只肯定一个方面而完全否定另一个方面。认为法律只能代表社会上一部分人（如某个阶级）而不可能代表全社会成员的共同利益和意志，或者认为所有法律都会体现全社会成员的公意而不会只反映一部分人（如某些阶层）的利益和意志，这两种观点都是不对的。

法律既具有意志性，又具有规律性。在一定意义上，两者是相反而又相成的。法的意志性决不是意味着任意或任性。西方法学史上历史悠久又影响深远的"自然法"观念就包含有法具有规律性的内涵。例如斯宾诺莎认为："理性就是按事物本身的必然性行事，而这种客观必然性便是自然法，自然法就是一切事物……据以成立的自然规律和法则本身。"[①] 孟德斯鸠在《论法的精神》一书中所写下的第一句话就是："从最广泛的意义来说，法是由事物的性质产生出来的必然关系。"[②] 他还说："如果要很好地认识自然法，就应该考察社会建立以前的人类。自然法就是人类在这样一种状态之下所接受的规律。"[③] 马克思主义法学也重视法的规律性。马克思说："只有毫无历史知识的人才不知道：君主们在任何时候都不得不服从经济条件，并且从来不能向

---

① 伯尔曼：《法律与宗教》，三联书店 1991 年版，第 64 页。
② 孟德斯鸠：《论法的精神》，商务印书馆 1995 年版，第 1—4 页。
③ 同上。

经济条件发号施令。无论是政治的立法或市民的立法，都只是表明和记载经济关系的要求而已"①"立法者应该把自己看做一个自然科学家。他不是在制造法律，不是在发明法律，而仅仅是在表达法律，他把精神关系的内在规律表现在有意识的现行法律中。如果一个立法者用自己的臆想来代替事情的本质，那么我们就应该责备他极端任性。"②

法的规律性全面地贯穿与体现在法的内容、法的形式与法的精神之中。法在调整经济、政治、文化等各种社会关系时，都要尊重与遵循其自身的规律。如经济关系中的价值规律，选举活动中的竞争规律，违背它就不会有活力。文化、教育、科技、环保、生态等各种领域，都有自己特殊的发展规律，违背它就要受惩罚。法的体系的上下（效力等级）、左右（部门法划分）、前后（先法与后法）、里外（国内法与国际条约）彼此之间要求做到统一、和谐与协调，不能相互矛盾、冲突与脱节，否则就难以实施。犯罪构成的几个要素必须讲究，不然就划不清罪与非罪的界限。法的意志性与规律性是一个有机统一体。规律是客观的，法要反映与体现客观规律，必须通过人的意志的主观能动作用。因此法可以反映与体现客观规律，但有时却不能全部或准确反映与体现，甚至与客观规律完全脱节或违背。正如恩格斯所说："如果说民法准则只是以法的形式表现了社会的经济生活条件，那么这种准则就可以依情况的不同而把这些条件有时表现得好，有时表现得坏。"③ 在这个问题上，我们必须防止和摒弃两种错误认识和倾向。一是经验主义和实用主义。它们否认或忽视人们的理性认识能力，一切凭自己的"经验"办事，或一切凭自己的"需要"办事，不尊重法的客观规律性。二是唯意志论。它否认或忽视法的客观规律性，夸大法的意志性和人的主观能动作用。这两种倾向都

---

① 《马克思恩格斯全集》第 4 卷，人民出版社 1958 年版，第 121—122 页。
② 《马克思恩格斯全集》第 1 卷，人民出版社 1956 年版，第 183 页。
③ 《马克思恩格斯选集》第 4 卷，人民出版社 2012 年版，第 259 页。

是在法的认识论上对法的本质特征的背离。

2. 法的利益性和正义性

在一定意义上说，法是特定的国家机关制定的，依据以正义为核心的伦理观念，来调整与保障法律关系主体各种利益的社会规范。从法的本体论看，利益性与正义性是法的本质特征。

法是以权利与义务的形式来调整各种社会关系和人们的行为。权利与义务问题，本质上是一个利益问题。法律上的权利是指法律权利主体即法律上所允许的权利人，为了满足自己的利益可以采取的，由其他人的法律义务所保证的法律手段。"权利"一词，由两个要素构成，即权威与利益。受一定的权威所认可与保障的利益就是权利。某一政党党员的权利，是由该党的权威所认可和保障的党员的利益。某一国家公民的权利，是由该国的权威所认可和保障的公民的利益。法律上的义务是指法律所规定的义务人应当依照权利人要求从事一定行为或不行为、以满足权利人的利益的法律手段。简单说，义务就是利益上的某种负担和付出。法律上的义务就是受法律所规定和约束的利益上的某种负担和付出。这里所说的利益，不仅是指物质上的利益，其含义是十分宽泛的。它包括经济、政治、文化及社会各方面的利益，还包括人身人格利益和人们可以或不可以从事什么行为，以及他们的其他种种需要或愿望的满足。利益存在于各种社会关系中，但是在不同的历史时期和不同的社会制度下，利益的内容、性质和分配是不一样的。

在西方法学史上，有不少派别和法学家很重视法的利益性。例如，庞德在谈到法的任务时这样界定利益："它是人类个别地或在集团社会中谋求得到满足的一种欲望或要求，因此人们在调整人与人之间的关系和安排人类行为时，必须考虑到这种欲望或要求"。[①] 马克思主义经典作家也对法的利益性持十分肯定

---

① 庞德：《通过法律的社会控制——法律的任务》，商务印书馆 1984 年版，第 81—82 页。

的态度。例如马克思指出:"法律应该以社会为基础。法律应该是社会共同的、由一定物质生产方式所产生的利益和需要的表现,而不是单个的个人恣意横行。"① 法是人们的"利益和需要的表现",这同西方不少法学家的看法是一致的。人们的利益和需要应当如何分配或配置,则不同的阶级、阶层、利益群体以及不同的学派有不同的主张。而在一定社会中,人们的利益和需要的分配和配置格局,最终是"由一定的物质生产方式所产生",则是马克思主义的独特见解。

法律所表现、反映、认可、调节和保障的利益,是一个复杂的结构。依利益是否合法可分为:合法利益和非法利益,即法律所认可与保护的利益和法律所否认与不保护的利益,以及法律地位不明确的利益。后者如由法律可以推定的某些权利(人权);依利益主体不同可分为:国家的、社会的、群体的与个人的利益;依利益的性质不同可分为:经济的、政治的、文化的、社会的、人身的各种利益。此外,利益还可以作:此地区利益与彼地区利益,生产者、销售者利益与劳动者、消费者利益、社会强者利益与社会弱者(如妇女、老人、儿童;少数民族、残废人等)利益以及整体利益与局部利益(如中央利益与地方利益)、多数人利益与少数人利益、长远利益与当前利益等划分。一个国家的立法,其核心问题就是,对这种极其复杂的利益关系如何进行调整,它们如何进行分配和平衡。在一定意义上说,立法就是主权者(或立法者)运用法律的手段对上述错综复杂的利益进行调整和配置。法的实施和法的制定在这个问题上有所不同,但又有一致的地方。行政机关执行法律与司法机关适用法律,实质上是把法律所体现与确立的利益分配的规则和原则具体落实到个案上,落实到特定的个人与群体上。同时,在法律所允许的空间里,司法官员与执法官员还可以对利益的分配作出某些独立的考量。法律对错综复杂的利益进行调节和配置必须有

---

① 《马克思恩格斯全集》第6卷,人民出版社1961年版,第292页。

一定的标准。正如庞德所说，在法律调整和安排背后，"总有对各种互相冲突和互相重叠的利益进行评价的某种准则。这种准则就是以正义为核心的一定的法律价值体系"①。

法与正义的关系问题始终是古今中外法学中一个永恒的问题。尽管人们对正义有各式各样的理解与解释，但正义被普遍承认是人类一个崇高的价值、理想和目标，这是没有疑义的。因此历来的主权者总是会自觉或不自觉地，程度不同地、真实地或仅标榜将正义作为立法与司法的一项指导原则。除了这一原因，法同正义密不可分，还因为法自身具有伦理性价值。在西方法律思想中，不少法学家对法的正义性有过精辟的论述。早在古罗马，法学家凯尔苏斯说，"法是决定善良和公平的一种艺术"②。乌尔比安则认为，"法学是正义和非正义之学"③。马克思主义法学同样重视法的正义性。充分肯定法应当是正义的，因为共产主义的最终理想是建立一个人人都得到"全面解放"，一个人人都平等、自由与富裕的社会。不过它在正义概念上十分强调它的具体性、历史性、阶级性与相对性。

正义概念有着广泛的含义，包括平等、公平、公正、公道、正直、合理、善良、人道、宽容等诸多内容。它在本质上是一个伦理概念，但正义必然会存在于各种社会关系和经济、政治、法律、文化等各种制度的现实生活中。关于这一点，庞德有过很好的见解："在伦理上，我们可以把它看成是一种美德或是对人类的需要或者要求的一种合理、公平的满足。在经济和政治上，我们可以把社会正义说成是一种与社会理想相符合，足以保证人们的利益与愿望的制度。在法学上，我们所讲的执行正义（执行法律）是指在政治上有组织的社会中，通过这一社会的法院来调整人与人之间的关系及安排人

① 庞德：《通过法律的社会控制——法律的任务》，商务印书馆1984年版，第81—82页。
② 《学说汇纂》1.1.1。
③ 《学说汇纂》1.1;10.2；《法学阶梯》1.1.1.

们的行为；现代哲学的著作家们也一直把它解释为人与人之间的理想关系。"①

在这里，我们将具体分析法的物质性与正义性之间的相互关系。中国从古代到近代，一直存在义利之争。这里所说"义"，指正义，也泛指道德，利则指物质利益。这比我们在本书前面所讲"利益"含义要窄。但在利益中，物质利益是主要和基础的东西。春秋战国时孔子等儒家主张重义轻利，其名言是"君子喻于义，小人喻于利"②。而韩非、商鞅等法家则主张重利轻义，认为统治者应当"不务德而务法"③。当时倡导义利并重的有墨子。他提出："义，利也"，主张"兼相爱，交相利"。④ 自汉以后，由于"罢黜百家，独尊儒术"，中国封建社会持续二千多年，均以重义轻利为主导。其中朱熹的"存天理，灭人欲"，是其理论的极端表现。这同西方有很大区别。中国没有出现过像古希腊、罗马那样比较发达的商品经济，没有存在过像罗马法那样影响深远的民法传统，因此个人的权利始终得不到尊重。一直到清末，由于"西学东渐"，情况才发生变化。

西方在法的利益性与正义性问题上，最具影响的流派有两个。一是自然法学派。它以重视法的正义性为其主要特征。它的理论基础是"自然法"原理，而所谓自然法是同正义概念息息相关的。"圣多玛斯说：自然法的第一条诫律，就是'行善避恶'；葛休斯则宣称：'自然就是理性之一项命令，这个理性能够指出一个行动本身合乎道德基础或道德必然性的性质'。不论新旧自然法学派，都是从这个普遍命题出发，着手建立一套完整而精确的法规。"⑤ 二是实证法学派。它以倡导功利主义为主要特征。其创始者边沁认为，人的本性是"避苦求乐"，

---

① 庞德：《通过法律的社会控制——法律的任务》，商务印书馆 1984 年版，第 73 页。
② 《论语·里仁》。
③ 《韩非子·显学》。
④ 《墨子闲话》卷十、十一。
⑤ 登特列夫：《自然法——法律哲学导论》，联经出版事业公司 1992 年版。

功利应是善恶、是非的标准；立法的任务应是实现"最大多数人的最大幸福"——它的四个目的是生存、富裕、平等与安全。后来，耶林的利益法学发展了这派的思想，庞德的社会学法学和经济分析法学也是功利主义思潮的继承与发展。

综观古今中外的学说，大体可得出如下几点有关法的利益性与正义性相互关系的基本认识：首先，利益性与正义性像一根红线贯穿在法的各个方面及其始终，是法的目的与意义最集中的表现。其次，利与义是人类两个最基本的也是永恒的需求；我们不能只要或只重视一个，不要或轻视另一个。第三，两者的基本结合点是在：要运用以正义为核心的一整套价值准则去分配人们需要的各种利益，调节利益之间的冲突和矛盾，以满足最大多数人的最大利益为根本立足点。第四，在不同领域或不同具体条件下，两者强调的侧重点会有所不同。例如，法在调整经济制度与秩序时通常应以"效率优先，兼顾公平"为主，因为只有生产出更多更好的物质与精神的产品，人们才有可能达到普遍富裕。但是在司法领域，公平应优先于效率，这是由司法的性质和特点所决定。

3.法的社会性与阶级性

法的社会性与阶级性，是从法的基本功能上对法的本质特征所作的一种概括。有的教科书把它归结为是"法律的阶级性与共同性"[①]；有的称为"法的阶级统治职能和社会公共职能"[②]。对此，国内学者认识上曾有很大分歧。

法的规范是法的细胞。一个国家的法律，是由许许多多的法律规范所构成。在阶级对立社会里，根据各种法律规范的具体性质和作用的不同，大致可以分为以下四类：第一类是调整统治阶级与被统治阶级之间关系的规范；第二类是调整统治阶级内部关系的规范；第三类是维护社会公共生活秩

[①] 参见孙笑侠主编：《法理学》，中国政法大学出版社 1996 年版，第 9 页。
[②] 同上书，第 66 页。

序以及保障人们的人身安全等方面的规范；第四类是法律化了的各种技术规范。法的阶级性，主要是由前两类法律规范的性质和作用决定的。这些法律规范的存在，是以阶级矛盾和阶级斗争的存在为前提；它们的作用，是调整阶级关系，进行阶级斗争，维护阶级统治。这两类法律规范，在原始社会并不存在，到了将来的共产主义社会，它们将会消亡。我们说，在阶级对抗社会里，法是统治阶级意志的体现，是阶级统治或阶级斗争的工具，主要是由这两类法律规范具体体现出来的。而法的社会性，则主要是由后两类法律规范的性质和作用所决定。这两类法律规范并不以阶级和阶级斗争的存在为前提，是管理社会生产，管理社会公共事务，维护社会公共秩序和保障社会成员的权利所必需。它们的存在是同整个社会的存在共始终。从总体上说，这样的法律规范体现着全体社会成员的共同利益和意志。

概括地讲，法律具有两种基本职能：一是政治职能，二是社会职能。我们在前面所列举的四类法律规范，前两类是执行政治职能的法律规范，后两类是执行社会职能的法律规范。这同国家的两种基本职能是完全一致的。马克思在谈到剥削阶级国家时曾指出："政府监督劳动和全面干涉包括两方面：既包括执行由一切社会的性质产生的各种公共事务，又包括由政府同人民大众相对立而产生的各种特殊职能。"① 恩格斯也说过："政治统治到处都是以执行某种社会职能为基础，而且政治统治只有在它执行了它的这种社会职能时才能持续下去。"② 马克思和恩格斯的论述清楚表明，国家执行着两种性质不同的职能即政治职能与社会职能，这就决定了法律也要担负这两种职能．我们讲法的社会性，就是指法具有执行社会职能这样的特性。

执行法的社会职能、体现法的社会性的那一部分法律规范，本身是没有

---

① 《马克思恩格斯全集》第25卷，人民出版社1974年版，第432页。
② 《马克思恩格斯选集》第3卷，人民出版社2012年版，第560页。

阶级性的。但是，在阶级对立社会中，由于统治阶级和被统治阶级之间存在着经济上和政治上的根本利害冲突，这些法律规范总会不同程度地打上某些阶级的烙印，在这些法律规范制定和执行时，往往会受到不同阶级利害的不同阶级观念的一定影响。当然，具体情况还应当具体分析。从横的方面看，前述第三类法律规范同第四类法律规范相比较，则前者的阶级烙印自然要深一些。从纵的方面看，由于奴隶社会、封建社会和资本主义社会是从低级的社会形态向高一级的社会形态演变和进步，因此执行社会职能的那一部分法律规范，其阶级影响是在逐步减弱。从广义上说，执行社会职能的那一部分法律规范的阶级烙印，也是法的阶级性的一种表现，但这一部分法律规范本身是没有阶级性的，它同执行政治职能的法律规范，在性质上是根本不同的，必须加以区别。我们应当承认，执行社会职能的法律规范的实施后果，从总体上说，是有利于全社会，能给每个社会成员带来各种好处。在社会主义社会里，这种情况发生了很大变化。这时，执行法的社会职能、体现法的社会性的法律规范，其阶级烙印和影响已经消失。这是由社会主义社会的经济和政治条件决定的。在阶级社会中，由于在经济上存在剥削与被剥削的关系，制定和实施法律化的技术规范的实际结果，是更多地有利于剥削阶级。在社会主义社会，由于建立了公有制，实行了按劳分配，全体社会成员在经济上实现了平等，制定和实施那些技术规范的结果，是可以使全体社会成员在经济上都能得到同样的好处。因此，这一部分技术规范是没有阶级性的。在社会主义制度下，维护社会公共秩序、保障公民人格尊严、人身安全等方面的法律规范，其阶级影响也已消失。像保障公民人格尊严、人身安全这类规范不再具有阶级性，是因为公民的这些权利受到法律的同样保护。像资源与环境保护、交通法规这类规范不再具有阶级性，是因为不论什么人违反这类规则，都应受到同样的惩罚。在社会主义社会里，由于剥削阶级已经被消灭，阶级斗争只是在一定的范围内存在，法律的政治职能情况也发生了很大变化。在这种社会条件下，我们不能再在政治、政治职能同阶级、阶级斗争这两组不同的概念之间简单地划等号。政治与政治职能的含义很广泛。在这个领域里，直接同阶级与阶级斗争有关的法律规则只占一小部分，绝大多数的法律规则，如调整立法、行政、司法机关之间及其内部关系的法律规范，调整广大人民群众同政府之间政治关系的法律规范，已经不再具有阶级斗争的性质，因而不再具有阶级性。由于社会主义社会是由阶级社会向无阶级社会的过渡，社会主义法律中那些体现阶级性、执行政治职能的规范，将随着阶级斗争、阶级差别的逐步消亡而消失，而体现社会性、执行社会职能的那些法律规范，其内容与作用的范围将越来越扩大。因此，法向未来理想社会的发展，本质上是一个法的阶级性在深广两个方面逐渐缩小与减弱，而法的社会性则不断扩展并在各个领域逐步取代法的阶级性的过程。

有一种观点认为，社会主义法律的任何一个规范都具有阶级性。这是没有从唯物辩证法的发展观看问题，而是从静止的观点来考察法的阶级性与社会性。因此，他们也就不能很好地分析法的阶级性与社会性在社会主义制度下已经发生和将会发生怎样的变化，不能很好地解释法律将怎样向未来的理想社会发展，其特征是什么。我们不能设想，到将来共产主义社会建成的某一天，法的阶级性会突然消亡，而在此以前，社会主义法律的每一个规范都具有阶级性。事实上，这是根本不可能的。

有一种观点认为，社会主义法律的任何一个规范都具有阶级性，主要理由之一，是认为法律是一个整体；既然整体具有阶级性，因而构成整体的每一个具体法律规范也都具有阶级性。这是没有正确理解整体与部分之间的辩证关系。在一个统一体内，存在着两种彼此矛盾和对立的因素或成分，是一个普遍现象。例如，在社会主义社会这个统一体中，就存在着社会主义和资本主义这样两种对立的因素或成分。"一国两制"的存在就是一个典型的例证。从整体上说，法律具有阶级性；但从各个具体法律规范来看，有的有阶级性，有的没有阶级性。这是合乎辩证法的。

有一种观点认为，社会主义社会的各种社会关系都具有阶级性，因而调整各种社会关系的法律规范也都具有阶级性，这是不符合客观事实的。党的十一届三中全会以来，党中央已经对我国现阶段的阶级和阶级斗争状况作了科学的分析，认为剥削阶级已经消灭，阶级斗争只是在一定范围内存在。如果这一结论是正确的，我们就不能认为，阶级斗争无所不在；就应当承认，我国的绝大多数社会关系已经没有阶级性。法律所调整的社会关系的范围是十分广阔的。例如，就婚姻和家庭关系来说，它包括千千万万个具体的婚姻与家庭关系。其中极少数的婚姻、家庭关系可能带有某种特殊的阶级的烙印或影响，但绝不能说，我国所有的婚姻家庭关系都具有阶级性。法律是社会关系的调整器。在一定意义上说，法律规范是否具有阶级性，决定于它的调整对象——各种社会关系是否具有阶级性。我们说，社会主义法律中的不少规范不具有阶级性，重要根据之一，是由于我国的阶级斗争只是在一定范围内存在，现在绝大多数的社会关系已经没有阶级性。

正确阐明法的阶级性与社会性，不仅具有重要的理论意义。如有利于科学地说明法的本质、法的作用、法的发展以及新旧法律间的继承等等，而且有着重大的实践意义。如果否认法律具有社会性，或者认为社会主义法律的每一个规范都具有阶级性，那势必给我国法律的制定和实施带来各种不良影响。在实行"以阶级级斗争为纲"的那些年代里，其不良影响是很明显和突出的。从这样的观点出发，也就会妨碍我们去吸取和借鉴古今中外法律中对我们有用的各种东西；就会引导我们在适用法律时不能很好地坚持法律面前人人平等的法制原则。

（本文系《马克思主义法学原理》第一章，李步云、曲相霏著，

2014 年 8 月社会科学文献出版社出版）

附录二　法的人本观

法的人本观，也即"以人为本"是所有现代法治国家皆追求的重要价值目标。历史上的两大法学派——自然法学派和实证主义法学派尽管主张不同，但在张扬人性方面却殊途同归。古希腊智者学派已经认识到了人本身在社会中的重要地位，从而将人置于法律等一切事物的中心，将人视为万物的核心和衡量万物的标准，无疑是对人的尊重和地位的提升。而人文主义的正式提出则是在文艺复兴时期。自此之后，"以人为本"的价值理念就一直旗帜鲜明地贯穿于人们对法律制度文明的探索过程之中。马克思主义的辩证唯物史观肯定了人是目的而非手段等一系列基本理念，因此，在马克思主义法理学中，法的人本观一直是其主要关注的对象。而继承与发展了马克思主义的中国共产党人也都非常注重对法律中"以人为本"精神的探求。无论是毛泽东时代的杰出革命家，还是邓小平、江泽民、胡锦涛时代改革开放的倡导者们，都对法律的人本主义，或者说"以人为本"作出了符合时代特征的阐释与创新。

一

马克思的人本思想批判地继承了文艺复兴以来思想家人文学说的积极

成果，肯定了它们在摧毁封建主义统治、建立资本主义制度中起过的积极作用，尤其是批判地继承了费尔巴哈的人本主义思想。马克思在对费尔巴哈"人本学"进行扬弃之后，提出了自己的人本主义思想，其内容十分丰富，主要包括人的本质理论、异化理论、人与法的关系理论等。

马克思主义对于"人的本质"范畴的理解大致包括以下三个方面的内容：首先，人的本质应归结为是一种关系范畴。他指出："人的本质不是单个人所固有的抽象物，在其现实性上，它是一切社会关系的总和。"① 这一科学论断说明了人的本质从根本上说应归属于一种关系范畴尤其是社会关系；说明了要认识人，就不能从抽象的"人"或"类"的意义出发，而只能从主体与客体、个人与社会、人与人之间的关系出发。其次，人的本质是一个变化的动态范畴。社会经济形态和社会历史结构是随着社会再生产过程的不断变化而改变的，决定人的本质的各种社会关系也是随着社会再生产过程和社会形态的改变而历史地更替着。因此，对人的本质的考察也应随着这种改变而不断变化，要把人放在特定的社会历史结构和具体的社会关系中加以考察，而决不能把人看成是一成不变的。最后，人的本质以及考察人的本质的现实基础是实践尤其是社会实践。实践是唯物史观和整个马克思主义哲学的基础，也是马克思主义考察人的本质问题的出发点。人的本质之所以既是一种关系范畴又是一个动态范畴，归根到底就在于人是实践的，是作为实践的主体而存在的，人与人之间所结成的各种社会关系也是实践的，是以活动为基础的，人的整个社会生活和整个历史的发展都是在实践中产生和完成的，是一个历史地展开的实践过程。②

马克思对现代资产阶级民主制度的评价就是，一方面，它的建立较之古

---

① 《马克思恩格斯选集》第 1 卷，人民出版社 2012 年版，第 135 页。

② 蔡丹：《马克思主义境域中"以人为本"思想的历史发展脉络》，《平顶山学院学报》，2009 年第 1 期。

代和中世纪是一个进步。在现代国家，市民社会与政治国家的分离使人民有了更多的自由，民主制度在形式上使人成为了国家制度的原则和法律的根本目的。"在民主制中，不是人为法律而存在，而是法律为人而存在；在这里法律是人的存在，而在其他国家形式中，人是法定的存在。"① 人民主权成为国家的政治基础，人民的普遍利益多大程度上在国家形式中得到反映，这种国家形式就具有多大程度的合理性，民主构成了政治权力的合法性依据。但另一方面，"平等地剥削劳动力，是资本的首要的人权"②，这些国家在实质上只是少数富人的天堂。而"真正的国家"应以人民的普遍事务为自己的事务，在这种民主制度中，每一个环节都是全体民众的现实的环节；国家制度也日益趋向于自己的现实的基础、现实的人、现实的人民，并确定为人民自己的事情。人应该是国家制度的最终归宿。

马克思主义认为人民群众是历史的创造者，"创造这一切、拥有这一切并为这一切而斗争的，不是'历史'，而正是人，现实的、活生生的人。'历史'并不是把人当做达到自己目的的工具来利用的某种特殊的人格。历史不过是追求着自己目的的人的活动而已"③。必须始终坚持从人民群众的利益特别是物质利益出发。马克思、恩格斯、列宁都分别有过"为什么人谋利益"、"为了服务于什么人"和"为什么人服务"等提法，他们共同的核心思想就是为"绝大多数人"而不是为"少数人"的利益而奋斗。所以，绝大多数人的利益是马克思主义关注的重点，它始终考虑的就是怎样才能更好地实现绝大多数人的利益，也就是人民群众的利益。正如《共产党宣言》曾经指出：过去的一切运动都是少数人的或者为少数人谋利益的运动。无产阶级的运动是绝大多数人的、为绝大多数人谋利益的运动。辩证唯物史观还主张人的解

---

① 《马克思恩格斯全集》第 3 卷，人民出版社 2002 年版，第 40 页。
② 《马克思恩格斯全集》第 23 卷，人民出版社 1972 年版，第 324 页。
③ 《马克思恩格斯全集》第 2 卷，人民出版社 1957 年版，第 118—119 页。

放是衡量社会进步的尺度。衡量社会进步有两个基本标准：生产力的发展和人的自由。一方面，生产力和生产关系、经济基础和上层建筑之间的矛盾运动，推动着人类社会由低级到高级阶段不断发展，"人们所达到的生产力的总和决定着社会状况"①。另一方面，任何新的生产力的发展都会引起分工的进一步发展，造成个人利益、单个家庭利益与社会共同利益之间的矛盾。为了调和这种矛盾，"公共利益才以国家的姿态而采取一种和实际利益（不论是单个的还是共同的）脱离的独立形式，也就是说采取一种虚幻的共同体的形式。"②专制国家不过是社会和人的异化。因此，尽管马克思、恩格斯一生关注的焦点问题在不断发生变化，但无论是他们关于经济和政治的判断，还是关于哲学的思考；无论是关于暴力革命，还是关于政党策略，都在深层次上服从一个最根本的理论关怀："必须推翻使人成为被屈辱、被奴役、被遗弃和被蔑视的东西的一切关系"③，实现"每个人的自由发展是一切人的自由发展的条件"的联合体。人的解放是马克思主义实现政治革命的思想纲领，也是马克思主义倡导的人文精神。

在马克思的异化理论中，马克思看到了人是一个种，但不是从其单纯的生理属性上寻求其动物式的自然本质；而是从人与动物的区别上界定人的类本质，指出"一个种的全部特性、种的类特性就在于生命活动的性质"④。马克思认为，人的生命活动方式同其他动物的生命活动方式不同。动物和它的生命活动是直接同一的，它的全部特性就体现在它的生命活动之中。动物不能把自己同自己的生命活动区别开来。而人与动物不同，人的生命活动方式是一种有意识的活动，而不是无意识的本能活动。人使自己的生命活动本身

---

① 《马克思恩格斯全集》第3卷，人民出版社1960年版，第33页。
② 同上书，第37—38页。
③ 《马克思恩格斯选集》第1卷，人民出版社2012年版，第10页。
④ 《马克思恩格斯全集》第42卷，人民出版社1979年版，第96页。

变成自己的意志和意识的对象，也就是说人的活动是自觉的，受自己的意识支配的。所以马克思说："人的类特性恰恰就是自由的自觉的活动。"① 这种自由自觉的活动的集中表现就是劳动。以此为参照系，马克思对私有制下的劳动异化现象，特别是资本主义制度下的劳动异化作了深刻分析。他把这种异化归结为四种：工人同自己的产品相异化；工人同自己的劳动过程相异化；人同自己的类本质相异化以及最后得出的人同人相异化。在此基础上，马克思指出历史一定会前行，不仅是由于生产力的发展和科学技术的推动，而且是由于人的本质被异化后一定要向自身回归，即扬弃异化，回到人的本质自身。在这种逻辑下，共产主义自然成了"私有财产即人的自我异化的积极的扬弃，因而是通过人并且为了人而对人的本质的真正占有；因此，它是人向自身，向社会的（即人的）人的复归"②。马克思以劳动作为其异化理论的切入点，原因在于劳动是人的基本生存活动，人与劳动产品的关系构成一切关系的基础，劳动异化构成了宗教异化、经济异化、政治异化等等异化表现的基础。可以肯定地说，马克思的异化理论也始终是以人为落脚点，以人道主义为价值取向的。

马克思主义法学的价值关注点与其哲学观是完全契合的。马克思早就看出了法律的人本主义是历史发展不可逆转的潮流。因此，马克思主义法学思想忠实地贯彻了其人本主义的理想及主张。"马克思主义法学的产生是法学史上的伟大变革，在人类历史上第一次用唯物史观揭示了法律的奥秘，使法律这个长期被异化了的社会现象开始回归于人。"③ 马克思和恩格斯始终强调，"法根源于一定的经济基础"。即法律必须以社会为基础，无论是法律的制定还是法律的执行，都必须以社会为基础和前提。

---

① 《马克思恩格斯全集》第 42 卷，人民出版社 1979 年版，第 96 页。

② 同上书，第 120 页。

③ 李龙：《人本法律观简论》，载《社会科学战线》2004 年第 6 期。

恩格斯在分析法律产生的真正原因时指出："在社会发展的某个很早的阶段，产生了这样一种需要：把每天重复着的产品生产、分配和交换用一个共同规则约束起来，借以使个人服从生产和交换的共同条件。这个规则首先表现为习惯，不久便成了法律。"① 人的物质资料的生产是法律产生的真正原因。法律总是与一定的社会经济基础相联系。正如马克思所言："每种生产形式都产生出它所特有的法的关系、统治形式等等。"② 在阶级对抗的社会里，法律尽管是以维护统治阶级利益为宗旨，但始终都有管理公共事务的职能。法律"到处都是以执行某种社会职能为基础，而且政治统治只有在它执行了它的这种社会职能时才能持续下去"③。

法律必须以社会为基础，无论是法律的制定还是法律的执行，都必须以社会为基础和前提。以立法为例，如果制定法律不考虑该国的实际情况，如果离开其所在社会的现实，违背客观事实，那么立法者就会在硬邦邦的东西面前，碰得头破血流。因此，马克思要求"把靠社会供养而又阻碍社会自由发展的国家这个寄生赘瘤迄今所夺去的一切力量，归还给社会机体"④。

马克思人本思想具有不可忽略的批判性。宾克莱在《理想的冲突》中指出："凡能阅读马克思著作的人几乎无人不为他对 19 世纪不幸的工人命运所表示的深切同情所感动。他看到当时存在于资产阶级社会的一切非正义现象感到义愤填膺，以致它不仅为一个有自由与正义的较好的日子而呐喊，并且提出了一项实现他为人类所抱的理想的纲领。"⑤ 正是马克思对工人命运的同

---

① 《马克思恩格斯选集》第 3 卷，人民出版社 2012 年版，第 260 页。
② 《马克思恩格斯选集》第 2 卷，人民出版社 2012 年版，第 688 页。
③ 《马克思恩格斯选集》第 3 卷，人民出版社 2012 年版，第 560 页。
④ 《马克思恩格斯选集》第 2 卷，人民出版社 2012 年版，第 101 页。
⑤ 宾克莱：《理想的冲突》，商务印书馆 1986 年版，第 95—96 页。

情，对资本主义社会非正义现象的批判，构成了马克思人本思想的重要理论维度。马克思曾经明确地把自己的理论称为"真正批判的世界观"。正如马克思指出："辩证法在对现存事物的肯定的理解中同时包含对现存事物的否定的理解，即对现存事物的必然灭亡的理解；辩证法对每一种既成的形式都是从不断的运动中，因而也是从它的暂时性方面去理解；辩证法不崇拜任何东西，按其本质来说，它是批判的和革命的。"① 正是这种批判性构成了马克思人本思想的重要特征。马克思人本思想对资本主义社会人的非人的生存状态和一切不正义现象的批判是切中要害、入木三分的。在一定意义上，可以说马克思人本思想是在实践的基础上，在历史唯物主义原理下，试图"通过批判旧世界发现新世界"②，并显示人应为之奋斗的真实的价值基础，揭示人的价值实现的真实道路。

由此，马克思人本思想是传统人文学说的超越。它更加科学，更加完善，与传统的人文学说有着本质的区别。首先，马克思、恩格斯强调以现实的人为根本。马克思在《关于费尔巴哈的提纲》第一条中强调指出，从前的一切唯物主义（包括费尔巴哈的唯物主义）的主要缺点是对对象、现实、感性只是从客体的或者直观的形式去理解，而不是把它们当作感性的人的活动，当作实践去理解，不是从主体方面去理解。其次，马克思主义人本思想认为"人是目的和工具的统一"，是对"人是工具"和康德的"人是目的"的超越。马克思说："每个人为另一个人服务，目的是为自己服务；每一个人都把另一个人当作自己的手段互相利用"③。人的工具性和目的性永远是不可分离的，离开了人的工具性，"以人为本"就失去了其实现的手段；离开人的目的性，"以人为本"就失去了对象。如果一部分人只是另一部分人的工具，那

---

① 《马克思恩格斯选集》第 2 卷，人民出版社 2012 年版，第 94 页。
② 《马克思恩格斯全集》第 47 卷，人民出版社 2004 年版，第 64 页。
③ 《马克思恩格斯全集》第 46 卷（上），人民出版社 1979 年版，第 196 页。

"以人为本"就可能变成以少数人为本，以某一阶级、某一阶层为本。再次，马克思将实现人的自由个性与人的全面发展作为最高目的和归宿。马克思在《资本论》中指出共产主义社会是"一个更高级的、以每个人的全面而自由发展为基本原则的社会形式"①。所谓自由发展就是人能够自我支配、自我主导、自我发展、自我生成、自我创新。马克思的自由发展，是与在资本主义条件下，广大无产阶级发展的不自由、受奴役相对的。每个人能够自由地发展是马克思一生的目标。早在《1844年经济学哲学手稿》中就指出，人的类特性就是自由的有意识的活动。在《共产党宣言》中马克思也指出："代替那存在着阶级和阶级对立的资产阶级旧社会的，将是这样一个联合体，在那里，每个人的自由发展是一切人的自由发展的条件。"②在晚年人类学笔记中，马克思摘录了摩尔根《古代社会》中的一段话：谈到了人的自由发展问题，"人类的智慧在自己的创造物面前感到迷惘而不知所措了。然而，总有一天，人类的理智一定会强健到能够支配财富……单纯追求财富不是人类的最终的命运。自从文明时代开始以来所经过的时间，只是人类已经经历过的"，和"将要经历的生存时间的一小部分。社会的瓦解，即将成为以财富为唯一的最终目的的那个历程的终结，因为这一历程包含着自我消灭的因素——这（即更高级的社会制度）将是古代氏族的自由、平等和博爱的复活，但却是在更高级形式上的复活"③。马克思认为，在资本主义社会，是以物为本、以钱为本的社会，人成了资本增殖的工具，那里的人不是全面发展的人，而是片面发展的人，因而对人的自由全面发展的关怀是贯穿马克思一生的。

---

① 《马克思恩格斯全集》第23卷，人民出版社1972年版，第649页。
② 《马克思恩格斯选集》第4卷，人民出版社2012年版，第647页。
③ 《马克思恩格斯全集》第45卷，人民出版社1985年版，第397—398页。

二

在中国近现代法哲学的多重价值取向中，人本主义占据了极其重要的地位。1895 年中日甲午战争失败后，改良主义者梁启超主张开国会、制宪法、张人权。翻译家严复系统介绍了欧洲法哲学，积极主张人权。孙中山综合美国总统林肯的"民有、民治、民享"和法国大革命"自由、平等、博爱"的口号，积极推行"民族、民权、民生"的三民主义，试图建立一个"完全归于人民使用"和"为人民谋福利"的万能政府。但人权、民主、法治作为舶来文化能否为中国的百姓所尊重，涉及深层的价值观。美国法律人类学家吉尔兹主张的法治的运作需要"地方性知识"和中国学者苏力主张的法治需要借助"本土资源"的观点表明：具体的、适合一个国家的法治模式并不是一套抽象的无背景的原则和规则，它们涉及民族文化底蕴。由于忽视了人文精神的培养，近代中国的法律移植以失败告终。①

以毛泽东为代表的党的第一代领导人，在当时的时代背景下，形成了他们的人本主义法学思想，对马克思人本思想进行了与时俱进的继承和发展。毛泽东明确指出："世间一切事物中，人是第一个可宝贵的。"② 这一时期的中共领导人的人本思想主要体现在群众路线上。毛泽东在《论联合政府》中指出："人民，只有人民才是创造世界历史的动力。"③ 毛泽东把人民群众创造历史的观点逻辑地系统化为群众路线。不仅把群众路线作为党的认识方法、组织方法和工作方法，而且把它提升到关于党和国家生死存亡的高度来考虑。毛泽东指出："人民群众是我们党的力量源泉和胜利之本。能否始终保持和发

---

① 参见汪太贤：《论中国法治的人文基础重构》，《中国法学》2001 年第 4 期。
② 《毛泽东选集》第四卷，人民出版社 1991 年版，第 1512 页。
③ 《毛泽东选集》第三卷，人民出版社 1991 年版，第 1031 页。

展同人民群众的血肉联系，直接关系到党和国家的盛衰兴亡。"①

　　毛泽东的人民群众思想不仅是一种领导方式和工作方式，还蕴含着一种"以人为本"的理念，也是理性化法治社会的要求。它是在继承中国优秀传统文化中的人学思想的基础上，在争取中国人民的解放、自由、幸福的斗争实践过程中把马克思主义法学中丰富的人本主义思想与中国实际相结合的理论产物。它自身形成了一个独立完整的理论体系：

　　1. 确定"人民"概念，区分人民内部矛盾与敌我矛盾。1957 年 2 月，毛泽东在《关于正确处理人民内部矛盾的问题》一文中提出"人民"的概念在不同的国家、不同的历史时期，有着不同的内容；认为应根据具体情况的不同而采取不同的标准对待"人民"这个重要概念，阐明了"人民"的概念具有的历史性、具体性和发展性。简言之，毛泽东界定"人民"的标准或原则主要包括：革命阶级性、历史发展性以及外延广泛性。毛泽东运用这些原则对我国革命和建设的各个时期的"人民"作了科学而具体的界定。例如，抗日战争时期，毛泽东认为"最广大的人民是农民、城市小资产阶级以及其他的中间阶级"②，"一切抗日的阶级、阶层和社会集团都属于人民的范围"③。"我们过去的政府是工人、农民和城市小资产阶级联盟的政府，那末，从现在起，应当改变为除了工人、农民和城市小资产阶级以外，还要加上一切其他阶级中愿意参加民族革命的分子。"④ 解放战争时期，"人民是什么？在中国，在现阶段，是工人阶级，农民阶级，城市小资产阶级和民族资产阶级"⑤。在建设社会主义的新时期，"一切赞成、拥护和参加社会主义建设的阶级、阶

　　①　《新华月报》1953 年第 3 号。
　　②　《毛泽东选集》第三卷，人民出版社 1991 年版，第 808 页。
　　③　《毛泽东文集》第七卷，人民出版社 1999 年版，第 205 页。
　　④　《毛泽东选集》第一卷，人民出版社 1991 年版，第 156 页。
　　⑤　《毛泽东选集》第四卷，人民出版社 1991 年版，第 1475 页。

层和社会集团，都属于人民的范围"。在确定"人民"概念的基础上，毛泽东将社会矛盾区分为两类，即人民内部矛盾和敌我矛盾，并将其运用于法学理念之中，这是对马列主义的发展。毛泽东认为，刑法是和犯罪作斗争的武器，既要用来处理敌我矛盾的，也要处理大量人民内部矛盾。罪犯不完全是敌我矛盾性质，其中绝大多数是人民内部矛盾。所以对犯罪分子适用刑法，必须分别不同情况，依法作出适当的处理。"对两类不同性质的矛盾应采取不同的处理方法：即采用专政和民主两种不同的方法。"①不管是什么性质的矛盾，都要依法办案，都要保护其应有的权利。他说过："罪犯也是人，要把他们当人对待。"

2. 提出全心全意为人民服务，将其作为一切工作开展和进行之根本。毛泽东在《一九四五年的任务》中指出："我们一切工作干部，不论职位高低，都是人民的勤务员，我们所做的一切，都是为人民服务"②。毛泽东把全心全意为人民服务作为中国共产党区别于其他政党的显著标志。他指出："我们共产党人区别于其他任何政党的又一个显著的标志，就是和最广大的人民群众取得最密切的联系。全心全意地为人民服务，一刻也不脱离群众；一切从人民的利益出发，而不是从个人或小集团的利益出发"③。

毛泽东关于"为人民服务"的论述众多，经历了一个从提出、形成到成熟、发展的过程。1939 年 2 月毛泽东致信张闻天在我们党内第一次使用了"为人民服务"的概念；1942 年 5 月，他在《在延安文艺座谈会上的讲话》中指出，我们的文艺是为人民的，是为着人民大众的；1944 年 9 月 8 日，在张思德烈士的追悼会上，毛泽东作了《为人民服务》的讲演，第一次从理论上深刻阐明了"为人民服务"的思想；1944 年 10 月毛泽东在接见新闻工作者时又指出，

① 毛泽东：《正确处理人民内部矛盾的问题》，人民出版社 1958 年版，第 12 页。
② 《毛泽东文集》第三卷，人民出版社 1996 年版，第 243 页。
③ 《毛泽东选集》第三卷，人民出版社 1991 年版，第 1094—1095 页。

三心二意不行，半心半意也不行，一定要全心全意为人民服务；在七大报告中，毛泽东提出："全心全意地为人民服务，一刻也不脱离群众；一切从人民的利益出发，而不是从个人或小集团的利益出发；向人民负责和向党的领导机关负责的一致性：这些就是我们的出发点。"① 毛泽东将"为人民服务"提到衡量党的事业成败的"最高标准"的高度，要求教育党员"使每个同志明了，共产党人的一切言论行动，必须以合乎最广大人民群众的最大利益，为最广大人民群众所拥护为最高标准"②。而且，毛泽东还进一步将为人民服务提高到坚持真理的高度，认为"共产党人必须随时准备坚持真理，因为任何真理都是符合于人民利益的；共产党人必须随时准备修正错误，因为任何错误都是不符合于人民利益的。"③

正是基于这种为人民服务的理念，毛泽东才始终特别重视调查研究、实事求是、一切从实际出发，并由此提出了一系列具有中国特色的法制政策，比如"重证据而不轻信口供，"④"提高警惕，肃清一切特务分子；防止偏差，不要冤枉一个好人"；"对严重破坏社会秩序的坏分子，也必须实行专政"⑤；"有反必肃，有错必纠"⑥；反对刑讯逼供："在人民法庭和民主政府进行对于犯罪分子的审讯工作时，必须禁止使用肉刑。"⑦ 慎用死刑，等等。

3. 提出"从群众中来，到群众中去"的思想方针，反腐倡廉。"依靠群众，从群众中来到群众中去"的群众路线是中国共产党的根本工作路线和根本组织路线。毛泽东把党的群众路线提高到马克思主义认识论的高度，认为："在

----

① 《毛泽东选集》第三卷，人民出版社 1991 年版，第 1094—1095 页。
② 同上书，第 1096 页。
③ 《毛泽东选集》第三卷，人民出版社 1991 年版，第 1095 页。
④ 《毛泽东选集》第二卷，人民出版社 1991 年版，第 767 页。
⑤ 《毛泽东文集》第七卷，人民出版社 1999 年版，第 207 页。
⑥ 《毛泽东选集》第七卷，人民出版社 1999 年版，第 218 页。
⑦ 《毛泽东选集》第四卷，人民出版社 1991 年版，第 1307 页。

我党的一切实际工作中，凡属正确的领导，必须是从群众中来，到群众中去。这就是说，将群众的意见（分散的无系统的意见）集中起来（经过研究，化为集中的系统的意见），又到群众中去作宣传解释，化为群众的意见，使群众坚持下去，见之于行动，并在群众行动中考验这些意见是否正确。然后再从群众中集中起来，再到群众中坚持下去。如此无限循环，一次比一次地更正确、更生动、更丰富。这就是马克思主义的认识论。"① 毛泽东认为群众路线又是党的根本工作方法。在《关于领导方法的若干问题》一文中，毛泽东提出必须采用两种工作方法：一般和个别相结合；领导和群众相结合。他认为这是基本的领导方法。而这两种工作方法正是"群众路线"的具体体现，"群众路线"正是这两种工作方法的实质所在。同时，毛泽东还认为，坚持群众路线的工作方法，必须反对脱离群众路线的各种错误。毛泽东认为只有克服官僚主义和主观主义，才可能使群众路线得到贯彻。除此之外，毛泽东还提出："教条主义、经验主义、命令主义、尾巴主义、宗派主义、官僚主义、骄傲自大的工作态度等项弊病之所以一定不好，一定要不得，如果什么人有了这类弊病一定要改正，就是因为它们脱离群众。"② 因此，毛泽东的法制思想中一直在强调抵制由于脱离人民群众而导致的腐败现象，从理论上阐明腐败产生的必然性，提出和制定了一系列防治腐败的措施，主要内容有：(1) 加强思想教育，保持艰苦奋斗的作风；(2) 严肃组织纪律，开展整党整风；(3) 强化制度建设，建立健全各种监督机制；(4) 运用专政手段，严惩腐败分子。③

群众路线与毛泽东其他人民群众思想之间有着密切的联系。可以说"群

① 《毛泽东选集》第三卷，人民出版社 1991 年版，第 899 页。

② 同上书，第 1095 页。

③ 参见宋世杰：《论毛泽东法学思想及其发展》，《湘潭大学社会科学学报》2003 年第 6 期。

众路线"是毛泽东的人民群众思想在领导方法、工作方法、法制思想中的生动运用，也是其人本主义精神的具体体现。

三

以邓小平为代表的党的第二代和第三代领导人也具有丰富的人本思想。邓小平继承并发扬了毛泽东"关于人民群众是历史的创造者"的思想。正如江泽民所指出的：邓小平同志"尊重群众，热爱人民，总是时刻关注最广大人民的利益和愿望，把'人民拥护不拥护'，'赞成不赞成'，'人民高兴不高兴，''人民答应不答应'，作为制定各项方针政策的出发点和归宿"[1]。这一代中国共产党人的人本思想体现在以下几个方面：

1. 改变人民的贫穷状况，大力发展生产力，满足人民的物质需要。邓小平指出，"社会主义的本质，是解放生产力，发展生产力，消灭剥削，消除两极分化，最终达到共同富裕"[2]。依据这一理论，"法是统治阶级意志的体现"、"法是阶级统治的工具"的陈旧观点正在被打破，因为这些命题根源于阶级斗争的理论。而目前在建设中国特色社会主义事业中，法学界对我国当代法的本质和基本精神也进行了重新审视与阐释，认为应当是"保障和促进社会生产力的解放和发展，实现全国人民的共同富裕，当家作主"[3]。

邓小平指出："贫穷不是社会主义，发展太慢也不是社会主义。否则社会主义有什么优越性呢？社会主义发展生产力，成果是属于人民的。"[4] 邓小平

---

[1] 江泽民：《在学习〈邓小平文选〉第三卷报告会上的讲话》，《光明日报》1993 年 11 月 4 日。

[2] 《邓小平文选》第三卷，人民出版社 1993 年版，第 373 页。

[3] 黎国智、田成有：《创新与超越马克思主义法学在当代中国的命运》，《现代法学》，1995 年第 6 期。

[4] 《邓小平文选》第三卷，人民出版社 1993 年版，第 255 页。

从中国的社会主义现实国情出发，认识到当务之急是要大力发展生产力，使广大群众摆脱贫穷、富裕起来。邓小平关心群众生活，关心群众的物质利益。他指出："不重视物质利益，对少数先进分子可以，对广大群众不行，一段时间可以，长期不行。革命精神是非常宝贵的，没有革命精神就没有革命行动。但是，革命是在物质利益的基础上产生的，如果只讲牺牲精神，不讲物质利益，那就是唯心论。"① 同时，邓小平把提高人民的生活水平、满足人民的物质需要提升到评判各项工作成败得失的主要标准的地位。邓小平提出了判断我国改革开放和社会主义建设各项工作成败得失的标准，即"判断的标准，应该主要看是否有利于发展社会主义社会的生产力，是否有利于增强社会主义国家的综合国力，是否有利于提高人民的生活水平"②。邓小平从思想上恢复了马克思主义的物质利益原则，把人民群众的物质利益摆在首位。他一再批判"四人帮"一伙鼓吹的"贫穷社会主义"，反复强调"贫穷不是社会主义，社会主义要消灭贫穷。不发展生产力，不提高人民的生活水平，不能说是符合社会主义要求的"③。由此，邓小平把实现人民群众的根本利益的"共同富裕"纳入了社会主义的本质之中，指出："社会主义的本质，是解放生产力，发展生产力，消灭剥削，消除两极分化，最终达到共同富裕。"④"共同富裕"是社会主义的根本目的，也是人民群众的根本利益之所在，是我们发展生产力的最终的唯一目的。同时，在怎样实现人民群众根本利益的问题上，邓小平明确提出了判断改革开放及党的各项工作的得失成败的"三个有利于标准"，并把是否有利于提高人民的生活水平作为判断改革开放和各项工作是非得失的最高标准。最后，邓小平设计制定了"三步走"的总体发展

---

① 《邓小平文选》第二卷，人民出版社 1994 年版，第 146 页。
② 《邓小平文选》第三卷，人民出版社 1993 年版，第 372 页。
③ 同上书，第 116 页。
④ 同上书，第 373 页。

战略，强调人民生活要先由"温饱"达到"小康"，再到本世纪中叶，使人民生活比较富裕，国家基本实现现代化，然后在此基础上继续前进。

2. 重视人的重要作用，尊重人权。邓小平认为："中国的事情能不能办好，社会主义和改革开放能不能坚持，国家能不能长治久安，从一定意义上说，关键在人。"① 邓小平特别重视劳动者的素质在经济发展中的重要作用。他说："……人是生产力中最活跃的因素。这里讲的人，是指有一定的科学知识、生产经验和劳动技能来使用生产工具、实现物质资料生产的人。"② 他还指出："我们国家，国力的强弱，经济发展后劲的大小，越来越取决于劳动者的素质，取决于知识分子的数量和质量"。③"马克思主义向来认为，归根结底地说来，历史是人民群众创造的。"④ 邓小平提醒各级领导干部，只有靠人民的力量，才能执行党的路线方针政策，因此就要在决策中贯彻群众路线，尊重群众的首创精神，始终坚持人民群众的智慧是无穷的，坚信人民群众的实践经验是我们党理论和实践创新的源泉。正如邓小平所说，改革是大家的主意，人民的要求，其实很多事是别人发明的，群众发明的，他只不过把它们概括起来，提出了方针政策。

十一届三中全会以后，邓小平继承了马克思主义人权观，并根据世界潮流和社会主义现代化建设的实践，开创了我国社会主义人权建设的新道路。他认为，人权与国家的社会政治经济制度和国家利益紧密联系在一起，不同社会制度的国家，其人权的本质是有根本区别的。他指出："什么是人权？首先一条，是多少人的人权？是少数人的人权，还是多数人的人权，全国人民的人权？西方世界的所谓'人权'和我们讲的人权，本质上是两回事，观点

---

① 《邓小平文选》第三卷，人民出版社 1993 年版，第 380 页。
② 《邓小平文选》第二卷，人民出版社 1994 年版，第 88 页。
③ 《邓小平文选》第三卷，人民出版社 1993 年版，第 120 页。
④ 《邓小平文选》第一卷，人民出版社 1994 年版，第 217 页。

不同。"① 这一论断坚持了马克思主义人权观的实质，强调人权不仅包括个人权利，还包括集体人权，不仅包括政治权利，还包括经济、社会、文化、公民权利。邓小平的人权观为中国特色人权理论与实践的发展奠定了坚实的基础，指明了发展的方向。

同时，正是因为对人的重视和尊重，邓小平才特别关注民主的进程。多次强调："没有民主就没有社会主义，就没有社会主义的现代化。"② 他还强调民主的制度化和法制化是中国特色社会主义民主政治建设的根本途径。指出："在发扬社会主义民主的同时，还要加强社会主义法制"③。

3. 对"为人民服务"思想的发展和丰富，邓小平始终牢记为人民服务的宗旨。在他经历了"三起三落"之后的第三次复出时，"为人民服务"的坚定信念最终使邓小平找到了一条建设中国特色的社会主义道路。他为人民作出的最大贡献就是通过改革开放逐步使国家走向繁荣富强，人民走向共同富裕。邓小平针对改革开放新时期党内一些党员公仆意识淡薄、漠视人民利益、贪污腐化等种种现象和问题，提出了全党同志必须继承和发扬全心全意为人民服务的党的宗旨和工作作风，广大党员干部，尤其是党和国家的高级领导干部无论何时都要坚持和发扬党的艰苦朴素、密切联系群众的优良传统。

由此，邓小平认为，在执政、改革开放和发展社会主义市场经济的条件下，反腐败是党和人民共同关注的一个重大现实课题，决定着执政党的生死存亡。但是，他坚决摒弃过去那种搞政治运动的办法，明确地提出了"教育"和"法制"两个手段。邓小平指出，现阶段的反腐败如果仅仅依靠人们的思想觉悟和道德观念的约束来解决，虽然可以起到一定的遏制作用，但还不是

---

① 《邓小平文选》第三卷，人民出版社 1993 年版，第 125 页。
② 《邓小平文选》第二卷，人民出版社 1994 年版，第 168 页。
③ 《邓小平文选》第三卷，人民出版社 1994 年版，第 257 页。

根本的解决办法。所以，邓小平在总结历史的教训后又指出，制度问题更带有"根本性、全局性、稳定性和长期性"。1992 年，他在南方谈话中进一步强调：还是要靠法制，搞法制靠得住些。邓小平提出通过法制和教育两个手段来解决腐败问题，这是对马克思主义法学的重大贡献，体现了对人的关怀理性，也是我国开展反腐败斗争的重要指导思想。

以江泽民为代表的党的第三代领导人也十分重视人的发展问题。江泽民同志明确指出，人是生产力中最活跃的因素，人类智慧和能力的发展决定着对物质资源开发的深度和广度。开发人力资源，加强人力资源建设，是关系我国发展的重大问题。而且他进一步指出发展包括促进人的全面发展。他在《庆祝中国共产党成立八十周年大会的讲话》中明确提出："我们建设有中国特色社会主义的各项事业，我们进行的一切工作……要努力促进人的全面发展……我们要在发展社会主义社会物质文明和精神文明的基础上，不断推进人的全面发展。"[1] 他还进一步指出，社会生产力和经济文化的发展水平是逐步提高、永无止境的历史过程，人的全面发展程度也是逐步提高、永无止境的历史过程。这两个历史过程应相互结合、相互促进地向前发展，并且把代表最广大人民的根本利益作为"三个代表"重要思想的重要内容之一，作为党的指导思想。

作为党的第三代中央领导集体的核心，江泽民同志集中全党智慧提出的"三个代表"重要思想，其根本点和落脚点是"中国共产党始终代表中国最广大人民的根本利益"。可以说"三个代表"重要思想是对毛泽东和邓小平的人民群众思想在新的历史阶段的继承和发展。首先，"三个代表"重要思想是我党指导思想上的一次重大创新，是"以人为本"思想形成与发展过程中

---

[1] 江泽民：《庆祝中国共产党成立八十周年大会的讲话》，人民出版社 2001 年版，第142—143 页。

的一个重要阶段，"它把人放到现时代经济全球化的大背景下，与先进生产力和先进文化联系起来，从而赋予人以时代的气息。它不仅继续坚持代表广大人民群众的根本利益，而且进一步指明，只有同时代表先进的生产力和先进的文化，党和政府作为人民的公仆才能拥有切实的手段，才能真正代表人民的根本利益，从而为代表人民利益找到了可以操作的现实切入点"①。实现人民的愿望、满足人民的需要、维护人民的利益，是"三个代表"重要思想的根本出发点和落脚点。认真践行"三个代表"，就能"更好地为广大人民群众服务，更好地为最需要帮助的困难群众服务"，就能最大限度地满足人民群众日益增长的物质文化生活需要，就能真正兑现最广大人民群众的根本利益。其次，站在世纪之交，江泽民同志结合人民利益的新需要，根据时代的新要求，提出了"立党为公、执政为民"的思想，不断赋予了"为人民服务"以新的时代内涵。"为最广大人民群众谋利益"是我党的根本目的，这就是"立党为公"；"诚心诚意为人民谋利益"，通过更好地行使国家权力为人民谋取最大利益，这就是"执政为民"。江泽民重申："始终坚持同人民群众的血肉联系，是我们党战胜各种困难和风险、不断取得事业成功的根本保证。在任何时候任何情况下，与人民群众同呼吸共命运的立场不能变，全心全意为人民服务的宗旨不能忘，坚持群众是真正英雄的历史唯物主义观点不能丢。必须始终把体现人民群众的意志和利益作为我们一切工作的出发点和归宿，始终把依靠人民群众的智慧和力量作为我们推进事业的根本工作路线。"②

江泽民同志在庆祝中国共产党成立 80 周年大会上的讲话中，第一次明确地提出了人的全面发展是马克思主义关于建设社会主义新社会的本质要求的思想。江泽民关于人的全面发展思想主要包括以下几个方面的内容：第一，

---

① 张奎良：《以人为本：社会主义实践探索的归程》，《湖南社会科学》2004 年第 3 期。
② 江泽民：《论"三个代表"》，中央文献出版社 2001 年版，第 151 页。

人的全面发展是未来共产主义社会的一个本质特征；第二，人的全面发展是
建设社会主义新社会的本质要求；第三，人的全面发展与经济文化发展是互
为条件和相互制约的辩证关系；第四，人的全面发展与经济社会发展一样是
一个逐步提高、永无止境的历史过程；在经济社会发展基础上，满足人的需
要，提高人的素质，在经济社会发展的同时，努力推进人的自由全面发展。
江泽民关于人的全面发展思想，是"三个代表"重要思想的重要组成部分，
是我们党在新世纪新阶段对马克思主义"人的全面发展"思想的丰富和发展。

　　在人的全面发展理论基础上，江泽民又提出了"尊重和保障人权"的新
理念。强调，"重视人的尊严和价值是中华民族的传统美德"[1]。"人权是历史
的产物，它的充分实现是同每个国家的经济文化水平相联系的逐渐发展的过
程；集体人权与个人人权，经济、社会、文化权利与公民、政治权利，是不
可分割的。"[2] 由此，2004 年 3 月我国终于完成了人权入宪，以国家根本大法
的形式将"国家尊重和保障人权"确定下来，为中国特色社会主义人权理论
与实践的发展提供了宪法保障。

　　进入新世纪以来，我国经济社会发展突飞猛进，取得了巨大的成就，但
同时我国经济社会发展正处于矛盾凸显时期。由于改革的进一步深化，我国
经济社会发展面临更加复杂的形势。在深入总结历史经验、全面分析现实情
况和科学把握社会发展趋势的基础上，2003 年 10 月 14 日，党的十六届三
中全会通过的《中共中央关于完善社会主义市场经济体制若干问题的决定》，
第一次明确提出"坚持'以人为本'，树立全面、协调、可持续的发展观，促
进经济社会和人的全面发展"。这是以胡锦涛为总书记的党中央以邓小平理
论和"三个代表"重要思想为指导，从新世纪新阶段党和国家事业发展全局

---

[1]　《江泽民文选》第二卷，人民出版社 2006 年版，第 52 页。
[2]　同上书，第 52—53 页。

提出的重要战略思想。

"'以人为本',全面、协调、可持续"的科学发展观强调必须始终坚持以经济建设为中心,聚精会神搞建设,一心一意谋发展;同时把坚持"以人为本"同经济社会的发展进步结合起来,按照"五个统筹"的要求推进改革和发展。其中,"五个统筹"被认为是一条解决经济发展与社会公正的正确途径。而"以人为本"则是科学发展观的本质和核心。它明确回答了发展观中"为谁发展,靠谁发展,发展成果为谁享有"这一核心问题。突出强调了社会发展要实现以人为中心,发展的本质就是人的发展。这既是对传统发展观重物而轻人,只追求物质生产力的发展速度而不顾及或较少顾及人的生存条件、生活质量和人的素质的改善和提高的片面性和局限性的否定,同时是对"人"在整个社会历史发展中的地位和作用的肯定与重视。"以人为本""思想的提出,是对马克思主义人学思想和我党三代领导集体"人民群众"思想的继承和发展,是坚持"立党为公,执政为民"的必然要求。

2007年10月15日中国共产党第十七次全国代表大会是我国改革发展关键阶段召开的一次十分重要的大会。这次会议进一步提出必须坚持"以人为本"。从"以阶级斗争为纲"到"发展才是硬道理",进而到"发展是党执政兴国的第一要务",再到"以人为本"的科学发展观,反映了中国共产党人对马克思主义社会发展理论认识的进一步深化,标志着我们党对共产党执政规律、对社会主义建设规律和对人类社会发展规律认识的新飞跃。胡锦涛总书记在大会的主题报告中指出这次大会的主题是:高举中国特色社会主义伟大旗帜,以邓小平理论和"三个代表"重要思想为指导,深入贯彻落实科学发展观,继续解放思想,坚持改革开放,推动科学发展,促进社会和谐,为夺取全面建设小康社会新胜利而奋斗,从而更加彰显了科学发展观在新阶段对我国经济社会发展的重大战略指导作用。十七大报告的第三部分又专门辟出一个章节来论述"深入贯彻落实科学发展观",这就更进一步突出了科学发展观及其核心"以人为本"思想在现阶段对我们事业的重大指导作用。

2008 年 9 月 19 日，中共中央召开全党深入学习实践科学发展观活动动员大会暨省部级主要领导干部专题研讨班。胡锦涛同志发表了重要讲话。他强调，在全党开展深入学习实践科学发展观活动，是党的十七大作出的重大战略决策，是用中国特色社会主义理论体系武装全党的重大举措。开展好这次深入学习实践科学发展观的活动，推动广大党员、干部深入学习实践科学发展观尤其是深刻理解和全面把握科学发展观的核心——"以人为本"思想的科学内涵和精神实质，增强广大党员、干部贯彻落实"以人为本"为核心的科学发展观的自觉性和坚定性，这对于提高党的执政能力、保持和发展党的先进性，推进改革开放、推动经济社会又好又快发展具有十分重要的意义。①

"以人为本"是社会主义核心价值观之一。社会主义的发展必然要把人作为社会的主体，实现人的全面发展才是社会主义的终极目标，所有的执政方式、执政手段都必须围绕着"人"这个因素进行。温家宝在 2005 年春节团拜会上的讲话中也指出：我们提出建设社会主义和谐社会的战略任务，表达了我们党坚持"以人为本"、执政为民的基本理念，反映了十几亿中国人民创造美好生活的共同愿望。"以人为本"、执政为民成为新一届中央领导集体的执政理念。"以人为本"的执政理念，重点解决了"依靠谁"、"为了谁"的问题，要求执政党的路线、方针、政策、纲领及活动都要从人民群众的需要出发，促进人的全面发展，实现人民群众的根本利益。通过经济的发展和社会的进步，使人民群众享受政治文明、物质文明和精神文明建设的成果，满足人民群众日益增长的物质文化生活的需要，提高人民群众物质文化生活水

---

① 参见蔡丹：《马克思主义境域中"以人为本"思想的历史发展脉络》，《平顶山学院学报》2009 年第 1 期。

平和健康水平，提高人民群众的科学文化素质、思想道德素质和健康素质，充分发挥人民群众的积极性、主动性和创造性，不断改善和提高人民群众的生存与发展条件。

"以人为本"执政理念决定着科学执政、民主执政和依法执政的执政实践。理念只有转化为实践，才具有实效性，才能将"应然"变为"实然"。"缺乏执政理念的执政实践是盲目的；而缺乏执政实践的执政理念则是空洞的。执政理念和执政实践二者相互联系，相互依存，是不可分割的统一体"①。只有坚持"以人为本"的执政理念，把"人"作为执政者所考虑的第一要素，才能在执政中尊重科学、依靠科学和遵循科学；才能了解民情、反映民意、集中民智、珍惜民力；才能相信人民、依靠人民，广泛地听取各方面的意见，保证决策的民主化；才能遵守体现人民利益和意志的法律，维护法律的权威。

正如有学者曾指出的，培育法治的人文精神是中国当代法哲学自十一届三中全会以来的主要任务。作为取代阶级斗争本位的新的法学范式，20 世纪 80 年代中期中国法哲学界提出了权利本位理论。这种理论概括了权利与义务的基本关系，突出了权利主体的个体化和普遍化特质，揭示了法治社会中人的自主性、独立性和国家法的真谛。② 作为一套观念体系，这种人文精神的要义在于"一切从人出发，以人为中心，把人作为观念、行为和制度的主体；人的解放和自由，人的尊严、幸福和全面发展，应当成为个人、群体、社会和政府的终极关怀；作为主体的个人和团体，应当有公平、宽容、诚信、自主、自强、自律的自觉意识和观念。人文精神以弘扬人的主体性和价值性、对人的权利的平等尊重和关怀为特质"③。权利本位的法学范式把人文精神作

---

① 邢贲思：《以人为本和科学、民主、依法执政》，《求是》2005 年第 8 期。

② 参见张文显：《法哲学范畴研究》（修订版），中国政法大学出版社 2001 年版，第 345—356 页。

③ 同上书，第 389—390 页。

为中国现代法治的精神要素，其意义就在于确立人文主义的法律观，破除国
家主义的迷信，恢复人的尊严和法治对良法的追求。现在，"以人为本"的
科学发展观的提出既是对权利本位理论的肯定，又为中国法哲学走向成熟提
供了新的精神动力。①

四

根据马克思主义有关"以人为本"的原理与原则，结合我国当前面临的
各种现实问题和实践经验，笔者从学术上对此作出个人如下的概括与阐释。

马克思主义哲学应当由辩证唯物论、唯物辩证法、唯物历史观和人本价
值观四个主要部分构成。"以人为本"属价值观范畴，就像对立统一规律是
辩证法的根本规律一样，"以人为本"是马克思主义价值观的根本原理与原则。

西方历史上有人本主义、人义主义。早在古希腊，普罗泰戈拉就提出
了"人是世间万物的尺度"②。西欧人文主义者倡导人性高于神性，人道高于
神道，人权高于神权，民权高于君权，是他们为人类文明作出的最大贡献。
中国历史上也有人本主义、民本主义。如"民可近，不可下；民惟邦本，本
固邦宁"③。"民为贵，社稷次之，君为轻。"④"君者舟也，庶人者水也，水则载
舟，水则覆舟。"⑤当时它们都具有进步意义。马克思主义所讲"以人为本"，
是人类历史上人本主义的继承与发展，是当代人类文明发展中有关这一命题
各种进步理念的高度概括和理论升华，因而具有更为丰富、深刻、文明的科

---

① 参见徐亚文：《"以人为本"的法哲学解读》，《中国法学》2004 年第 4 期。
② 参见周辅成主编：《西方伦理学名著选辑》（上卷），商务印书馆 1996 年版，第 27 页。
③ 《尚书·五子之歌》。
④ 《孟子·尽心下》。
⑤ 《荀子·王制》。

学内涵与时代精神。

马克思主义的"以人为本"丰富而深刻的科学内涵，具体表现为以下十点。从这些科学内涵可以清楚看出，始终坚持与切实实现"以人为本"的原理和原则，是现代人权保障和法律制度的根基，是实现社会公平正义、建设社会主义法治国家最根本的保证。依据"以人为本"的科学内涵指导社会主义法治建设，可以将其概括为"法的人本主义"或"人本法律观"。

第一，人的价值高于一切。世界上最宝贵的事物就是人自己。世界上万事万物都不能和人自身的价值相比。英国著名思想家莫尔说过："世界上没有一样值钱的东西像我们的性命那样宝贵。"①胡锦涛总书记也强调："人的生命是最宝贵的。我国是社会主义国家，我们的发展不能以牺牲精神文明为代价，不能以牺牲生态环境为代价，更不能以牺牲人的生命为代价。"②"以人为本"同"以物为本"相对立。我们现在说，保险重保命，救灾先救人；处理劫机事件，乘客安全要紧；发展经济科技，生产安全第一。这些都是很有现实意义的。在我国汶川大地震的抢险救灾中，对人的生命的高度关爱，就深深地感动了全中国乃至全世界的广大人民群众。随着经济的迅猛发展，我国近些年来矿难严重，事故不断发生，已经引起各级领导和广大群众的高度关注，已到不能再容忍和非扼制不可的地步，并正在采取各种有力措施予以解决。又比如死刑，就和如何看待人的价值有关。在中国，大量减少死刑是学术界的共识。毛主席也一贯主张要"慎杀"，"少杀"。他曾说，韭菜割了长得出来，脑袋掉了就长不出来了。近年来，死刑核准权收归最高人民法院管辖，死刑案件二审必须开庭，是符合这一进步思想潮流的。还有，最近提出的"宽严相济"的刑事政策，也同"以人为本"有关。总不能不分对象、时

---

① [英]托马斯·莫尔：《乌托邦》，戴镏龄译，商务印书馆1982年版。
② 《胡锦涛在中共中央政治局第三十次集体学习时的讲话》，《人民日报》2006年3月29日。

间、地点、条件，都一概强调"严打"。这不仅是不科学的，也是对人的生命、自由的不尊重。

第二，人是目的，不是手段。国际上，康德提出的这个命题和观念，影响十分广泛和深远。他说："人，总之一切理性动物，是作为目的的本身而存在的，并不是仅仅作为手段给某个意志任意使用的。"① 实际上这也是马克思主义的一个重要观点。"不是国家制度制造人民，而是人民制造国家制度"，"在民主制中，不是人为法律而存在，而是法律为人而存在"。② 社会上的一切制度、政策、法律的制定和实施，都是为了人的需要，都不过是手段，人才是目的。我们不能把它们倒过来。比如说，我们搞群众运动是合理的，但不能搞运动群众！这种情况过去是存在的，像"文革"期间的做法，就是把人当作一种手段来使用。又比如说，我们要讲意识形态，但不能什么都意识形态化，不讲实际效用。再比如，邓小平同志提出的社会主义本质的三个内容，从终极的意义上看，发展生产力和以公有制为主体，都只是手段，实现共同富裕才是目的。现在有些地方搞"政绩"工程，不能笼统地说不对，但有些人为了搞自己的"政绩""面子"，连他人的生命、财产和安全都可以不顾了，这是十分错误的。

第三，人是发展的中心主体。这是最近一二十年以来国际上非常流行的一个观点，特别是在 1988 年联合国通过的《发展权利宣言》和其他一系列国际人权文书中都有明确表述。这种发展，是经济、政治、文化的全面发展，而人必须是发展的享有者，也必须是发展的参与者。《发展权利宣言》（1988年 12 月 4 日通过）第 1 条指出："发展权利是一项不可剥夺的人权，由于这种权利，每个人和所有各国人民均有权参与，促进并享受经济、社会、文化

---

① 参见北京大学哲学系外国哲学史教研室编译：《西方哲学原著选读》（下），商务印书馆 1982 年版，第 317 页。

② 武步云：《马克思主义法哲学引论》，陕西人民出版社 1992 年版，第 3 页。

和政治发展，在这种发展中，所有人权和基本自由都能获得充分实现。"第2条规定："人是发展的主体，因此，人应成为发展权利的积极参与者和受益者。"在我国，"以人为本"是科学发展观的重要内容，是它的本质和核心。党的十六届六中全会又将其概括为"发展为了人民、发展依靠人民，发展成果由人民共享，促进人的全面发展"。应当牢固树立人在发展中的主体地位，不能只见物不见人，不能为发展而发展。发展是手段，满足人的需要、实现人的幸福才是目的。必须大力加强发展过程由人民共同参与的体制，必须大力加强发展成果由人民共同享有的体制，切实解决贫富差距过大问题。对此，中国的执政党已经予以高度重视。党的"十七大"报告提出，必须把解决好"三农"问题"始终作为全党工作的重中之重"。农业、农村问题归根到底是个农民问题；三农问题的核心实际上是九亿多农民如何平等参与国家的发展和平等享受国家发展成果的问题。

第四，促进人的全面发展。经济社会发展的最高目的是人的全面发展，这是马克思主义的一贯立场。马克思早在《资本论》中就已指出，人类社会发展的最高阶段就是"以每一个个人的全面而自由的发展为基本原则的社会形式"①。中国执政党从"十六大"以来在提出与阐释"以人为本"这一核心价值观时，也一再强调要促进人的全面发展。② 人的德智体美技，即品德高尚、知识丰富、体魄健全、追求美好和技能优良，既是历史发展与文明进步的力量源泉，又是人类生活幸福、美满的主要追求。经济社会发展的核心是人的全面发展，离开了人的发展就谈不上社会的发展。应当克服那些重经济发展轻人自身发展的片面认识。在坚持以经济建设为中心的同时，应将促进人的全面发展提高到发展的战略高度；在保证经济增长速度和国家综合实力

---

① 参见马克思：《资本论》第1卷，人民出版社2004年版，第683页。

② 例如江泽民同志指出，"我们要在发展社会主义物质文明和精神文明的基础上，不断推进人的全面发展"。参见《江泽民文选》第三卷，人民出版社2006年版。

提高的同时，应当认真贯彻落实执政党十六届三中全会提出的"构建现代国民教育体系和终身教育体系，建设学习型社会"的任务；应当逐步加大教育、文化、卫生、体育等事业的投入，并将各项政策惠及社会的每一个成员。

第五，崇尚和彰显人性。为什么古往今来人人都追求建立理想的法治国家与和谐社会？其理论根据之一就是源自人性。有人说，"人权不是抽象的，是具体的"。也有人说，"民主不是抽象的，是具体的"。还有人说，"只有具体的人性，没有抽象的人性。"这些观点都是不正确的。世界上的万事万物，都是抽象和具体、一般和个别、共性和个性的辩证统一。不承认有一般的"人"，不承认有抽象的人性，人将不成其为人，也就不会有"人类"这一崇高的称谓。正是基于十年"文革"的教训，1982 年宪法在我国制宪史上第一次明确规定："中华人民共和国的人格尊严不受侵犯。"自从执政党提出"以人为本"的理念以来，在中国的立法、执法与司法中，人的人性、人格、人道和人的尊严，越来越受到尊重。现在我们翻开报纸，几乎每天都能看到，各个地方和部门都在搞人性化管理。毛主席说，罪犯也是人，要把犯人当人看待。"文革"期间刘建章在秦城监狱被关押时，一天只许喝三杯水，他的夫人向周总理写信，毛主席批示说："这种法西斯式的审查方式是谁人规定的"。我国是《禁止酷刑和其他残忍、不人道或有辱人格的待遇或处罚公约》的缔约国，但有些地方刑讯逼供屡禁不止，非法证据排除规则的立法困难重重，这种现象的存在虽然原因很多，但同我们有些国家机关工作人员观念落后肯定是分不开的。我国监狱管理部门近年来制定和推行的一系列人性化管理措施，将标志着我国的狱政建设文明水准提高到一个新的水平。

第六，坚持人的独立自主。自由是人的一种本性，也是人的一种本质。人的思想自由和行为自由是人区别于动物的基本特征，也是人能动地认识和创造世界的力量源泉。马克思主义实际上是很重视自由的。西方有个记者曾问恩格斯，你能不能用一句话概括什么是社会主义，恩格斯说，我愿意用

《共产党宣言》里的一句话来表达：我们理想的那个社会是一个"个人的自由是社会上一切人自由的条件"的联合体。笔者认为，党的十一届三中全会以来我们所有的改革开放政策，可以用两个字概括："松绑"，即扩大地方、企事业单位和个人的自由度，以调动方方面面的积极性、主动性和创造性，为社会创造更多的物质财富和精神财富。实行市场经济与对外开放 30 年来，我们在经济领域所创造的世界奇迹①，主要应归功于"自由"。人们企盼我国的政治文化取得更快更多的进步，也主要寄希望于扩大自由度，更好地营造一个既有民主又有集中、既有自由又有纪律的生动活泼的政治局面。

第七，尊重人的首创精神。人是有理性的动物，能够能动地认识世界和改造世界，这是人类同其他动物的根本区别所在。"人的类特性恰恰就是自由的自觉的活动。""有意识的生命活动把人同动物的生命活动区别开来，正是由于这一点，人才是类存在物。"② 人类史同自然史的区别在于，它是人自己创造的。③ 而人民群众是社会实践的主体，因而也是人类历史与文明的创造者。我们并不否认，不同时期不同国度英雄人物与社会精英的作用，但广大人民群众的积极性、主动性、创造性，是推动社会发展的决定性力量。我们应当坚持历史唯物主义的基本立场，在一切社会实践活动中尊重人的首创精神。自新中国建立，特别是进入改革开放新时代以来，从农村的改革到经济特区的设置，在经济、政治、文化、社会各个领域都出现无数第一个敢吃螃蟹的人，人民的首创精神，显示出了巨大的活力和作用。各个领域的管理者，切不可认为自己什么都比被管理者聪明，一切自以为是。必须善于发现

---

① 中国改革开放 30 年（1978—2008）国内生产总值平均增长率为 9.8%，城乡人均收入分别比 1978 年增长 40 倍和 30 倍。国内生产总值占全球的比重由原来的 1% 上升到 5% 以上，对外贸易总额占全球比重由不足 1% 上升到 8%。

② 《马克思恩格斯全集》第 42 卷，人民出版社 1982 年版，第 96 页。

③ 参见马克思：《资本论》第 1 卷，人民出版社 2004 年版，第 429 页注释。

与集中民智。真理面前人人平等。任何领导者切不可把自己说的每句话都当成金科玉律，不允许他人有任何质疑与商榷。

第八，权利优位于义务。在过去一个很长时间里，我们不少人受封建主义历史传统观念的影响，把法律仅仅看成是一种工具。当官的是管老百姓的，用的手段是法律，法律是用来管老百姓的，老百姓只有遵守法律的义务，权利观念长期以来都非常淡薄。但是在市场经济条件下，我们必然也必须提倡权利优位于义务。计划经济是一种"权力"经济，而市场经济则是一种"权利"经济。况且，人活在这个世界上，理应享受自己的各种权利。人类社会里的各种主义、政策、法律和制度以及一切其他设施，归根到底，都是为了实现和满足人的需要与幸福。然而要享受权利就必须对社会对他人尽相应的义务，否则大家的权利都会享受不到。但义务是伴随权利而来的，是第二位的东西。也正是在这个意义上，人们才常说，"法学就是权利之学"。正确认识和处理这个问题，在我们的立法和司法里都是很有现实意义的。

第九，权利优位于权力。我们的法理学过去受西方一位学者的影响，把所有的法律都归结于"权利和义务"这对基本范畴，把权力看作是权利的一部分。实际上，在私法领域，法律主要是调整自然人和法人之间的权利与义务的关系；在公法领域，主要是规范国家机构及其工作人员的职权和职责。我们的法理学从来没有这样一章，专门研究国家的职权和职责这对基本范畴。很多国家工作人员对权力与权利的区别也不甚了解，甚至有些重要文件还多次出现过概念混淆。因此很有必要对此予以深入研究和广为宣传。笔者认为，国家权力和公民权利有以下八点区别：

1.国家的职权与职责相对应，在法律上两者是统一的；公民的权利与义务相对应，两者是分离的。2.国家权力不能转让或放弃，否则就是违法或失职；公民的权利则可转让或放弃。3.国家权力伴随着强制力，有关个人或组织必须服从；公民的权利在法律关系中则彼此处于平等的地位。4.国家权力的本质属于社会"权威"这一范畴，不能将其归结为是一种利益；公民权利的本质则是利益。5.职权与职责，职责是本位的，法律赋予某一国家工作人员以权力，首先意味着这是一种责任；公民的权利与义务，则应以权利为本位。6.对国家，法不授权不得为；对公民，法不禁止即自由。7.是公民的权利产生国家的权力，而不是国家的权力产生公民的权利。8.国家权力是手段，公民权利是目的，国家权力是为实现公民权利服务的。清楚了解与深刻认识以上八点区别，对于正确树立公民权利观特别是国家权力观，正确树立"执政为民"和"执法为民"的理念和原则，是至关重要的。

第十，尊重和保障人权。尊重人、维护人的尊严，首先要尊重人的利益。马克思曾说，人们通过斗争所要争取的一切都和利益有关。党的十六届六中全会决议把必须坚持"以人为本"作为构建和谐社会六条原则的第一条，提出要"始终把最广大人民的根本利益作为党和国家一切工作的出发点和落脚点，实现好，维护好，发展好最广大人民的根本利益。""以人为本"而不尊重、维护与实现人的利益，那就是一句空话。当然，这个利益是广义的，不仅包括经济、文化和社会的各种利益，还包括人的人身、人格利益和各种思想与行为自由。在现代的民主法治社会里，人们的各种利益需求，就集中表现为人权。而且，人依据其人性和人的人格、尊严和价值所应当享有的权利，必须用法律明确、具体、详细地加以规定，使之成为法律上的权利，这种应有权利才能得到最有效的保障。前面列举的"以人为本"的九个方面的观念、原则与政策，最终都应当通过人权保障制度的完善得到体现与落实。而"以人为本"理念与原则的提出与实施，将成为我国人权保障制度坚实的理论基础与推动力量。1993 年，笔者在江泽民同志提议撰写的，由刘国光、汝信教授主编的《中国特色社会主义经济、政治、文化》这本书里曾写道："社会主义者应当是最进步的人道主义者，社会主义者也应当是最彻底的人权主义者"。最近基于笔者对"以人为本"的理解，还应在这两句话的后面加一句：

"社会主义者还应当是最坚定的人本主义者。"

从"以人为本"的以上十条科学内涵可以清楚看出，它应成为现代法律的最根本的价值准则。早在1995年，笔者在《现代法的精神论纲》一文中就已提出"现代法的人本主义"概念，指出："一切从人出发，把人作为一切观念、行为和制度的主体，尊重人的价值与尊严，实现人的解放和全面发展，保障所有人的平等、自由与人权，提高所有人的物质生活与精神生活水准，已经或正在成为现代法律的终极关怀，成为现代法制文明的主要标志，成为现代法律创制与实施的重要特征，成为推动法制改革的巨大动力。"笔者在该文中也强调："法的人本精神是法的最高层次的精神。"[1]自2003年党中央正式提出"以人为本"的科学概念以来，"以人为本"的理念在社会生活和法治建设中所起的巨大指导作用都可以并已经证明，笔者的上述判断是正确的。

（本文系《马克思主义法学原理》第十一章，李步云、韩阳著，2014年8月社会科学文献出版社出版）

---

[1] 参见李步云：《论法治》，社会科学文献出版2008年版，第218页、第216页；又可参见李步云：Constitutionalism and China，法律出版社2006年版，第196页。

附录三 论依法治国

  法治与人治的争论，法治理念的成长及制度设计，可以追溯到古代西方希腊罗马时代和中国的春秋战国时代，它同样也是马克思主义法学研究始终关注和不可回避的一个内容。

  马克思主义传承到中国之后，中国共产党人对其中的法治理念进行了继承和发展，并在实践的过程中提出了依法治国思想。中国共产党的几代领导人均从不同角度对依法治国思想做出过阐释。而以江泽民同志为核心的党的第三代领导集体将这一思想首次明确提出，党的十五大又正式将其确立为我国的治国基本方略。党的十六大再次强调了这一重要方略，并将之作为社会主义政治文明建设的重要内容。1999年这一治国方略被庄严地载入宪法。现在，人们已经意识到，依法治国是社会主义政治文明的一项核心内容，是我们党领导人民治理国家的基本方略。依法治国就是把社会主义民主与社会主义法制紧密结合起来，实现民主的制度化、法律化，从而保障人民群众在党的领导下，依照宪法和法律的规定，管理国家事务、经济文化事务、社会事务，保证国家权力不被滥用，公民权利不受侵犯，保证国家的长治久安。

一

马克思主义法学的产生，是法学史上的伟大变革。它以辩证唯物论和唯物史观为其理论基础，深刻揭示了法的产生、本质、作用和发展规律，使法学成为了真正的科学。虽然马克思恩格斯没有直接提出依法治国，但其法学思想中无处不闪现着依法治国理念的光辉。

关于法律和国家的产生，恩格斯在《论住宅问题》一文中曾提出过这样的看法："在社会发展的某个很早的阶段，产生了这样一种需要，把每天重复着的产品生产、分配和交换用一个共同规则约束起来，借以使个人服从生产和交换的共同条件。这个规则首先表现为习惯，不久便成了法律。随着法律的产生，就必然产生出以维护法律为职责的机关——公共权力，即国家。随着社会的进一步的发展，法律进一步发展为或多或少广泛的立法。这种立法越复杂，它的表现方式也就越远离社会日常经济生活条件所借以表现的方式。"① 法产生于社会的生产、分配和交换关系，并先于国家的观点，现在仍为中国学者广为引用，视为具有经典性。

马克思和恩格斯生活在阶级尖锐对抗和无产阶级的革命时代，因此他们的一个重要使命是揭示法的阶级性，但也始终未否认过法的公共职能。在《英国工人阶级状况》中，恩格斯写道："整个立法首先就是为了保护有产者反对无产者，这是显而易见的。只是因为有了无产者，所以才必须有法律。"② 在论及法律的神圣性时，恩格斯说："由社会上一部分人积极地按自己的意志规定下来并由另一部分人消极地接受下来的秩序的不可侵犯性。"③ 马克思和恩格斯指出：统治阶级"除了必须以国家的形式组织自己的力量外，

---

① 《马克思恩格斯选集》第 3 卷，人民出版社 2012 年版，第 260—261 页。
② 《马克思恩格斯全集》第 2 卷，人民出版社 1961 年版，第 570 页。
③ 同上书，第 515 页。

他们还必须给予他们自己的由这些特定关系所决定的意志以国家意志即法律的一般表现形式"。① 因此法律一旦产生，就忠实地维护一个国家的经济基础和社会秩序，成为统治阶级推行自己政策和实现国家职能的重要手段。但是，马克思指出："政府监督劳动和全面干涉包括两方面：既包括执行由一切社会的性质产生的各种公共事务，又包括由政府同人民大众相对立而产生的各种特殊职能。"② 恩格斯也说："政治统治到处都是以执行某种社会职能为基础，而且政治统治只有在它执行了它的这种社会职能时才能持续下去。"③

法律的制定并不等于实现了依法治国的理想。法治实现的关键点就在于一个国家实行的是法律的统治而非个人权威、专制权力的统治；是法律的王国而不是个人的王国。马克思指出："法律是肯定的、明确的、普遍的规范。"④"法律应该是社会共同的，由一定物质生产方式所产生的利益和需要的表现，而不是单个的个人恣意横行。"⑤ 恩格斯说："当然这并不是说，社会主义者拒绝提出一定的法权要求。一个积极的社会主义政党，如同一般任何政党那样，不提出这样的要求是不可能的。从某一阶级的共同利益中产生的要求，只有通过下述办法才能实现，即由这一阶级夺取政权，并用法律的形式赋予这些要求以普遍的效力。因此，每个正在进行斗争的阶级都必须在纲领中用法权要求的形式来表述自己的要求。"⑥ 认为，作为国家意志的表现，法律必须毫无例外地得到社会所有成员及一切政党组织的遵守。他说："……所有通过革命取得政权的政党或阶级，就其本性说，都要求由革命创造的新的

---

① 《马克思恩格斯全集》第 3 卷，人民出版社 1960 年版，第 378 页。
② 《马克思恩格斯全集》第 25 卷，人民出版社 1961 年版，第 432 页。
③ 《马克思恩格斯选集》第 3 卷，人民出版社 2012 年版，第 560 页。
④ 《马克思恩格斯全集》第 1 卷，人民出版社 1956 年版，第 71 页。
⑤ 《马克思恩格斯全集》第 6 卷，人民出版社 1957 年版，第 292 页。
⑥ 《马克思恩格斯全集》第 21 卷，人民出版社 1961 年版，第 567—568 页。

法制基础得到绝对承认，并被奉为神圣的东西。"①

　　巴黎公社打破资产阶级旧国家机器及其法律制度，建立起新型的无产阶级专政的国家形式，并依靠法律赋予权威和尊严。马克思、恩格斯对此予以了理论上的支持。他们对资产阶级的法律予以了批判，指出："你们的观念本身是资产阶级的生产关系和所有制关系的产物，正像你们的法不过是被奉为法律的你们这个阶级的意志，而这种意志的内容是由你们这个阶级的物质生活条件来决定的。"② 他们认为，无产阶级民主和无产阶级专政是社会主义法制的基础。恩格斯指出："通过革命取得政权的政党和阶级，按其本性都会产生一种要求，这就是使新的、由革命建立起来的法律基础无条件被认为是神圣的。"③ 恩格斯强调必须保证社会主义"法律基础"和"法制基础"得到绝对承认，具有至高无上的权威。社会主义法律和法制基础在我们看来就是无产阶级专政和无产阶级民主。无产阶级专政和无产阶级民主是社会主义法制的根本，无产阶级只有通过革命使自己由被统治阶级转化为统治阶级，争得民主才能创建社会主义法制，而无产阶级所创建的法制，也只有确保无产阶级的政治统治即它的领导地位，确保无产阶级和人民群众当家作主管理国家的权利，才具有社会主义性质而配称社会主义法制。④

　　马克思始终将自由作为法的重要价值目标。自由是重要的法权观念，也是良法所追求的重要价值。他认为，法律并不是限制个人自由，只是指导人们沿着正确的方向并在它允许的范围内去追求自由，离开这种指导，势必使个人之间相互冲突，互相妨碍自由，最终丧失自由。"法律不是压制自由的

---

① 《马克思恩格斯全集》第 36 卷，人民出版社 1961 年版，第 238 页。
② 《马克思恩格斯选集》第 1 卷，人民出版社 2012 年版，第 417 页。
③ 《马克思恩格斯全集》第 27 卷，人民出版社 1972 年版，第 430 页。
④ 参见杜耀富：《马克思、恩格斯与社会主义法治》，载《西南民族学院学报》（哲学社会科学版）2001 年第 1 期。

手段，正如重力定律不是阻止运动的手段一样。"①

马克思认为，在法治国家之下，政府是受到监督的。为了保证法律监督的制度化，"众议院从议员中选出一个常任委员会，组成类似雅典最高法院的机构，对政府的活动实行监督，并把违反宪法的官员送交法院审判，即使是下级执行上级的命令时违反宪法，也不得例外"②。法律成为了人民监督政府行政合法性的工具，人民选举的市议会议员，"不仅应关怀地方当局的各种决定的执行，而且应当关怀国家的一般法律的实施"③，从而使政府完全处于法律的监督之下。

马克思恩格斯关于法治国家的理念为列宁所继承和发展。列宁关于法的理论，特别是其晚年，他的建设社会主义法治国家的理论内容十分丰富。他说："如果不愿陷入空想主义，那就不能认为，在推翻资本主义之后，人们立即就能学会不要任何权利规范而为社会劳动，况且资本主义的废除不能立即为这种变更创造经济前提。"④"假使我们以为写上几百个法令就可以改变农村的全部生活，那我们就会是十足的傻瓜。但假使我们拒绝用法令指明道路，那我们就会是社会主义的叛徒。"⑤"工人阶级夺取政权之后，像任何阶级一样，要通过改变所有制和实行新宪法来掌握和保持政权，巩固政权。"⑥"……政府的全部工作也是为了把叫作新经济政策的东西以法律形式最牢固地确定下来，以免发生任何偏向。"⑦ 在法制建设和加强苏维埃国家的立法方面，他提出了社会主义立法的一系列基本原则："人民的利益是最高的法律"原则，

① 《马克思恩格斯全集》第 1 卷，人民出版社 1995 年版，第 71 页。
② 《马克思恩格斯全集》第 13 卷，人民出版社 1962 年版，第 597 页。
③ 同上。
④ 《列宁选集》第 3 卷，人民出版社 1995 年版，第 196 页。
⑤ 《列宁全集》第 29 卷，人民出版社 1956 年版，第 180 页。
⑥ 《列宁全集》第 30 卷，人民出版社 1957 年版，第 433 页。
⑦ 《列宁全集》第 33 卷，人民出版社 1957 年版，第 350 页。

人民的主权不受限制的原则，法制统一的原则；在社会主义法治国家的终极价值目标方面，他不仅系统地坚持和发展了马克思主义的人权理论，而且还特别注意把这些理论转化为可操作的法律文本，用制度来保障这些应有权利转化为人民群众的实有权利，1919 年《被剥削劳动人民权利宣言》的颁布，就是一例；在社会主义国家的权力制约和公民权利实现的保障机制方面，他汲取了前人法治理论的精华，提出了以人民的权力制约权力，建构符合俄国国情的权力制约机制与司法监督体系；在建设社会主义法治国家的最关键问题上，即执政党与国家和法的关系问题上，他也作了理论和实践的探索，提出了一系列正确处理党政关系、党法关系的原则与方法。①

"列宁所主张的法制完备、人权保障、权力制约、法律平等、依法行政、司法公正等基本原则都是现代法治国家通行的基本原则。同时，列宁不是抽象地解读这些原则，也不是机械地照搬这些原则，而是把上述原则同社会主义的本质规定性相结合，同人民的利益相结合，同无产阶级政党的性质、宗旨、使命和历史任务相结合，同俄国的具体国情即同俄国的经济发展水平、政治制度建构、文化与历史传统相结合，从而使列宁的宏伟构想大大超越了资本主义国家的法治文明，成为人类社会发展史上新型的、比资本主义法治文明更高的社会法治文明，为我们留下了极其宝贵的法律文化遗产和丰富的法治文明经验。""列宁提出的完善法制，是依法治国的前提条件；人权保障，这是依法治国的价值目标；权力制约，这是依法治国的制度要件；党要守法，这是依法治国的关键环节。完善法制—人权保障—权力制约—党要守法，这就是列宁建设社会主义法治国家的宏伟构想，这也是列宁法律思想留给我们最有价值的法律文化遗产。"②

---

① 参见龚廷泰:《列宁法律思想研究》，南京师范大学出版社 2000 年版，第 286—315 页。

② 龚廷泰:《依法治国的关键:"权力制约与党法关系"——重温列宁关于建设社会主义法治国家的理论与实践》，载《法制现代化研究》2007 年第 11 卷。

二

在中国共产党的诞生之初，由于处于革命战争时期，主要是通过政策来指导工作。在建立自己的红色政权后，情况发生了重要变化，除制定了根据地的一系列法律法规，也重视这些法律的遵守。老一辈革命家、法学家董必武同志就这一段时期我党的法制状况曾经说过："我们党从井冈山建立革命政权的时候起，就有了自己的政法工作。人民政法工作和军事工作、经济工作、文教工作一样，在党中央和毛主席的领导下，从民主革命到社会主义革命，逐步积累起丰富的经验，形成了自己的优良传统。这就是服从党的领导、贯彻群众路线、结合生产劳动、为党和国家的中心工作服务。"① 但是，也正如我国老一辈革命家、法学家彭真说："革命战争期间，主要是靠政策办事，注重的是政策，没有依法办事的习惯。"②

1949 年 10 月中华人民共和国成立，建立了人民民主专政的政权。新中国成立之后，以毛泽东为核心的党中央对马克思主义法学进行了发挥和创造。其核心就是毛泽东思想中的人民民主专政和人民民主法制理论，它们是对马克思主义关于无产阶级民主法治理论的中国化。在它们的指导下，中国最终完成了从新民主主义到社会主义的伟大转变，确立了社会主义基本制度，包括法律制度。

在建国初期，毛泽东曾指出："法律是上层建筑。我们的法律，是劳动人民自己制定的，它是维护革命秩序，保护劳动人民利益，保护社会主义经济基础，保护生产力的。"毛泽东同志不仅重视立法工作，还反复强调："一定要守法，不要破坏革命的法制"。③ 这一论断确立了我国法治思想的基调。

---

① 《董必武法学文集》，法律出版社 2001 年版，第 423 页。
② 转引自刘金国：《依法执政与执政能力》，《法学杂志》2004 年第 6 期。
③ 《毛泽东文集》第七卷，人民出版社 1999 年版，第 197 页。

1954 年 6 月毛泽东在《关于中华人民共和国宪法草案》的讲话中指出："一个团体要有一个章程，一个国家也要有一个章程，宪法就是一个总章程，是根本大法。用宪法这样一个根本大法的形式，把人民民主和社会主义原则固定下来，使全国人民有一条清楚的轨道，使全国人民感到有一条清楚的明确的和正确的道路可走，就可以提高全国人民的积极性。"①1954 年 9 月召开的第一次全国人民代表大会制定了《中华人民共和国宪法》，标志着我国社会向"法治"轨道迈出了第一步。这是中国社会主义法制实践最为重要的起点。这部宪法，共有 8000 多人直接或间接参加了起草，有 1.5 亿多人参加了历时两个月的讨论。②

在我们党和国家的历史上，对于人治与法治问题的认识，曾经历过一个曲折的过程。半个世纪前，毛泽东在延安回答黄炎培提出共产党在执掌全国政权后，怎样才能跳出"其兴也勃焉，其亡也忽焉"的历史周期率时，曾经明确地指出："我们已经找到了新路，我们能跳出这周期率，这条新路就是民主，只有让人民来监督政府，政府才不敢松懈。只有人人起来负责，才不会人亡政息。"③

除毛泽东外，党和国家的其他领导人也对人民民主法制问题进行了探索。比如，1953 年彭真在《关于政治法律工作的报告》中提出了要"逐步实行比较完备的人民民主的法制"。周恩来指出："专政的权力虽然建立在民主的基础上，但这个权力是相当集中，相当大的，如果处理不好，就容易忽视民主。……要解决这个问题，就要在我们的国家制度上想一些办法，使民主扩大。"④董必武指出，"工人阶级领导的国家必须建立健全的法制，才能更有

---

① 《毛泽东文集》第六卷，人民出版社 1999 年版，第 328 页。

② 孙敦、王番等：《中国共产党历史讲义》（下），山东人民出版社 1985 年版，第 71 页。

③ 黄炎培：《八十年来》，文史资料出版社 1982 年版，第 148—149 页。

④ 《周恩来选集》（下），人民出版社 1984 年版，第 207 页。

效地发挥国家的职能和保障人民的权利。……我们依照法制进行工作，只会把工作做得好些、顺利些，不会做得坏些、不顺利些。……依法办事，是我们进一步加强人民民主法制的中心环节。依法办事有两方面的意义：其一，必须有法可依。……其二，有法必依。"① 在党的八大上，董必武提出了"有法可依，有法必依"的社会主义法制原则。刘少奇也强调："我们目前在国家工作中的迫切任务之一，是着手系统地制定比较完备的法律，健全我们国家的法制。"② 党的八大还确定了一系列民主政治建设的正确指导方针和原则。可以说，从新中国成立到党的八大这一时期，我国已逐步树立了"依法治国"的社会主义法制思想，民主政治建设是沿着一条"法治"的轨道循序渐进地向前发展的，并且取得了显著的成绩。这些思想都为日后依法治国的提出打下了基础。然而，遗憾的是，中国是有两千多年封建专制主义的国家，一直缺少民主与法治的传统。

毛泽东法治思想就是这一特定历史的产物，具有历史局限性。虽然他们注意到了法治的重要性，但还是长期推崇"领袖治国"、"政策治国"，"依法治国"的观念并没有真正确立过，最终选择了人治，采取大规模群众运动的方法。1957 年以后，"左"倾思想日益盛行，民主法制建设停滞不前甚至遭受破坏，法治的概念与原则被视为社会主义的异己，并由此导致"文革"十年，法制建设遭到毁灭性的践踏。

三

1976 年 10 月粉碎江青反革命集团后，全国人民以极大的热情投入了各

---

① 《董必武选集》，人民出版社 1985 年版，第 415、419 页。
② 《刘少奇选集》（下），人民出版社 1985 年版，第 253 页。

项革命和建设工作。在揭发批判林彪、江青反革命集团罪行的过程中，人们对"文化大革命"中遍及全国的严重破坏民主与法制、废弃宪法、践踏公民权利的种种现象深感痛心，急切盼望恢复和加强社会主义法制。经过邓小平同志倡导和支持的关于"实践是检验真理的唯一标准"的讨论，全党和全国人民不仅从真理标准上彻底否定了"文化大革命"，也开始了对中国走社会主义法治道路的探索。①

邓小平 1978 年在中央工作会议上指出："为了保障人民民主，必须加强法制。必须使民主制度化、法律化，使这种制度和法律不因领导人的改变而改变，不因领导人的看法和注意力的改变而改变。现在的问题是法律很不完备，很多法律还没有制定出来。往往把领导人说的话当做'法'，不赞成领导人说的话叫做违法，领导人的话改变了，'法'也就跟着改变。所以，必须集中力量制定刑法，民法，诉讼法和其他各种必要的法律，例如工厂法，人民公社法，森林法，草原法，环境保护法，劳动法，外国人投资法等等。"②在这次会议上，邓小平首次完整地提出了我国法治建设的 16 字方针："有法可依，有法必依，执法必严，违法必究"。这在我国的法治建设中具有非常重要的战略地位。

十一届三中全会召开前夕，邓小平同志在《解放思想，实事求是，团结一致向前看》的报告中指出："为了保障人民民主，必须加强法制。……做到有法可依，有法必依，执法必严，违法必究。"③

党的十一届三中全会提出健全社会主义民主和加强社会主义法制。全

---

① 朱力宇：《从"健全社会主义法制"到"依法治国"—论"三个代表"重要思想对邓小平法制理论的继承和发展》，《海南大学学报（人文社会科学版）》2005 年第 2 期。

② 《邓小平关于建设有中国特色社会主义论述摘稿》，中央文献出版社 1989 年版，第 108 页。

③ 《邓小平文选》第二卷，人民出版社 1994 年版，第 146—147 页。

会的公报指出："为了保障人民民主，必须加强社会主义法制，使民主制度化、法律化，使这种制度和法律具有稳定性、连续性和极大的权威，做到有法可依，有法必依，执法必严，违法必究。"公报还提出："宪法规定的公民权利，必须坚决保障，任何人不得侵犯"；"要保证人民在自己的法律面前人人平等，不允许任何人有超于法律之上的特权"。① 自此以后，我国的重心从"以阶级斗争为纲"转向"以经济建设为中心"，并旗帜鲜明地要反对内部斗争，要搞内部建设。但如何才能有效避免"文革"时期领导人带头不讲法治、人的尊严和自由得不到有效保障的局面，还是不得不引起人们进行反思。这就引出了上世纪 70 年代末 80 年代初，在全国上下掀起的一场"人治"与"法治"的激烈论争。在这场讨论中，法治论占据上风，其提出的建议和设想，表现出了一种远见卓识。由于法治论者的主张符合历史的潮流，符合人民的愿望，因而很快被中央所采纳，其集中反映是两个中央文件。一是 1979 年 9 月 9 日中共中央发布的《关于保证刑法、刑事诉讼法切实实施的指示》（即"64 号文件"）。它第一次在中央文件中正式使用"法治"一词。文件说："它们能否严格执行，是衡量我国是否实行社会主义法治的重要标志。"这一文件还做出了一系列重大法制改革。如取消"党委审批案件"的制度、取消文革中"恶毒攻击罪"等。二是《人民日报》发表"特约评论员"文章《社会主义民主和法制的里程碑——评审判林彪、江青反革命集团》。该文总结出这次历史性审判的五条法治原则，即司法民主、司法独立、实事求是、人道主义、法律平等。同时在党的文件中第一次使用"以法治国"一词。这一文件曾经彭真、王任重等中央领导审定。

---

① 中共中央文献研究室：《三中全会以来重要文献选编》（上），人民出版社 1982 年版，第 11 页。

邓小平同志为实行社会主义法治所作最大贡献是，他为依法治国方略，奠定了一个坚实的理论基础；同时又提出了一系列法治基本原则，为依法治国初步勾画了一幅蓝图。1980 年 1 月 16 日邓小平在中央召集的干部会议上指出："我们要全面、坚决地实行这样一些原则：有法必依，违法必究，执法必严，在法律面前人人平等。"① 随后在 3 月 13 日中央政治局扩大会议上进一步说："人人有依法规定的平等权利和义务，谁也不能占便宜，谁也不能犯法，不管谁犯了法，都要由公安机关依法侦查，司法机关依法办理，任何人都不许干扰法律的实施，任何犯了法的人都不能逍遥法外。"还强调："对一切无纪律、无政府，违反法制现象，都必须坚决反对和纠正。否则我们就决不能建设社会主义，也决不能实现现代化。""全党同志和全体干部都要按照宪法、法律、法令办事，学会使用法律武器。"②

1982 年党的十二大通过新的党章，确定"党必须在宪法和法律的范围内活动"这一极其重要的法治原则。同一年，"八二宪法"出台，标志着在"人治"与"法治"的辩论中法治学派的胜利。"八二宪法"明文规定："一切国家机关和武装力量、各政党和各社会团体、各企业事业组织都必须遵守宪法和法律。""任何组织和个人都不得有超越宪法和法律的特权。"这些规定在新中国社会主义法制建设史和宪法史上都是史无前例的。社会主义法治论在 1982 年以后逐渐成为法律改革及法律研究的基础，法治概念成功地社会主义化，对中国政治发展和法律研究，有着深远的影响。③

在政治领域，十二大指出："社会主义民主的建设必须同社会主义法制的

① 《邓小平关于建设有中国特色社会主义论述专题摘稿》，中央文献出版社 1989 年版，第 106 页。

② 同上书，第 107 页。

③ 参见 [澳] 卢永鸿：《评中国法学界对法律理论新模式的探索》，《法学评论》1989 年第 2 期。

建设紧密地结合起来，使社会主义民主制度化、法律化。"①"今后，我们党要领导人民继续制定和完备各种法律，加强党对政法工作的领导，从各方面保证政法部门严格执行法律。"②1986 年 9 月十二届六中全会通过的《中共中央关于社会主义精神文明建设指导方针的决议》也明确提出："不要社会主义民主的法制，决不是社会主义法制；不要社会主义法制的民主，决不是社会主义民主。"③

在经济领域，突破了把计划经济同商品经济对立起来的传统观念，明确提出社会主义经济是公有制基础上的有计划的商品经济，必须自觉依据和运用价值规律；必须进行经济体制改革，转变政府管理经济的职能。正是在这种背景下，党和国家认识到必须以法律手段来调整经济活动和经济改革。十二届三中全会通过的《中共中央关于经济体制改革的决定》提出："经济体制的改革和国民经济的发展，使越来越多的经济关系和经济活动准则需要用法律形式固定下来。国家立法机关要加快经济立法，法院要加强经济案件的审判工作，检察院要加强对经济犯罪行为的检察工作，司法部门要积极为经济建设提供法律服务。"④

在科技和教育领域，提出了"现代科学技术是新的社会生产力中最活跃的决定性的因素"⑤，而社会主义建设和科学技术发展的"一个重要关键在于人才，而要解决人才问题，就必须使教育事业在经济发展的基础上有一个大的发展"⑥。由于无论是科学技术和教育的发展，还是科学技术体制和教育

---

① 中共中央文献研究室：《中共中央文件选编》，中共中央党校出版社 1994 年版，第 217—398 页。

② 同上。

③ 同上。

④ 同上。

⑤ 同上。

⑥ 同上。

体制的改革，都需要用法律加以规范和调整，因此，1985 年 3 月的《中共中央关于科学技术体制改革的决定》提出"要制定有关的法规和制度"，"国家通过专利法和其他相应的法规，对知识产权实行保护"。①1985 年 5 月的《中共中央关于教育体制改革的决定》也强调"必须加强教育立法工作"②。

在社会生活领域，党和国家不仅十分重视法制建设本身，而且还很注意从提高全民族的全面素质方面来加强法制。十二大明确提出了社会主义精神文明是社会主义现代化建设的重要组成部分，提出了"要在全体人民中间反复进行法制的宣传教育，从小学起各级学校都要设置有关法制教育的课程，努力使每个公民都知法守法"③。十二届六中全会通过的《中共中央关于社会主义精神文明建设指导方针的决议》根据邓小平同志的有关论述提出："加强社会主义民主和法制的建设，根本问题是教育人。"④

1987 年党的十三大提出社会主义初级阶段的基本路线，并对政治体制改革作了进一步部署。十三大召开之后，我国坚持和完善了人民代表大会制度、共产党领导的多党合作和政治协商制度、民族区域自治制度等一系列基本制度，坚持和完善了民主监督制度，加强和改善了党对政法工作的领导，进一步强化了基层民主政治建设，进行了政府机构和干部人事制度改革，提出了党政分开、权力下放、精简机构等构想。政治体制改革取得了很大成效，民主政治建设得到重大进展，为依法治国奠定了政治基础。

1992 年 3 月，邓小平的南巡讲话，要求人们解放思想，冲破"姓资"、"姓

---

① 中共中央文献研究室：《中共中央文件选编》，中共中央党校出版社 1994 年版，第 217—398 页。

② 同上。

③ 同上。

④ 同上。

社"的思想禁锢。同年 10 月召开的党的十四大，提出要在我国建立社会主义市场经济体制。这些都为依法治国方略的提出和确立奠定了坚实的经济基础和思想基础。

如何才能保证国家的长治久安和兴旺发达，邓小平作出了一系列精辟的分析与论证。这是他对依法治国理论所作出的最杰出的贡献。例如，在《解放思想，实事求是，团结一致向前看》、《坚持四项基本原则》、《党和国家领导制度的改革》、《关于政治体制改革问题》等文章中，邓小平指出：导致十年浩劫的根本原因是党和国家领导制度中存在的一些制度性的弊端。"我们过去发生的各种错误，固然与某些领导人的思想、作风有关，但是组织制度、工作制度方面的问题更重要。这些方面的制度好可以使坏人无法任意横行，制度不好可以使好人无法充分做好事，甚至会走向反面。""不是说个人没有责任，而是说领导制度、组织制度问题更带有根本性、全局性、稳定性和长期性。"[1] 在我们的制度中存在着"官僚主义现象，权力过分集中的现象，家长制现象，干部领导职务终身制现象和形形色色的特权现象"[2]。他认为要避免类似"文化大革命"的悲剧发生，关键是通过政治体制改革清除党和国家领导制度中存在的这些弊端。"如果不坚决改革现行制度中的弊端，过去出现过的一些严重问题今后就有可能重新出现。"[3] 为此，邓小平首次提出：政治体制改革的目标是建立社会主义民主政治，基本途径是实现民主的制度化、法律化。"为了保障人民民主，必须加强法制。必须使民主制度化、法律化，使这种制度和法律不因领导人的改变而改变，不因领导人的看法和注意力的改变而改变。"[4]1988 年 9 月，邓小平在会见捷克斯洛伐克总统胡萨克

---

[1] 《邓小平文选》第二卷，人民出版社 1994 年版，第 333 页。

[2] 同上书，第 327 页。

[3] 同上书，第 333 页。

[4] 同上书，第 146 页。

时说："我有一个观点，如果一个党、一个国家把希望寄托在一两个人的威望上，并不很健康。那样，只要这个人一有变动，就会出现不稳定。"①1989年政治风波之后，邓小平在同中央几位负责同志谈话时又多次提到这一问题，他说："一个国家的命运建立在一两个人的声望上面，是很不健康的，是很危险的。不出事没问题，一出事就不可收拾。"②"我多次讲，一个国家的命运寄托在一两个人的威望上是很不正常的。"③ 后来，邓小平在会见美籍华裔科学家李政道教授时明确表示："我历来不主张夸大一个人的作用，这样是危险的，难以为继的。把一个国家、一个党的稳定建立在一两个人的威望上，是靠不住的，很容易出问题。"④

1989年9月26日，江泽民任中共中央总书记后，第一次与其他中央政治局常委一起会见中外记者，江泽民在回答《纽约日报》记者提问时便郑重宣布："我们绝不能以党代政，也绝不能以党代法。这也是新闻界讲的究竟是人治还是法治的问题，我想我们一定要遵循法治的方针。"⑤

江泽民在党的十四大报告中指出："要严格执行宪法和法律，加强执法监督，坚决纠正以言代法，以罚代刑等现象，保障人民法院和检察院依法独立行使审判权和检察权。"并进一步指出："十四大提出的重要任务之一，就是要使社会主义民主和法制建设有一个较大的发展。除了加强立法进程外，当前突出的任务是要严格执法，树立社会主义法制的权威。要坚决清除执法中的地方保护主义，促进全国统一的开放的市场的形成。""政法部门和广大干警要严格依法办事，坚持法律面前人人平等的原则，公正清廉，铁面无私，

---

① 《邓小平文选》第二卷，人民出版社1994年版，第272页。

② 同上书，第311页。

③ 《邓小平文选》第三卷，人民出版社1994年版，第316页。

④ 同上书，第325页。

⑤ 新华社：《就我国内政外交问题——江泽民等答中外记者问》，《人民日报》1989年9月27日。

坚决纠正有法不依，执法不严，违法不究的问题。"①

1996 年 2 月 8 日，在中共中央举办的法制讲座上，江泽民就依法治国的问题发表讲话，强调"实行和坚持依法治国，保障国家的长治久安"。他指出："依法治国是社会进步、社会文明的一个重要标志，是我们建设社会主义现代化国家的必然要求。"② 第八届全国人大四次会议把"依法治国，建设社会主义法治国家"明确载入了《国民经济和社会发展"九五"计划和 2010 年远景目标纲要》，并作为治国方略提出来。

中共十五大报告第一次提出了"依法治国，建设社会主义法治国家"的宏伟目标，并首次阐述了依法治国的含义③，将其确定为党领导人民治理国家的基本方略。它以执政党代表大会的形式和程序，确立这一治国方略，标志着中国共产党的执政方式正式由主要靠政策办事向依法治国的转变。江泽民同志在十五大报告中提出："建设有中国特色的社会主义政治，就是在中国共产党的领导下，在人民当家作主的基础上，依法治国，发展社会主义民主政治。""而要实现真正的人民当家作主，也必然要求我们充分发扬人民民主。社会主义国家的依法治国离不开人民民主。"他又强调："我们要继续加强民主法制建设，依法治国，建设社会主义法制国家，进一步推进我国人权事业，充分保障人民依法享受人权和民主自由权利。"④ 江泽民同志在十五大

---

① 《江泽民在中国共产党第十四次全国代表大会上的报告》（单行本），人民出版社 1992 年版，第 17 页。

② 《江泽民文选》第一卷，人民出版社 2006 年版，第 513 页。

③ 根据该报告，依法治国的内涵"就是广大人民群众在党的领导下，依照宪法和法律规定，通过各种途径和形式管理国家事务，管理经济文化事业，管理社会事务，保证国家各项工作都依法进行，逐步实现社会主义民主的制度化、法律化，使这些制度和法律不因领导人的改变而改变，不因领导人看法和注意力的改变而改变"。这个定义自此就一直被作为学术界关于社会主义法治的科学内涵。

④ 《江泽民致〈世界人权宣言〉发表 50 周年纪念大会在京举行的祝贺信》，《人民日报》1998 年 12 月 11 日。

报告中还强调指出，依法治国，建设社会主义法治国家是个逐步发展的历史过程，需要从我国国情出发，需要在实践中积极探索规律，在党的领导下有步骤、有秩序地推进。1999 年 3 月，九届全国人大二次会议通过的宪法修正案，正式将"依法治国，建设社会主义法治国家"以根本大法的形式载入史册，这就开创了中国社会主义法治建设的新纪元。

在党的十六大报告中，江泽民不仅再次强调完善社会主义民主制度，强调尊重和保障人权，还把"社会主义民主更加完善，人民的政治、经济和文化权益的得到切实的尊重和保障"作为全面建设小康社会的重要目标之一。更进一步指出：发展社会主义民主政治，最根本的是要把坚持党的领导、人民当家作主和依法治国有机统一起来。这是我国第三代领导集体的依法治国方略与邓小平民主法制思想有着内在的高度统一，还体现了与时俱进的精神。

党的十六大针对多年来我国经济与社会始终保持健康、持续、高速发展的现实，针对近年来我国民主政治建设取得了长足的进展，依法治国的全民共识有了极大的提高，依法治国的成就全面得以凸显的实际，与时俱进地提出了在本世纪头 20 年的奋斗目标是全面建设小康社会。政治建设领域，要使"社会主义民主更加完备，社会主义法制更加健全，依法治国方略得到全面落实"。"全面落实"的目标将依法治国进一步从方略推向实践，从蓝图化为构想。这既符合我国国情和现代化建设的实际，又需要我们在党的领导下持之以恒地努力。①

进入 21 世纪后，以胡锦涛为核心的党中央提出了科学发展观和构建和谐社会的伟大战略构想，这一指导思想和战略构想与毛泽东、邓小平、江泽

---

① 参见韩兵、石俊田：《与时俱进的产物 一脉相承的关系——论邓小平民主法制思想与党的第三代领导集体的依法治国方略》，载《广西青年干部学院学报》2004 年第 2 期。

民的社会主义法制思想一脉相承，是马克思主义法学与中国具体实际相结合的又一崭新成果。在推进这一战略构想的过程中，以胡锦涛为总书记的党中央主要从以下几个方面践行和发展了依法治国的思想：

提出依法治国首先要依宪治国。胡锦涛同志丰富发展了前几代领导人的思想，深刻阐述了宪法在实施依法治国方略进程中的地位，提出"依法治国首先要依宪治国"①。十六大以后胡锦涛同志的第一篇公开讲话即是在宪法施行 20 周年大会上的讲话。2002 年 12 月，在这次大会上，胡锦涛指出："发展社会主义民主政治，最根本的是要把坚持党的领导、人民当家作主和依法治国有机统一起来。党的领导是人民当家作主和依法治国的根本保证，人民当家作主是社会主义民主政治的本质要求，依法治国是党领导人民治理国家的基本方略。"新的中央领导集体第一次组织学习的内容便是宪法，抓的其中一件大事也是修改宪法。2004 年 3 月 18 日胡锦涛主持中共中央政治局常委会议时对进一步学习和贯彻实施《中华人民共和国宪法》进行了研究部署，第一次以中共中央的名义发出进一步学习贯彻实施宪法的通知。会议强调，要以这次宪法修改为契机，在全党全国集中开展学习和贯彻实施宪法的活动。他号召"全党同志、全体国家机关工作人员和全国各族人民都要认真学习宪法、遵守宪法、维护宪法，保证宪法在全社会的贯彻实施"②。

强调社会主义政治文明建设在贯彻依法治国方略中的重要性。2003 年 9 月，中共中央政治局第八次集体学习强调"全面贯彻依法治国基本方略，推进社会主义政治文明建设"。胡锦涛指出，坚持政治文明建设的正确方向，最根本的是要坚持党的领导、人民当家作主和依法治国的有机统一。这是我们推进社会主义政治文明建设必须遵循的基本方针，也是我国社会主义政治

---

① 胡锦涛：《在首都各界纪念全国人民代表大会成立 50 周年大会上的讲话》，《人民日报》2004 年 9 月 16 日。

② 同上。

文明区别于资本主义政治文明的本质特征。我们要紧密联系全面建设小康社会的实践,紧密联系社会主义民主法制建设的实践,不断研究新情况、解决新问题、积累新经验,努力探索和发展实现这种有机统一的新形式新机制新途径。胡锦涛指出,推进社会主义政治文明建设,是一个内容广泛的系统工程,需要我们进行长期努力。按照十六大提出的要求,要坚持和完善社会主义民主制度,丰富民主形式,健全民主程序,扩大公民有序的政治参与,保证人民群众依法进行民主选举、民主决策、民主管理和民主监督。要推进决策科学化民主化,保证党和政府的各项决策符合人民利益,适应经济社会发展的实际。要根据改革开放和发展社会主义市场经济的需要,加快立法步伐,提高立法质量,坚持依法行政、公正司法,促进依法治国方略的落实,为全面建设小康社会提供有力的法律保障。要按照公正司法和严格执法的要求,积极稳妥地推进司法体制改革,保障在全社会实现公平和正义。[①]

提出了依法执政理念和建设法治政府的目标。2004年9月,在党的十六届四中全会上又明确提出了"依法执政是新的历史条件下党执政的一个基本方式"。并提出社会主义法治理念,把依法治国、依法执政、依法行政紧密结合起来等一系列科学的战略思想,为贯彻落实依法治国基本方略指明了道路。2004年3月22日,国务院发布了《全面推进依法行政实施纲要》,并提出经过十年左右坚持不懈的努力,基本实现建设法治政府的目标。2007年召开的党的十七大,明确提出全面落实依法治国基本方略,加快建设社会主义法治国家,并对加强社会主义法治建设作出了全面部署。明确了建设社会主义法治国家的新任务、新举措,标志着依法治国已进入到一个全新的发展阶段。

[①] 胡锦涛:《全面贯彻依法治国基本方略,推进社会主义政治文明建设》,《人民日报》2003年10月1日。

注重法治观念的推广。胡锦涛对依法治国诸要素的阐述非常全面、系统。他指出："依法治国，前提是有法可依，基础是提高全社会的法律意识和法制观念，关键是依法执政、依法行政、依法办事、公正司法。"此外，在十七大报告中，还提出了要"坚持依法治国基本方略，树立社会主义法治理念，实现国家各项工作法治化，保障公民合法权益"。"树立社会主义法治理念"首次出现在党的纲领性文件中，是继党的十五大提出"依法治国"之后，民主法治建设领域的一个新概念。首先，在立法方面，胡锦涛认为，有良好、完备的法律是依法治国的前提条件。在 2004 年 9 月 16 日首都各界纪念全国人民代表大会成立 50 周年大会上他强调，依法治国的真正实现还必须以全民法制观念的树立和法律意识的提高为基础。在这方面，胡锦涛指出："全党同志特别是各级领导干部都要切实增强法制观念，带头学法守法，在全党全社会营造依法执政、依法治国、依法办事的良好氛围。"① 要进一步加大以宪法为核心的法制宣传教育的力度，提高全民特别是各级领导干部和国家机关工作人员的宪法意识和法制观念。各级领导干部要努力提高依法执政、依法行政、依法办事的能力，自觉地在宪法和法律的范围内活动。在 2006 年全国"两会"党员负责人会议上，胡锦涛同志又进一步提出社会主义法治理念的科学命题："理念是行动的指南。我们实施依法治国的基本方略，建设社会主义法治国家，既要积极加强法制建设，又要牢固树立社会主义法治理念。"

明确提出了依法治国的四点要求。在十七届中共中央政治局进行第一次集体学习会议上，胡锦涛就全面落实依法治国基本方略提出四点要求。一是要加强和改进立法工作，进一步提高立法质量。坚持科学立法、民主立法，紧紧围绕党和国家工作大局，抓紧完善改革开放和社会主义现代化建设迫切

① 《始终坚持依法治国依法执政，提高全社会法制化管理水平》，《人民日报》2004 年 4 月 28 日。

需要、与人民群众利益密切相关、对中国特色社会主义法律体系起支架作用的重要法律，按照法定的立法程序，扩大公民对立法的有序参与，推动解决好人民最关心、最直接、最现实的利益问题，维护人民合法权益和社会公平正义。二是要加强宪法和法律实施，维护社会主义法制的统一、尊严、权威。要坚持公民在法律面前一律平等，全面推进依法行政，规范行政执法行为，深化司法体制改革。各级党组织和全体党员要自觉在宪法和法律范围内活动，带头维护宪法和法律权威，为全社会作出表率。三是要加强对执法活动的监督，确保法律正确实施。完善权力制约和监督机制，综合运用各种监督形式，增强监督合力和实效，真正做到有权必有责、用权受监督、违法要追究。四是要深入开展法制宣传教育，弘扬法治精神。要坚持不懈地开展法制宣传教育，认真组织实施"五五"普法规划，加强公民意识教育，形成全社会自觉学法守法用法的良好风尚。要深入开展社会主义法治理念教育，增强各级党委依法执政的意识，增强各级政府依法行政的能力和水平，增强各级干部和国家机关工作人员依法办事的素质和本领。①

四

根据马克思主义的依法治国的基本原理、历史经验和现阶段中国具体国情和思想现状，笔者对依法治国的理论依据、基本含义和法治国家的主要标准，作以下概括和阐释。

（一）依法治国的理论依据

依法治国的提出不是哪个人或哪些人一时的心血来潮或主观臆造，而是

---

① 参见《时政文献辑览》（2007 年 3 月—2008 年 3 月）。

历史发展的客观规律，是人类文明进步的必然趋势，是各国人民的根本利益的意志的集中反映，是通向国家富裕人民幸福的必由之路。

首先，依法治国是市场经济的客观要求。从根本上说，这是由市场经济自身的性质和特点所决定。市场经济以市场主体多元为基础，以追求经济效益最大化为主要追求，以平等与自由交换为基本特点。这就决定了，在广大市场领域必须用法律手段来调整各种关系。这同计划经济主要可以用行政手段来调整各种经济活动是完全不同的。市场经济与计划经济相比，势必产生两个弊端。一是起跑线平等了，但由于人们不同的主客观条件所决定，竞争的结果必然是贫富差距加大。二是这难免会产生各种假冒伪劣、坑蒙拐骗、不正当竞争和引发政治、经济、文化领域的种种腐败现象。这些都要求用法律手段来解决，即必须建立和完善劳动与社会保障法律体系和市场规制法律体系。这同计划经济条件下的法制是完全不同的。国际经济一体化形成后，各国市场经济必须也必然纳入国际经济大循环的轨道。一国法制不完备，法治不昌明是根本不行的。扩大对外贸易，引进国外资金和先进技术，开展科技与文化的广泛交流，都要求有完备而健全的法律制度，并同国际通行规则和惯例接轨。

其次，依法治国是民主政治的重要条件。"主权在民"是现代民主的理论基础和根本原则。它同封建专制主义的"主权在君"相对立。虽然"国家的一切权力属于人民"，但不可能人人都来直接管理国家。这就需要实行"代议制"，即公民通过行使选举权产生议会和政府，由他们代表人民行使管理国家的权力。但国家机构及其工作人员产生后，他们可能权力无限或乱来，这就产生了现代宪法，借以规范政府的权力和保护公民的权利。不依宪和依法治国，"人民当家作主"是根本靠不住的。中外正反两方面的经验都已证明，公民的民主权利、国家的民主体制和各种具体制度、政治决策和立法、执法、司法、护法的民主程序和民主方法，如果不通过宪法和法律加以规范化、具体化，并使这种法律具有极大权威，民主就可能产生异化，国家公仆就会变成国家主人。邓小平同志提出的民主必须制度化、法律化，一个重要依据就是基于"文革"的历史教训。

再次，依法治国是人类社会文明的主要标志。法律具有工具性和伦理性双重价值。法律是集中多数人的智慧制定出来的，总比少数人决定和处理国家大事要符合事物的规律和多数人的意愿。法律具有规范、指引、评价、预测、教育、惩戒等社会特有功能。因此，它是认识和改造世界的工具。但是它又是人类社会文明高低和有无的主要标志。我国过去曾有不少人将法律仅仅看成是工具，这是以政策代法律，长官意志决定一切的重要思想根源。法律的伦理性价值主要表现在两个方面。其一是人类社会自始至终存在三个主要矛盾：一是社会要有秩序，但人们的思想和行为应当是自由的。二是人有物质与精神利益的需求，而人们彼此之间和个人与社会之间常常存在利益冲突。三是社会组织或政府同社会成员或公民之间的矛盾。这就需要一种必须全社会共同遵守的规则来调整，这种规则就是"法"。没有法，社会必然会出现专制主义或无政府主义、有秩序无自由或有自由无秩序、我侵犯他人利益或他人侵犯我的利益，社会就不会有最起码的文明，社会能否存在都是问题。法律不是万能的，但人类社会没有法律是万万不能的。法律的伦理性价值还是由法律自身的特性所决定，此其二。法律具有以下特性：一是一般性。它是为全社会制定的，因此所有个人和社会组织都要遵守。二是平等性。如果有人在法律面前享有特权，法律就不能体现正义，也不会有权威与尊严。三是公开性。内部规定不是法。用公民无从知晓的内部规定去处理人们的行为是不公道的。四是不溯及既往性。如果用今天才制定出来的法律去处理人们过去发生的行为，也是不公平的。中国古代最早的"法"字是一只代表公平正义的独角兽，西方许多"法"字是一个内涵公平正义的多义词，同法自身这些特点分不开。法治是政治文明的重要内容。1996 年前，我国是"物质

文明"和"精神文明"一起抓，执政党和国家政权机关的一切文件，都是把
"民主"和"法制"纳入"精神文明"的范畴。这年 11 月，有学者提出了"制
度文明"的概念，认为应当是"三大文明"一起抓。理由是，民主思想和法
制观念是存在于人们头脑中的东西，是属于精神文明的范畴，但民主制度和
法律制度是存在于人们思想意识之外的具体的活生生的社会存在，应当是独
立于两类文明之外的"制度文明"。党的十六大报告，采纳了学者们的建议，
提出了政治文明的概念，从而提升了民主与法治的战略地位。

又次，依法治国是国家长治久安的根本保证。两千多年来中外历史上一
直存在法治好还是人治好的争论，其核心是在一个问题上思想家和政治家们
有着完全相反的回答：一个国家的兴旺发达和长治久安，关键的决定性的因
素和条件，是国家出现一两个英明的君王或领袖人物，还是应当寄希望于建
立一个良好的和有权威的法律和制度。对这一问题的不同回答，就出现了是
实行法治还是人治的两种不同的政治实践。一般说来，主张与实施法治的政
治家代表了当时进步阶级与阶层的要求，反映了当时人民大众要求社会稳定
和进步的愿望。对于前面这个问题，马克思恩格斯列宁毛泽东等领袖人物从
来没有提出过，邓小平同志不仅提出了，而且作了正确与深刻的回答。他总
结了共产主义运动正反两方面的历史经验和教训，在一系列文章和讲话中反
复提出和强调，"不能把希望寄托在一两个领导人的威望上"，认为"这是靠
不住的，难以为继的"，"不出事没有问题，一出事不可收拾"，并把这个问
题提到"党是否改变颜色"的高度。他的这一思想为在我国实行依法治国奠
定了坚实的理论基础。我国过去民主法制不健全，一个重要的思想根源，就
是不理解发展民主、实行法治、保障人权对国家兴旺发达和长治久安的关键
性作用，而把国家和民族的全部希望都寄托在一两个领袖人物的身上，在地
方则寄托在一两个主要负责人身上。概括中外思想家有关法治优于人治的论
据，主要有以下几点：一是法律的制定总是这样或那样集中了多数人的智慧，

比个人的意见和看法要高明；二是法律具有正义性，实行人治难免出现偏私；三是法律是公布周知的，可以防止暗箱操作产生腐败；四是法律具有稳定性和连续性，不因领导人看法和注意的改变而改变，不因领导人的去留而随意改变；五是法律具有平等性，可以防止种种特权与专横；六是法治实质是众人之治，总比少数人决定一切要开明，如此等等。很显然，这些论据是站得住的。

（二）依法治国的基本要义

依法治国贵在良法之治。法治有形式法治与实质法治之分。实质法治即良法之治，形式法治则是指不论法律好坏，只要依法办事就是法治。相对近代以来"应然"意义上的法治，古代法治是形式法治。一般说来，古代法治比人治文明进步。近代与现代的良法之治，其主要内容在其法律是否体现法制民主、法律平等、人权保障与权力制约等原则。有人认为"形式法治"比"实质法治"要好，理由是在一定意义上，程序法比实体法更重要。这是一种错误的理解。因为它完全混同了两个不同的问题，不符合中外学者对"形式法治"和"实质法治"通常的理解。"实质法治"并非轻视法律程序的价值，而是相反。

依法治国重在依宪治国。首先，这是由宪法的性质和地位所决定。宪法无权威，难以树立法律的权威，只有依宪治国，才能从根本上保障人民的利益和国家的长治久安。其次，同"依法治国首先要依法治官"的现代法治精神相关联。领导干部守法，就会影响一般干部守法。再次，也同我国宪法缺少应有权威，实施并不理想有关。

依法治国首先要依法治"官"。依法治国既治"民"也治"官"，但根本目的、基本价值和主要作用应当是治官。这是因为，虽然"主权在民"，但实际掌握和运用权力治理国家的是国家机关及其工作人员；依法治国就是要求他们依法办事，依法用权。而且，受封建主义法律文化的影响，不少人习惯于把法律看作仅仅是管治老百姓的工具。还有，权力腐败现象，同缺少这种认识和依法治"权"力度不够是分不开的。

一个国家只能有一个"治国基本方略"。在我国，它就是"依法治国，建设社会主义法治国家。""以德育人"、"科教兴国"、"人才强国"、"构建和谐社会"等战略，都不能称其为"治国基本方略"，原因是"治国基本方略"必须具有以下四个特点和要求：一是根本性。宪法是治国安邦总章程，法律则是具体章程；各个方面的方针政策都必须纳入法治轨道。二是全局性。除各种发展战略和方针政策，法律还要对国家的各种政治、经济、文化基本制度作出明确具体规定，否则国将不成其为国。三是规范性，宪法和法律具有明确、具体、可操作的特点，这是政策、道德等所不具有的。四是长期性，任何发展战略与方针政策都有一定的时间性，唯有法律同人类社会共始终。

（三）法治国家的 10 条标准

西方所讲"法治"，在中国官方文献中通常被称作为"依法治国"和"法治国家"。法治国家作为现代一种最进步的政治法律制度的目标模式，其基本标志与要求是丰富、具体、确定的，而不应是一个模糊不清的概念。一些著名学者对此有各自的概括与表述。如英国宪法学家戴西认为，法治有三条标准，即法律具有至尊性，反对专制与特权，否定政府有广泛的自由裁量权；法律面前人人平等，首相同邮差一样要严格遵守法律；不是宪法赋予个人权利与自由，而是个人权利产生宪法。① 美国学者富勒曾提出过法治的八项原则。它们是：法律的一般性、法律要公布、法律不溯及既往、法律要明

---

① 参见戴西：《英宪精义》，雷宾南译，中国法制出版社 2001 年版。

确、避免法律中的矛盾、法律不应要求不可能实现的事、法律要有稳定性、官方的行动要与法律一致。^①1959 年在印度新德里召开的国际法学家会议通过的《新德里宣言》则把法治原则归结为四个方面。^②

中国自 1979 年开始，学者们即已提出要实现现代法治并探讨其主要标准。笔者当年发表的《论以法治国》一文提出的法治原则是三项：全面加强立法工作，尽快制定出一套完备的法律，实现有法可依；所有国家机关和党的各级组织，全体公职人员和公民都严格依法办事；认真搞好党政机关的分工与制约，切实保障司法机关的独立性。^③1996 年 2 月 8 日，中国社会科学院法学研究所"依法治国"课题组为中共中央政治局作法制讲座，所提法治原则是五个方面。^④1998 年 8 月 29 日笔者为全国人民代表大会常务委员会作《依法治国，建设社会主义法治国家》的法制讲座，所提法治原则也归结为五个方面。^⑤1999 年 3 月，"依法治国，建设社会主义法治国家"被载入《中华人民共和国宪法》后，人民日报约笔者撰稿并发表了《依法治国的里程碑》一文。在此文中，笔者提出了法治国家的 10 条标准、原则与要求。^⑥并认为，这样归纳和表述，符合马克思主义基本原理和中国国情，又比较全面、扼要、简明，容易为广大国家工作人员和公民所掌握。下面，简要阐明这十条

①　参见富勒：《法律的道德性》，郑戈译，商务印书馆 2003 年版。
②　那次会议的主要议题是法治，主题报告曾征询过 75000 名法学家及 30 个国家法学研究机构的意见。法治原则的四项内容主要是：1.立法机关的职能是创造和维持个人尊严得以维护的各种条件，并使"人权宣言"的原则得以落实。2.既要规范行政权力的滥用，也要有一个有效的政府维持法律秩序；3.要求有正当的刑事程序，保护被告的辩护、公开审判等权利；4.司法独立与律师自由。
③　参见李步云、王德祥、陈春龙：《论以法治国》，《法治与人治问题讨论集》，群众出版社 1981 年版。1979 年 12 月 2 日，《光明日报》曾摘要发表该文。
④　参见王家福、李步云、刘海年等：《论依法治国》，《法学研究》1996 年第 2 期。
⑤　参见曹建明：《在中南海和人民大会堂讲法制》，商务印书馆 1999 年版。
⑥　参见李步云：《依法治国的里程碑》，《人民日报（理论版）》1999 年 4 月 6 日。

标准的科学内涵，以及我国目前尚待解决与完善的问题在哪里。

1. 法制完备

要求建立一个门类齐全（一张"疏而不漏的法网"）、结构严谨（如部门法划分合理，法的效力等级明晰，实体法与程序法配套）、内部和谐（不能彼此矛盾与相互重复）、体例科学（如概念、逻辑清晰，法的名称规范，生效日期、公布方式合理）、协调发展（如法与政策、法与改革协调一致等）的法律体系，实现社会生活各个领域都有内容与形式完备、科学的法律可依。有法可依是实行依法治国的前提。在西方的法治概念中，通常没有"法制完备"这一条。原因是，现代西方的法治国家的形成是一个长期的自然的发展过程，有法可依是一个不成问题的问题。我国的情况有所不同。我们曾在一个相当长的时期里存在法律虚无主义倾向，以政策代法律、领导说的话就是法，这样的观念和做法曾盛行一时。因此，尽管"法律完备"这一条是实行依法治国最起码的要求，但却具有现实性和针对性。况且，所谓"法律体系"有它自身的要求。它表明，一国的法律规则千千万万，但并非是杂乱无章地拼凑在一起，而应是一个有机联系的统一整体。前面提出的"二十字"就是对法律体系基本特征的概括。只有具备这五条，才能做到"法制完备"。现在的主要问题是两个。一是执政党提出，要在2010年建立起社会主义的法律体系。十届全国人大提出的本届立法规划为67件（包括制定与修改）尚未包括一些重要法律在内。这些法律同政治体制改革关系十分密切，因而难度很大。二是在立法中如何避免部门保护主义倾向，如何正确处理好中央与地方的权限划分与利益平衡，也是重要课题。

2. 主权在民

要求法律应体现人民的意志和利益；法制应以民主的政治体制为基础，并实现民主的法制化（民主权利的切实保障、国家政治权力的民主配置、民主程序的公正严明、民主方法的科学合理等）和法制的民主化（立法、司法、执法、护法等法制环节要民主）。主权在民是主权在君的对立物，是现代民主的核心和基础，因而也应是现代法治的灵魂。在一个政治不民主的社会里，不可能建立起现代化法治国家。法律的人民性是主权在民原则在现代法律制度中的集中体现，而民主的法制化与法制的民主化则是主权在民原则在现代法律制度中的具体实现与展开。现在的主要问题是，如何进一步提高法制民主化水平，如立法中的信息公开与民众参与程度；司法中律师的作用以及检务公开、审判公开、克服行政式管理模式等等。

3. 人权保障

人权是人作为人依其自然的和社会的本性所应当享有的权利。其内容包括人身人格权、政治权利与自由以及经济社会文化权利。人权是人的尊严和价值的集中体现，是人的需求和幸福的综合反映。否认人在社会中应当享有本属于他自己的权利，就是否认他的做人的资格，使人不成其为人。人不是为国家与法律而存在，而是国家与法律为人而存在。法律主要是通过规范所设定的权利与义务来保障和调整各法律主体的利益。权利与义务问题实际上是一个人权问题，法律权利是人权的法律化。全面地、充分地实现和保障人权，是现代法律的根本目的。这同古代法律的作用与目的有原则区别。"专制制度的唯一原则就是轻视人类，使人不成其为人。"[1]2004 年，"国家尊重和保障人权"被规定在宪法中，从而，开辟了中国保障人权的新阶段。当前及今后一个时期里需要解决的主要问题是：提高农民尤其是贫困农民的生活水平；建立与完善社会保障制度；减少死刑；取消劳动教养制度；进一步完善对犯罪嫌疑人的权利保护；提高各级选举的自由度；制定新闻、出版、结社、信息公开等法律；尽快批准加入"公民权利和政治权利国际公约"。

---

① 《马克思恩格斯全集》第 1 卷，人民出版社 1956 年版，第 411 页。

4. 权力制衡

在公法领域，其核心范畴主要为职权和职责。"衡"指权力平衡，执政党与国家机构之间，政府与社会组织、企事业组织之间，领导个人与领导集体之间，中央与地方之间，应按分权与权力不可过分集中的原则，对权力做合理配置。"制"指权力制约。其主要内容是以国家法律制约国家权力，以公民权利（如公民的参政权，议政权，检举、批评、罢免权，新闻、出版自由权等等）制约国家权力，以国家权力制约国家权力（如立法、行政、司法权之间，公检法之间的权力制约以及检察、监察、审计等方面的监督），以及以社会权力（如政党、社会团体、行业组织的权力）制约国家权力，来达到防止和消除越权与不按程序办事等权力滥用和权钱交易、假公济私、徇情枉法等权力腐败现象。这同封建专制主义政治体制下的古代法治是根本不同的。在古代，立法、行政、司法的权力都集中在君主和地方行政长官之手。在权力监督上中国虽然有御史一类官职的设置，但在当时的政治体制下不可能充分发挥作用。至于以公民的权利制约国家的权力，则是根本不可能存在的。当前建立权力制约体系仍然需要全面加强。其中，建立以违宪审查为主要内容的宪法监督制度刻不容缓。这是中国宪法制度一大缺失，是未来提高宪法权威、监督政府权力的关键所在。

5. 法律平等

包括分配平等和程序平等。实体法应体现与保障社会共同创造的物质与精神的财富在全体社会成员中进行公平分配。程序法应体现与保障法律面前人人平等，在民事、刑事、行政等诉讼活动中，原告与被告双方诉讼地位和适用法律一律平等。适用法律平等包括对任何人无论其受保护或受惩处都适用同一法律规则，不因其性别、民族、财产状况、社会地位和宗教信仰等等的差异而有区别。这和古代法治也有重大不同。在实体法的权利与义务的配置上，古代法治在经济上政治上以维护奴隶制、农奴制和等级特权为依归。

程序法虽强调"法不阿贵",但难以实现适用法律人人平等,"王子犯法,与庶民同罪"只能停留在法律的字面上。我国现在执法与司法中的腐败现象仍然比较严重。办人情案、关系案、金钱案是现在诉讼当事人难以享有平等权利保护的关键所在。

6. 法律至上

指法律应具有至高无上的权威。法律至上不是说法律不能修改。这是两个完全不同的问题。它是指宪法和法律被制定出来后,在尚未修改之前,任何组织特别是任何个人都必须切实遵守。法律至上同人民意志和利益至上不仅不矛盾,而且是它的体现和保障。国家没有体现人民意志和利益的法律,这种法律没有至高无上的权威,人民意志和利益至上是无从体现和保障的。法律至上原则适用于所有组织和个人,但其核心思想与基本精神是反对少数领导者个人权威至上、权大于法。在任何社会里,影响法律权威的主要障碍是掌握国家权力的人往往不愿意和不习惯按法律办事,他们总是不喜欢用法律来束缚自己的手脚,这有人性与权力具有脆弱性和容易异化的深刻根源。我国长期以来影响和妨碍法律权威的主要因素是权大于法,也充分证明了这一点。古代法治的一个基本原则和标志也是法律应具有极大的权威。管仲说:"君臣上下贵贱皆从法,此之谓大治。"[①] 然而,由于那时政治体制的历史局限性,只能是君权至上,法律至上不可能成为现实。当前克服权大于法的现象需要运用政治法律的多种手段方可解决。现在如何对各级国家机关、执政党各级组织的"一把手"加强权力制约和监督力度,已经引起各方面的重视。

7. 依法行政

有的西方学者认为法治就是指政府依法行政。这种归纳未免有失偏颇,

---

① 《管子·经法》。

但也足见其重要。为了适应现代经济、科技、政治与社会生活的日益发展与复杂多变，国家的行政职能有扩大趋势。它必须迅速决策与行动，必须实行首长负责制，故而同立法机关相比较，行政部门较易违法。司法机关具有中立性，它在诉讼两者之间做出公正的裁决，不涉及自身的利益。行政机关同行政行为相对人之间是一种管理者与被管理者的关系，这也容易使行政机关遵守法律更为困难，而且国家法律的绝大多数都必须通过行政机关执行。在我国，大约有80%左右的法律法规，需要通过行政机关去具体贯彻实施。每个公民几乎天天要同行政机关打交道，其利益同行政措施息息相关。因此依法行政是法治国家的一个重要标志。依法行政要求一切抽象与具体的行政行为都要遵循法律。古代也有广义上的行政法，如官制。但以权力约束与权利保障为其特征的现代行政法，则是近代以来的产物。它的出现反映了依法行政对于现代法治的重要地位与作用。2004年，国务院做出了推进依法行政，建设法治政府的决定，内容全面，并争取10年内实现这一目标。现在的关键是要下大力气才能实现决定所提出的具体目标。

8. 司法独立

它是现代法治概念的基本要素之一，是一个具有普遍性的法治原则。它建立在近代分权理论的基础上，是权力分立与互相制衡的制度安排与设计，其成效已为100多年来的实践所充分证明。它本身并非目的，其作用在于保证司法机关审理案件做到客观、公正、廉洁、高效，同时防止国家权力过分集中于某一机构或某一部分人之手而滥用权力，并对立法权特别是行政权起制衡作用，后者如司法机关对行政机关的司法审查。实现这一体制，除需建立内部与外部的有效监督机制、提高审判人员素质、完善科学的司法组织与程序外，杜绝来自外界的任何组织与个人的非法干扰是决定性条件。在社会主义制度下，由于政党制度的特殊性质和状况，防止某些党组织非法干涉法院的独立审判成了特殊的难题。在由计划经济向市场经济的转变过程中，在各方面利益配置发生剧变的情况下，诸如权钱交易、地方保护主义等腐败现象对司法独立的冲击，也是一个需要在很长时期里花大力气才能解决的问题。其中，修改现行宪法第126条是很必要的。因为"干涉"是个贬义词。"行政机关"不能干涉，执政党的各级组织、各级人大也不能"干涉"。为了克服地方保护主义，恢复以前曾经有过的"大区"法院的建制，可能是重要措施之一。

9. 程序正当

法律程序是法的生命存在形式。在一种法律制度下，只有实体法而无程序法是不可想象的。如果法的制定和法的实施（适用与执行等）没有一定过程、规矩、规则，这样的法律制度将是僵死的，这样的社会将充满立法者和执法者的恣意妄为。公正的法律程序体现法律的正义。它既体现立法、执法、司法、护法等国家权力的科学配置和程序约束，也休现公民权利在程序中应有的保障。同时，程序正当也是科学地制定与实施法律的重要条件。就好比工厂需要有科学的生产规程才能生产出好的物质产品，司法机关也需要有科学的办案程序才能做出正确的判决与裁定。十分重视法律程序的正当性，是西方法治社会一大特点。在中国重实体法、轻程序法的特殊历史与现实条件下，将其列为法治国家的基本标志之一是十分必要的。程序正当包括：民主、公开、公正、严明。明显违反立法程序和司法程序的法律、法规或判决、裁定不应具有法律效力。我国现在的刑事、民事、行政三大诉讼法的修改已提上议事日程，通过法学家们的研讨，促进决策部门将它们修改好，程序正当原则有望得到进一步落实。

10. 党要守法

近代以来的世界各国，通常是实行政党政治。将政党制度规定在宪法中或者制定专门的法律来规范政党的活动，这种情况虽然相对较少，但是政党（特别是执政党）的活动要受法律的严格约束则已成为习惯，否则选民就不会投票支持这样的党。在中国，作为执政党的中国共产党应当领导人民制定和实施法律，在法治建设过程中执政党要总揽全局，协调各方。但是，党组织必须在宪法和法律的范围内活动，不能以党代政、以党代法。这是在中国建设社会主义法治国家的关键一环。认为党的优势是建立在权力上，认为党掌握的权力越大越集中甚至把国家权力机构只当作摆设，执政党地位就越巩固，这种看法是不正确的。执政党的政治优势应当建立在群众拥护上。那种认为执政党的权力高于一切、执政党可以凌驾于国家权力之上的看法也是不正确的。执政党是国家的一部分。执政党是在国家机构之内掌握领导权，而不是在国家机构之上或之外或完全撇开国家机构实施领导。那种认为执政党的政策高于国家政策或代替国家法律的看法同样是不正确的。党的政策是党的主张，国家法律是党的主张与人民意志的统一。执政党政策只有通过国家权力机关的严格的民主程序被采纳，才能上升为国家意志并变为法律。现在的中央领导集体已经提出一系列进步的理论和方针，如"立党为公，执政为民"；"情为民所系，权为民所用，利为民所谋"；"民主执政、科学执政、依法执政"；"以人为本"，建设"和谐社会"等。如果能够依照这些原则与方针，制定与落实改革执政方式的各种具体措施，真正做到"党要守法"是完全可能的。

归纳起来，社会主义法治国家的以上 10 条标志和要求中，前五条讲的是需要有完备（前一项）而良好（后四项）的法律；后五条讲的是法律要有极大的权威，任何组织和个人都要严格遵循。它们涉及一系列理论、观念的更新和体制、制度的变革。要使其全面地切实地得到实现，是很不容易的，尤其是法律的实施。

法治国家需要建立在四个基础上：一是政治基础，即民主政治（包括人民代表大会制度、共产党领导下的多党合作制度、民族区域自治制度、基层自治制度、民主监督制度等）；二是经济基础，即市场经济（包括多种形式的公有制为主体的混合经济、以按劳分配为主体的多种分配形式等）；三是思想基础，即理性文化（包括先进的政治、法律理论，健全的民主、法律观念，良好的政治、职业、社会道德，高度的科学、教育、文化水准等）。四是社会基础，即和谐社会。目前，这四个基础还不完全具备。而且法治国家的建设还需要有高度发达的经济文化水平。因此，在中国要完全实现建立法治国家的目标还要经历一个长久的过程。

但是，在中国建设法治国家这一理想一定会实现。这是因为：首先，民主、法治、人权、自由、平等、博爱是广大人民群众的根本利益和愿望所在，而现在人民的政治觉悟已经大大提高；其次，市场经济建设已不可逆转，它必然带来两大社会关系和五大观念的变化，为现代法治建设提供社会和思想基础；再次，由国际经济一体化所决定，中国实行对外开放政策已不可改变，这是建设现代法治的国际环境；又次，现在的执政党的政治思想路线完全正确，这是实现现代法治的国内政治条件。从主观上看，建设社会主义法治国家的快慢，将取决于政治家们的远见卓识和胆略，取决于法律实务工作者的职业操守和良心，也取决于法学家们的独立品格和勇气。

（本文系《马克思主义法学原理》第十七章，李步云、韩阳著，
2014 年 8 月社会科学文献出版社出版）

附录四　李步云先生生平及学术介绍

李步云（1933～　），湖南娄底人，法学家。1965年北京大学法律学研究生毕业。中国社会科学院荣誉学部委员、博士生导师。现任广州大学"国家人权教育与培训基地"主任、法学院名誉院长，上海金融与法律研究院院长，最高人民检察院专家咨询委员会委员、中国法学会学术委员会委员。在法理学、宪法学、人权法学等领域均有很深造诣。他提出了系统的法治与人权理论，多数观点被学界认同，很多建议被政府采纳。他为中国的法治与人权入宪作出了独特贡献。

一、传奇人生

1933年8月23日，李步云出生于湖南省娄底市娄星区一个名为"艾家冲"的小村子。父亲李洛陕1926年加入中国共产党，曾任湘乡县党支部委员。1948年春，15岁的李步云在上涟壁初级中学二年级时，受其英语老师、西南联大地下党员刘佩琪的影响，协助他参加党的地下活动，组织党的外围组织，组织"济世学会"，秘密印发毛主席的《新民主主义论》。1949年11月参加中国人民解放军，在四野特种兵干部学校学习半年，被分配到炮一师二十六团政治处任民运干事。1950年10月23日夜随军秘密渡江参加抗美援朝战争，经历过从第一次到第五次战役的炮火洗礼，曾三次和死亡擦肩而过。第三次是 1952 年 6 月，敌人一颗炸弹扔在他坐的车上，当场八人死亡，七人受重伤，他是其中的幸存者，但左手被炸断，成为二等乙级伤残军人。回国后，在东北军区第二十六陆军医院养伤和留院工作期间，曾被评为二等休养模范，并两次立功。

1951 年 1 月，他从部队转业，被分配到江苏省太仓县水利局工作，任科员三年，经常到农村考察水利工作，同农村干部和群众有广泛接触。那三年，他曾任该县县直机关团总支书记。

1957 年 9 月，他以初中毕业学历，以第一志愿考取了北京大学法律系。当时该系是全国政法院系中学制为五年的法学系。北大的"民主、科学"学术风气对他产生了深刻影响，毕业时门门考试均为优良。他的毕业论文《两类矛盾学说对政法工作的指导意义》，深得当时的法学权威刊物——《政法研究》编辑部的好评和北大法律系领导的充分肯定。为此，《北京日报》副总编辑黎先耀亲往北大调研一星期，并旁听他的论文答辩，写出长篇报道《大学生的最后一课》在该报发表。是年，新华社曾发通稿，报道北京大学 1962 年本科毕业生成绩优良，举的唯一例子就是李步云。

1962 年，共和国历史上唯一一次由中央直接从中国科学院哲学社会科学部聘请张友渔、任继愈、于光远等著名学者在北京大学招收并指导研究生。李步云有幸成了张友渔教授的开门弟子。从那时开始，他就一直在张友渔身边学习和工作，直到张老辞世。他的处女作《论冯定同志的民主观》发表在《政法研究》1965 年第 10 期。一个在校硕士生能在国内学术界顶尖级刊物发论文，在国内实属罕见。

1967 年 2 月，他被分配到中国社科院法学所工作，从此就没有被调动过，一直到现在。当时正值"文革"开始的第一年。在那 10 年荒唐的岁月里，他只参加过四个月的红卫兵组织，其他时间都是"逍遥派"，在各派之间搞调和，尽力保护那些所谓的"走资派"。因此法学所的同事给他起了个绰号叫"八级泥瓦匠"。"文革"初期，他也一时糊涂不知所措。"文革"中期，他已开始觉醒，试图反抗。曾撰写《正确执行党的干部政策》，送《红旗》杂志，当然石沉大海；撰写《辩证法与诡辩论》小册子，列举"四人帮"的八种诡辩手法，如"攻其一点，不及其余"、"偷换概念"、"抽象肯定、具体否定"等，自然无法发表。在"文革"晚期，他奋起抗争，带领大家参加"四五运动"。当时社科院曾派两人坐镇所党总支办公室，劝阻大家不要去天安门，但他作为党总支委员仍组织所内同志设灵堂悼念周总理，并秘密组织所内 30 多位同志列队进入天安门广场，声讨"四人帮"。由于他是全社科院唯一一位带领大家参加"四五运动"的党总支委员而受追究，但在党支书记谢铁光和副书记陈为典等人的坚决抵制下而免受党纪政纪处分。

他的一生还有两次经历对他后来治学与为人影响也不小：在农村四年、在国外四年。1958 年他们年级在北京门头沟东斋堂半工半读时，白天背石头修水渠，晚上就同革命老区农民在炕上扯家常。他在 1965 年曾担任四季青公社社教工作队队长。他只查经济问题，从未就"路线"问题批评过任何一个公社干部。社长张玉龙向他痛哭流涕作检讨，李步云却一个劲地安慰他不要自责。1971 年在河南息县东岳公社李庄大队担任"批修整风工作小组"组长时，每晚他都给集中在大队部的队干部村干部盖被子。正是这四年，使他深深地了解了 8 亿中国农民的忠厚、勤劳和智慧，了解了他们的生活、需求和愿望。

自 1984 年以来，他曾有四年在北美、中欧、北欧、南亚及东亚的 14 个国家里从事考察、研究和讲学，并同这里国家的一大批学者和研究机构建立了深厚的友谊和密切的交往，使他了解了这些国家的人民和他们的国情社情。一件令他难忘的事是，1991 年他在美国访问时，哈佛大学曾专门为他的到来举办一次研究会，题为"外交政策与人权"。会后，哈佛等校 30 多位教授一致认为在他和美国当时负责人权事务的副国务卿、"人权亚洲观察"负责人三个人的主题演讲中，以李步云的主题发言最好。

正是前述一些特殊的人生经历，把李步云造就成为当代中国改革开放新时期法学界解放思想、开拓创新的一位代表性人物。1978 年 12 月 6 日，他在《人民日报》发表的《坚持公民在法律上一律平等》，是新时期中国突破理论禁区的第一篇文章；1979 年 10 月发表的《论以法治国》的长文，是从历史背景、理论依据、观念变革、制度保障四方面全面论证在中国应当实行这一治国方略的第一篇文章。1979 年 12 月 27 日在《人民日报》发表的《论我国罪犯的法律地位》一文，引起了当时学界政界的强烈反响，激发了国人权利意识的觉醒和增长。

二、实践成就

作为一位学者，李步云不仅一生从事理论研究，在学术上作出了杰出贡献，而且他也十分重视通过各种形式向党和政府建言，从实践上来直接推动中国依法治国与人权保障的历史进程。他在这方面的成就主要表现在如下 20 件大事上。

（一）他和王德祥、陈春龙教授合作，在 1979 年 10 月初发表《论以法治国》的长文，首次在中国从历史背景、理论依据、观念更新与制度变革四个方面，全面提出并科学论证了应当在中国实行以法治国的方针。该文对引起中央领导的重视和引发国内学术界法治与人治的学术争鸣，起了重要的作用。

（二）1979 年，他奉命具体负责执笔起草中共中央《关于坚决保证刑法、刑事诉讼法切实实施的指示》（即 1979 年 9 月 9 日发布的"64 号文件"）首先在执政党的文件中提出"社会主义法治"的概念。后又奉命起草总结审判林彪、"四人帮"的历史经验，于 1980 年 11 月 22 日以"特约评论员"名义，在《人民日报》上发表《社会主义民主和法制的里程碑——评审判林彪、江青反革命集团》一文。在党的文献中首次提出要实行"以法治国"方略。该文还总结出法治的五项原则，即司法独立、司法民主、实事求是、人道主义和法律平等。这两个文献对后来党的十五大正式确立"依法治国"基本方略以及后来"法治"入宪，起了重大作用。

（三）1978 年 12 月 6 日在《人民日报》发表的《坚持公民在法律上一律平等》一文，被公认为是中国进入改革开放新时代，政法界突破思想理论禁区的第一篇文章。不久又应党中央机关刊物《红旗》杂志之约，发表了《人民在自己的法律面前一律平等》一文（1979 年第 3 期）。这两篇文章对 1982 年宪法重新确立被 1975 年宪法和 1978 年宪法所取消的法律平等原则，起了决定性作用。

（四）1981 年，负责起草叶剑英委员长在宪法修改委员会第一次会议上的讲话稿，建议"八二宪法"的制定，应重新确立被"七五宪法"和"七八宪法"所废止的"司法独立"原则，被采纳。

（五）1979 年 3 月 6 日在《人民日报》的《理论宣传动态》发表《党委审批案件的制度需要改变》一文。同一天，该报《情况汇编》转载此文报中央领导受重视。后在负责起草"64 号文件"时，又建议中央在这一文件正式宣布取消这一制度，被采纳。

（六）1982 年，为《光明日报》撰写《党必须在宪法和法律的范围内活动》。这是新中国成立后以至改革开放新时期第一次提出和论证这一命题，后被党的十二大报告所采纳，并被规定在十二大修改后的新党章中。"八二宪法"的序言也体现了这一重要原则，今天提出来"依宪执政"是其发展。

（七）1996 年 2 月 8 日，法学所课题组为党中央政治局讲授"依法治国"，李步云是该课题组主要成员。1996 年 12 月 8 日和 1998 年 9 月 28 日，他先后两次为全国人大常委会作"依法治国"问题的讲座。1999年初，又参加了李鹏委员长主持的法学专家座谈会，力主将"依法治国，建设社会主义法治国家"写入宪法，为这一治国方略的制定起了重要的促进作用。

（八）1994年至1996年，主持"立法理论研究"课题，于1997年出版了《立法法研究》和《中国立法的基本理论和制度》两书。他亲自执笔并发表在《中国法学》杂志1997年第1期的《关于起草〈中华人民共和国立法（专家建议稿）〉的若干问题》，其建议稿曾分送全国人大常委会全体委员及30个省市人大常委会参阅。该课题特别是其建议稿，对后来正式通过与实施的《中华人民共和国立法法》起了重要的推动和借鉴作用。

（九）发表在《人大工作通讯》1996年第11期的《依法治国的理论根据和重大意义》一文中，在国内首次提出"制度文明"的概念，认为民主与法治思想是属于精神文明的范畴，但民主与法律制度是一种不以人们主观意志为转移的社会存在，它既不属于物质文明也不属于精神文明的范畴，是独立于这两者的独立的文明形态。这对党的十六大关于"政治文明"概念的提出，起了重要的推动和理论准备作用。也从而提高了民主法治建设的重大战略意义和地位。

（十）1982年7月9日发表在《人民日报》的《一项意义深远的改革》一文，全面而深刻地论述了废除领导职务终身制的重大意义，对"八二宪法"开始实施这一重大制度，起了重要的论证和推动作用。

以上10项系李步云对依法治国方略的确立在实施方面所作的贡献。下列10项则是在人权保障领域他所起的推动作用。

（十一）1979年11月27日在《人民日报》发表的《论我国罪犯的法律地位》一文，在全国的法学界和法律实务界引起了一场巨大的风波，也引起了中央领导机关的高度关注，曾被某最高司法机关的文件称其为"资产阶级自由化"的代表作。但它的两个基本观点是完全正确的，即"罪犯也是公民"；他们虽然被剥夺了人身自由，但还应享有人身安全、人格尊严等等一系列权利。后来的"八二宪法"和监狱法采纳了它的观点。该文发表在十年"文革"刚刚结束不久，对改革开放新时期人们人权意识的提高，起了重大的启蒙和推动作用。

（十二）新中国成立后，我国的律师制度始建于1954年，但自1957年"反右"后已名存实亡。那时，外国人旁听审判，就临时找人充当"律师"作"表演"。1979年6月19日，他在《人民日报》率先发表了《建立和健全我国的律师制度》一文，论证了在中国重建律师制度的重要性，这篇文章中提出的建议被完全采纳。

（十三）1981年11月2日至12月18日，李步云在《人民日报》连续发表10篇文章，对"八二宪法"的制定提出意见与建议，绝大多数被采纳。其中第一篇《宪法的结构》和第十篇《什么是公民》对改革开放新时期人权观念的提高和制度的逐步健全，起了重大作用。过去三部宪法都把"公民的基本权利与义务"一章置于"国家机构"一章之后，"八二宪法"提高了"公民的基本权利和义务"一章的宪法地位，把它置于"国家机构"之前，表明国家机关的权力是人民赋予的，国家权力存在的直接的和最终的意义和价值，就是为了保障公民的各种权益；将"凡具有中华人民共和国国籍的人，都是中华人民共和国的公民"写进"八二宪法"，在新旧中国的立宪史上都是第一次。在一个长时期里，不少人认为，"地、富、反、坏、右"等"五类分子"和被判刑事处罚的人不是"公民"，因而使这些人失去了自己应有的"法律人格"。"八二宪法"的新规定，使数百万人的法律身份和权利从此得到了应有的保障。

（十四）在1979年负责起草中共中央"64号文件"时，明确宣布取消十年"文革"中"公安六条"里的所谓"恶毒攻击罪"，允许所有公民对党和国家领导人的错误言行有权进行批评。同时宣布属于"敌我矛盾"的"地、富、反、坏、右"的"五类分子"被摘帽后，应当享有同其他公民完全一样的各种权利。

（十五）1991 年，同王家福、刘海年等同志一道，率先在国内组建第一个人权研究机构——中国社会科学院人权研究中心，并担任副主任约 10 年。后又先后在湖南大学、广州大学、东南大学组建三个人权研究与教育中心，并始终没有放弃对此类机构的领导。一直站在人权研究与教育第一线，并取得这方面工作的多个第一，如广州大学人权中心规模第一是目前唯一一个以人权为主题的省级人文社会科学重点研究基地；开设第一门省级网络视频精品课程——"什么是人权"。

（十六）2003 年 6 月 13 日，李步云在人民大会堂参加吴邦国委员长主持的修宪专家座谈会；他和徐显明教授力主人权入宪，后建议被采纳。中央电视台随后制作的有关 2004 年第四次修宪的过程与精神的节目，李步云负责讲述将"国家尊重和保障人权"写进宪法的重大意义。

（十七）2002 年，他所主持的湖南大学人权研究中心与丹麦人权研究所合作，主办了四期对国家机关工作人员的人权培训，接受培训的有法官、检察官、警察、人大工作人员等。这次培训开了国内人权培训的先河。在湖南举办过有全省 160 位公安局长参加的为期一周的人权培训，在广东举办有全省 29 所监狱的监狱长参加的为期一周的培训，其层次之高、人数之多、时间之长，为国际范围内少有。

（十八）2005 年出版发行的他所主编的《人权法学》系教育部"十五"规划教材，是新中国成立后此类教材的第一部。目前仍在全国 70 多所高校开设人权课程时得到广泛使用。

（十九）2010 年，他向中央写报告，建议在全国建立若干所"国家人权教育与培训基地"。建议得到中央领导刘云山、刘延东两位同志的批示同意。2011 年 10 月，第一批这类国家基地已分别在广州大学、中国政法大学和南开大学获准成立。它们由教育部主管、教育部和中央外宣办共建、中国人权研究会指导。建立这一类型的国家人权教育与培训基地在全球范围内亦很少见。是中国切实遵守联合国有关决议，大力开展人权教育与培训的一大亮点。

（二十）由罗豪才、董云虎、徐显明、李步云任总主编，李步云、陈振功任编委会执行主任的"人权知识读本"系列丛书，前六本已问世，后八本将于 2014 年春出版发行。此类人权知识普及读本的编写发行系国内首创，将为推进中国的人权教育与培训以及人权知识的普及发挥重大作用。

三、学术贡献

李步云学术理论的主要贡献，表现在以下五个方面：

（一）法理学

1.法律并非"阶级斗争的产物"，而是源自人类社会自始自终存在的三大基本矛盾，即社会秩序与个人自由的矛盾，人们彼此在利益与道德之间的矛盾，权威与服从、政府与人民的矛盾。

2.提出不同于传统法定义的"法"的新定义："法是国家制定或认可的以正义为基本准则用以调整各种社会关系主体之间的权利义务、职权职责关系的以国家强制力保证其实施的社会规范"。法的本质是"利益"和"正义"，而非统治阶级的意志，非阶级斗争的工具。

3.提出"法"的三个基本因素是：法的精神、法的内容、法的形式。"法的精神"主要内容是法的价值，主要表现形式是"法律原则"和"立法旨意"。

4.否定源自苏联法学、现在仍广泛存在的将"法的体系"视为一个平面，仅指部门法的划分及其标准。法律体系应是一个立体的可概括为 20 字特征：

内容完备、结构严谨、内容和谐、体例统一、协调发展。

5. 应当用法制概念的"五分法"（立法、执法、司法、护法、守法）代替传统的"三分法"（立法、司法、守法），因而促进了"依法行政"与"法律监督"理念的形成和制度的完善。

6. 公民权利与国家权力是法律的两大核心范畴，两者有八大区别，不能混淆：（1）国家的职权与职责相对应，在法律上两者是统一的；公民的权利与义务相对应，两者是分离的。（2）国家权力不能转让或放弃，否则就是违法或失职；公民的权利则可转让或放弃。（3）国家权力伴随着强制力，有关个人或组织必须服从；公民的权利在法律关系中则彼此处于平等的地位。（4）国家权力的本质属于社会"权威"这一范畴，不能将其归结为是一种利益；公民权利的本质则是利益。（5）职权与职责，职责是本位的，法律赋予某一国家工作人员以权力，首先意味着这是一种责任；公民的权利与义务，则应以权利为本位。（6）对国家，法不授权不得为；对公民，法不禁止即自由。（7）是公民的权利产生国家的权力，而不是国家的权力产生公民的权利。（8）国家权力是手段，公民权利是目的，国家权力是为实现公民权利服务的。

7. 法治是构建和谐社会的基石。因为社会不和谐的主要问题是利益冲突，而法律是社会利益调整的主要手段，并具有其公正性、权威性和终局性。

8. 国家法律的效力高于执政党的政策。因为党的政策只是党的主张，而国家法律则是党的主张与人民意志的统一。两者互为手段和目的。将法律看作是实现党的政策的工具是完全错误的。

9. 很早就提出，制定法与判例法互补，是世界发展趋势。在中国应重视案例与判例的作用以补制定法之不足。

10. 法学理论的发展有六条基本规律：（1）法理学同法现象的相互作用。法理学来源于法律现象，法理学又具有相对独立性。（2）法理学同其他社会科学的相互影响。（3）法理学同其他分支学科相互依存。（4）各种法理学相比较而存在、相论辩而发展。（5）法理学必须具有自己独立的品格。（6）法理学的重大进步总是发生在社会历史的转折关头。

（二）宪法学

1.1991 年在国内最早提出"宪政"概念和社会主义宪政概念包含的四个基本要素：人民民主、依法治国、人权保障、宪法至上。多次批判了"反宪政"论的政治错误和学理错误。

2.宪法的产生不是"阶级力量对比关系"和阶级斗争的产物，而是源于"人民主权"理论与原则的产生与确立。

3.民主既是手段，也是目的。国家一切权力属于人民，人民是国家的主人，这是目的。民主能集中多数人的智慧，能调动广大人民群众的参与，又是手段。只把民主看成手段是错误的。

4.司法独立具有民主、法治、人权三重属性。司法独立既是权力分立与制约的一个重要环节，又是维护司法权威的关键一环，还是一项人权原则，即当人们受到指控时，他有权获得一个独立公正的司法机关审判的权利。

5."法律面前人人平等"比"法律上一律平等"更准确。

6.权力制约有四个基本途径：以国家法律制约国家权力；以国家权力制约国家权力；以社会权利制约国家权力；以公民权利制约国家权力。这是国内学界对权力制约最全面的阐述和高度概括。

7. 中国人大制度的改革与完善主要应在 12 个方面下功夫。包括完善选举、提高代表政治素质、人大常委专职化、代表联系选民、延长会期、充分发挥专门委员作用、党要依宪执政等。

8."一国两制"是宪法学的创举。在国体、政体学说和"社会主义"理念上都有重大创新。

9. 废除领导职务终身制具有重大意义。由于《一项意义深远的重大改革》

是在《人民日报》上发表，因而起了重大推动作用。

10. 多次撰文并在领导层讲座中提出，建立违宪审查制度，在法治国家建设中具有里程碑意义，并提出了具体方案，包括"宪法委员会"的组成、八项任务和程序，受学界、政界重视。

（三）法治理论

1. 法治与人治是两种对立的治国原则和方法，其理论基础是对"国家的长治久安关键的条件与因素是依靠一两个圣主贤君，还是应依靠一个好的法律制度"这一问题存在两种相反的回答，因而形成了法治与人治这两种根本不同的治国原则和方法。这是李步云在研究古今中外法治与人治大讨论之中一个发现，从而击中了"法治与人治应当结合"的要害。

2. 提出法制与法治的三点区别是：法制是"法律制度"的简称，是相对于经济、文化等制度而言；法治则是同人治相对应。法制是指一套法律规则及其运行，是一个中性词；法治则是同人治相对应的两种不同的治国理念和方法。历史上任何国家都有法制，但不一定是实行法治。因而解决了法治与人治在讨论中"取消论"一派的核心论据，即法治就是法制。

3. 依法治国的理论依据和意义可以概括为四条：依法治国是市场经济的客观要求，是民主政治的必要条件，是社会文明的重要内容，是国家长治久安的根本保证。这四条已为党的十五大报告所采纳。

4. 法治国家的主要标志，可以概括为 10 条：法制完备、主权在民、人权保障、权力制约、法律平等、法律至上、依法行政、司法独立、程序严明、党要守法。前五条是指良法之治，后五条是指法律要有权威。由于这 10 条发表在《人民日报》，所以影响更大。

5. 率先提出了"制度文明"的概念。认为民主法治思想是属于精神文明的范畴，但民主法治的制度是一种社会存在，应属于制度文明。主张"物质文明、制度文明、精神文明"三大文明一起抓。制度文明的概念已为党的十六大所采纳,即"政治文明"的提出。

6. 首先提出依法治国,主要是治"官"。理由是实际在治理国家的是"官"而不是"民"。此观念受到学界与政界的高度认同。

7. 率先提出并论证了依法治国重在依宪治国。为后来中央提出"依法治国最根本的是依宪治国和依宪执政"起了重要促进作用。

8. 实质法治优于形式法治的关键在于是否是"良法之治";"16字方针"的不足之处也在于此。良法有九条标准:"真",符合事物性质、反映发展规律、适应客观条件;"善",体现人类正义、实现人民利益、促进社会进步;"美",结构严谨合理、体系和谐协调、语言规范统一。

9. 率先提出并论证了为什么提"以德治国",特别是将其提高到"治国基本方略"的高度与"依法治国"并列不科学,得到了广大干部和学者的高度认同。

10. 提出由法的全局性、根本性、规范性、长期性所决定,只有"依法治国","建设法治国家",才能称之为"治国基本方略"。一国只能有一个治国基本方略,不能有两个或多个。"以德育人"、"科教兴国"、"可持续发展"、"构建和谐社会"等都不能称之为"治国基本方略"。

(四) 人权理论

1. 人权的定义是:人权是人依据其自然属性和社会属性所应当享有的权利。它概括了人权的主体、人权的内容、人权的存在形态和人权的本原四个基本要素。

2. 人权主体的基础是个人;但集体人权是人权主体的重要内容与形式。西方只承认个人是人权的主体不正确。

3. 人权有三种存在形态,即:应有权利、法定权利、实有权利。人权是依据人性和人的人格、尊严、价值所应当享有的，不是任何外界的恩赐。但法律是确认与保障人权的基本手段和形式。评价一国人权应以所有人实际能享有多少权利为基本标准。

4.人权源自人的自然属性，即"天性、德性、理性"。人的本性或本质包括人的自然属性和社会属性。人的自然属性是人权存在的内因和目的，是推动人权发展永不停止的终极力量。人的社会属性仅是人权实现的社会条件。

5.广义上，"权利"包含"自由"；狭义上，"权利"与"自由"有三点区别：自由的主体只能是个人；权利可放弃，自由不能放弃；自由只要求人们作出消极的不作为。

6.人权是普遍性和特殊性的有机统一，各有自身的表现形式和理论基础。否认人权具有人类社会的共同价值，就势必否定自己也是"人"。

7.人权具有"政治性"和"超政治性"的双重属性。西方某些国家在人权问题上搞"双重标准"，其理论错误就是将人权"政治化"和"意识形态化"。

8.本质上，人权高于主权。主权是对外的独立权，对外的最高权，它不是权利而是国家权力。它的存在价值，在为人民谋利益，即保障人权。管辖上，多数人权问题属国内事项，不应干涉。少数可以和应当干预的人权问题主要指奴隶制、奴隶买卖；种族歧视、隔离、灭绝等等。

9.人本主义是人权的理论基础，人本主义有如下 10 条理念与原则：

①人的价值高于一切；②人是目的，不是手段；③崇尚和彰显人性；④人是发展的中心主体；⑤促进人的全面发展；⑥坚持人的独立自主；⑦发挥人的首创精神；⑧权利优位于义务；⑨权利优位于权力；⑩尊重和保障人权。

10.社会主义者应当是最彻底的人权主义者。人权为什么"伟大"？有以下五条理由：保障人权是社会主义的崇高理想，是制定和实施法律的根本目的，是实现"为人民服务"宗旨的具体保障，是推进科学发展的出发点和最后归宿，是全人类的共同价值追求。

（五）法哲学

1. 法哲学有区别于法理学的独立范畴与体系，是马克思主义的唯物论与辩证法在法律、法律制度与法律行为中的具体表现与运用。它包括唯物主义的认识论和辩证法的方法论。

2. 法具有主观与客观、物质与精神的两重属性。法是人制定的，并可随时修改。但法律一旦被制定出来后，它的内容与形式、质与量以及它在现实生活中的运行，都是一种不以人们主观意志和认识为转移的社会存在。这就否定了传统的法是法律思想的"外壳"，是主观的东西的错误观念。

3. 法律制度与现实社会关系的矛盾、法律思想与法律制度的矛盾，是推动法自身不断向前发展的两对基本矛盾。法及其制度必须与现实社会关系相适应，又反作用于社会关系。法意识源自法，法律制度与法律行为，又反作用于法现象。这就揭示了法律与法律意识不断发展的基本规律。

4. 法律意识并不是来源于"社会物质生活条件"，而是来源于"法现象"。法意识是法、法制度、法行为在人们头脑中的映像，又反作用于法现象。传统观念是错误的。

5. "和谐"理念是东亚法文化的精髓。它应当贯穿于法的价值、法的内容和法的形式各方面和全过程。它将为构建和谐社会、和谐世界作出重大贡献。

6. 长期危害中国法治建设的是"五个主义"，即法学教条主义、法律经验主义、法律虚无主义、法律工具主义、法律实用主义。归根到底它们都是背离了马克思主义的辩证唯物论与唯物辩证法。

四、教育业绩

（一）本科教育

李步云自 2000 年 7 月就任湖南大学法学院名誉院长至今，始终活跃在湖南大学、广州大学本科教学第一线，开设法理学、人权法学等课程。2005 年出版他主编的《人权法学》是教育部"十五"规划教材，是建国以来第一本"人权法学"国家级教科书，至今仍为各高校普遍使用。2011 年，他以 78 岁高龄，独自承担广东省网络精品课程"什么是人权"（10 讲共 500 分钟）的讲授。该课程现正申报国家级网络精品课程。

（二）研究生培养

李步云自 1978 年开始负责指导硕士生，1995 年开始指导博士生和博士后。在他指导下，到现在，获得博士学位的 20 人，获得硕士学位的 19 人，博士后已出站 10 人，其中有 3 人现是省部级领导，6 人系二级教授，1 人获"全国优秀博士论文"奖。

（三）法制宣传

早在 1999 年，他已为解放军总政治部 800 人、《人民日报》500 人、解放军政治学院师以上干部 160 人作法制讲座。他已为 80 多个省部以上单位领导作学术报告 100 多次，其中人数最多的是山东省，同一次听讲的为 27 万人。他是中国社科院法学所为党中央政治局 3 次作法制讲座课题组主要成员，并亲自两次为全国人大常委会作法制讲座。他为省部级以下国家机关及各类培训班授课 500 余次。除西藏外足迹遍全国。

（四）人权培训

2002 年，国家尚无政策时，他在湖南大学同丹麦人权机构合作，举办过 5 期为期一周、每期 80 人以上、对象为国家机关工作人员的人权培训，开中国国家干部人权培训之先河。其中由湖南全省 60 位公安局长参加的为期一周的人权培训，其层次之高、人数之多、时间之长，为国际所罕见。12 年来，他所领导的湖南大学和广州大学的两个人权研究与教育中心，在干部人权教育与培训领域，其规模与业绩，始终处于全国各高校前列。

五、社会评价

对于李步云的学识、人品和贡献，国家和社会给予了充分肯定和高度评价：

1992 年起，享受国务院"有突出贡献专家"政府特殊津贴；

2001 年，获中宣部、司法部"全国三五普法先进个人"称号；

2002 年，获教育部、国务院学位委员会"全国优秀博士论文指导教师"称号；

2004 年，获湖南大学首届十大"师德标兵"称号；

2006 年 8 月，获中国社会科学院"荣誉学部委员"称号；

2008 年 5 月，在《南方都市报》等单位主办的评选活动中，入选"改革开放 30 年风云人物 200 名"；

2008 年 11 月，在中国经济体制改革研究等单位主办的评选活动中，入选"改革开放 30 年 120 名社会人物"；

2008 年 12 月，获中政委、中宣部等四单位颁发的"双百活动最佳宣讲奖"；

2009 年 4 月，获"当代中国法学名家"称号；

2009 年 7 月，获中国国际经济技术合作促进会等单位授予的"建国 60 周年共和国建设 100 名功勋人物"称号；

2012 年 4 月，获中国法学会授予的"全国杰出资深法学家"称号；

2014 年，被中国科学院评选为"二十世纪中国知名科学家"；

2015 年 1 月 18 日，在中国影响力诉讼评选十周年论坛暨《中国法律评论》创刊一周年纪念会上，获评"中国法治影响力终身成就奖"（同时评选上的还有江平、郭道晖，合称"法治三老"）。

六、主要论著

李步云：《新宪法简论》，法律出版社 1984 年版。

李步云：《法制、民主、自由》，四川人民出版社 1986 年版。

李步云编：《中国法学——过去、现在与未来》，南京大学出版社 1988 年版。

李步云编：《立法法研究》，湖南人民出版社 1997 年版。

李步云编：《宪法比较研究》，法律出版社 1998 年版。

李步云：《走向法治》，湖南人民出版社 1998 年版。

李步云编：《法理学》，经济科学出版社 2000 年版。

李步云编：《WTO 与中国法制建设》，中国方正出版社 2001 年版。

李步云编：《信息公开制度研究》，湖南大学出版社 2002 年版。

李步云编：《地方人大代表制度研究》，湖南大学出版社 2002 年版。

李步云：《法理探索》，湖南人民出版社 2003 年版。

李步云编：《人权法学》，高等教育出版社 2005 年版。

李步云：Constitutionalism and China，法律出版社 2006 年版。

李步云编：《法苑春秋》，中国法制出版社 2007 年版。

李步云：《论人权》，社会科学文献出版社 2008 年版。

李步云：《论法治》，社会科学文献出版社 2008 年版。

李步云：《我的治学为人》，社会科学文献出版社 2010 年版。

李步云：《论法理》，社会科学文献出版社 2013 年版。

李步云：《论宪法》，社会科学文献出版社 2013 年版。

李步云：《论依宪治国》，社会科学文献出版社 2013 年版。

（本资料曾刊载在钱伟长主编的《20 世纪中国知名科学家学术成就
概览》（法学卷第三分册），科学出版社 2014 年版。
撰写者肖海军，湖南大学法学院教授、博士研究生导师，
湖南大学商事法与投资法研究中心主任）

跋

看，这位八十岁的法治布道者

近日，《法治周末》记者专访了李步云的老友、北京航空航天大学高研院院长高全喜，请他谈谈李步云先生的法治与人权思想的内涵与意义。

和年轻人一样去战斗

《法治周末》：您和李步云老先生有哪些交往？对他印象如何？

高全喜：我将近 40 岁才进入法学圈，此前一直是研究西方哲学思想的，李先生的作品我都读过。李先生的一些学生，如赵明、张志铭都是我的朋友。我也从和他们的交流中对先生有所耳闻。2005 年，我进入社科院法学所之后，才算与李先生有了正式的交往。即便后来我离开后，我们仍然保持着学术上的联系。

和李先生的交往中，我能充分感受到他的言行中充满着仁爱、真诚和善意。他不知疲倦地与年轻人沟通交流，并对他们提携与指导。他与年轻人的交往可不是停在泛泛之交的层面上，而是时刻怀揣着相互学习的精神与年轻人进行平等的交流。

和其他老先生相比，李步云先生在指教学生上投入了更多的心血。他的学生年龄跨度从 20 岁到 60 岁。他们都是李先生手把手实实在在地培养出来的，如今他们活跃在各自的岗位上。

李老师虽然年事已高，却不知疲倦，集前辈的睿智、审慎与年轻人的热情、激情于一身，将自己的精力投入到自己向往的事业中。他认为含饴弄孙的生活是在浪费生命。只有在高强度的工作、奔波之中，他才能找到生活的乐趣。

他直到现在都无时无刻不在学习，而且善于从年轻人处学习。去年在湖南大学的一场关于宪政主义起源的研讨会上，我们前一天晚上谈到宪政主义传统中不应该只提日耳曼系统，还应注意拉丁系统。李先生在第二天的主题发言中就针对这个问题发表了看法。这就是李老师善于学习的一面。

知识体系背后的生命体验

《法治周末》：您如何看待李步云先生的时代价值？

高全喜：李步云先生可谓是伴随着共和国共同成长起来的，极富有传奇性。他早年曾作为志愿军赴朝作战，负伤之后转业进入北京大学读书。据说李先生当初选择法律专业是因为革命导师马克思是法律专业出身的。这一选择自然与其年轻时受到的教育相关。进入法律系学习之后，李先生深感我国社会主义事业需要法律的支持。读完本科之后，李先生师从张友渔继续深造，之后进入社科院法学所工作。

李先生一直致力于我国法学基础理论的研究，在改革开放之后又投身政法事务的改革，因此不是一个纯粹的学院式教授。他的传奇性在于，尽管共和国的法治发展之路在 60 年中坎坷不断，李先生仍然在这个过程中富有反省性地把握到了一个共和国赖以确立的法治的价值与意义，并为了这些价值的实现，几十年来不遗余力地奋斗。

　　法律人，尤其是研究宪法、法学理论的法律人能够服务于这个国家存在的根基，能够研究甚至参与到国家根基的塑造，从事一项如此重要和神圣的事业，原本应该是非常幸运的。可惜共和国的发展是曲折的，尤其是经历过"文化大革命"的动荡时期，宪法变成了一纸废文，整个国家深陷在阶级斗争的泥潭之中。在这个时期中，法律被放逐。

　　恰恰是在被驱逐的痛苦中，李先生切身地感受到共和国发展过程中法学的重要性。在改革开放以后，我们又重新树立起法律的权威，重拾起法治的价值。李先生在这个起伏的生命过程中找到了自觉，即认识到法律从来不是写在纸上的，也不是从国外照搬过来的某个条文。法律只有在与这个国家的人民共生死、共患难、共沉浮的过程中，才能真正成长起来。经历了这番坎坷之后，他愈发感受到法治、人权与宪法对于这个国家的建立和发展、生活在这个国家的人民的幸福生活保障，以及基本权利和尊严的维护的重要性。

生命体验中的自觉意识

　　《法治周末》：李先生的经历对他从事法学研究有哪些帮助？

　　高全喜：现在看来，这些经历都是非常珍贵的。我们这一代人未曾感受过建国时期的波澜，下一代更为年轻的学者更无缘这样的经历。正是这些经历的缺失，使许多人无法像李先生那样对法治的重要性有着那么深刻的认识。他们认为法治是天然的、普世的，本来就应该有的，而历史向我们证明，法治的到来终究离不开众人的争取。

　　李先生的感受也不同于那些在共和国的建设过程中一直认为法治不重要，继续把法律视为工具的一批旧派学者。

　　李先生还不同于民国时期那些同时掌握中西学的基础，后来又转入到共和国中的老知识分子。所以李先生对法律的理解是与共和国 60 多年的沉浮直接关联的，并且他最终认识到了法治、人权这些要素对于国家和个人的重要性。也恰恰是这些亲身的经历与深刻的体会，才在别的老人都在含饴弄孙的时候，他还能像年轻人一样，甚至比年轻人更富有激情地从事着法治理念的启蒙推广，投身于权利保障的教学研究之中。

从知识的角度来看，是李先生为我们将来的进一步探索奠定了基础。如今，我们的研究开始越来越细致、专业化，但这些进步都不会掩盖李先生研究成果的价值。我们更期待年轻一代的学者，能够认识到李先生的知识体系背后的这种生命体验。这是一种独立的价值，并且和一个民族、一个社会的发育过程息息相关。

法学不同于自然科学，也不同于其他的社会科学，正是因为法学所关注的法律是与孕育他的母体共同成长的，是富有生命的。在国家这个人类共同体荣辱与共的过程中所凝练出的基本规则、基本正义，就体现在法律之中。我们国家的历史，就是一个正义的法律与专制的暴力犬牙交错、相互斗争的历程。法的精神一直在反抗着诸多不义、专制与邪恶。

所以，我们不能光从知识的角度来认识李先生的成果，而应把其学说放到整个共和国发展史的框架下来认识。在这个进程中，人权、法治的价值被不断推广、接受，最终形成全民的共识。法律之中凝结的内容不断成为人民的呼声。

"刀制"变"水治"绝非一日之功

《法治周末》：能否具体谈谈李先生的学术贡献？

高全喜：在我国法治建设历程中的重大节点上，都能见到李先生奔走的身影，能聆听到他强有力的声音与富有成效的呼唤，能感知到声音背后的无奈与痛苦，以及他内心的乐观与希望。

1979 年，他在《人民日报》发表的《论我国罪犯的法律地位》，率先把"人权"这一在当时仍然讳莫如深的问题带入现实的讨论之中，在当时一度引起轩然大波。经过李先生以及广大有识之士持续的努力，"国家尊重和保障人权"最终在 2004 年被写入宪法。这便是人权在我国的发展历史，最早从刑事罪犯所拥有的平等权利这一个"点"出发，发展成一个完整的价值体系，最终落实于宪法中。从中我们可以看到李先生的首发之功，而他的努力不断被众人推进，最终成为我们观察中国法治进步最重要的标志。

李先生除了在"人权"上发力，也非常注重"法治"的推动。中国任何一个时代都有法律存在，杀人偿命、欠债还钱不言自明，但这还不是真正的法治。李先生用了 20 年之功，才完成了一字之改，即从（法）"制"到（法）"治"的转变。

这绝非简单的二字之变，而是中国法律人重塑人的生活方式的一次伟大的尝试：人到底是活在权力的宰制之下，还是在具有规范性的规则之下自由生活。如果回看我国的历史，法律一直是"刀制"。"刀制"意味着人的外部生活，甚至内在思想要受到外来强力的约束。

向"水治"转变，首先意味着法律要约束公权力，每一个公民按照自己的利益、愿望与兴趣，在不侵犯他人的前提下按照自己选择的方式来生活。这样来看，水治就直接与自由相连，而自由就是群己权界，即确立"我"与"他"的边界，尤其是在这一过程中确立公权力的边界。所以"水治"背后隐藏着一种社会治理方式和新的生活方式，李先生正是认识到了两字背后包含着生活方式、治理方式的差别。

李老师的第三个重要贡献在于其在法学理论上对党与国关系的巧妙

处理。

共产党在我国拥有领导地位，这是宪法明确赋予的。李步云先生作为一位法学家，从学理上指出了党与国家的辩证关系，尤其是很好地处理了党应如何在宪法的规范下活动的问题。

为了具体阐述这三个问题，李先生已经出版十几部专著。这三个问题是依法治国能够最终得以实现的关键。李先生对中国法治问题尖锐性的认识以及处理这些问题的技巧要比年轻一代学者高明得多。他既对西方的法治文化、价值保持一种开放的态度，又特别强调中国特色社会主义道路，在对共和国 60 年来境况了解的基础上，寻求西方文明与中国孕育的现代文明的融会。

理性主义建设者

《法治周末》：郭道晖、江平与李步云，您如何看待这三位老一辈法学家的法治思想与理念的异同？

高全喜：三位老先生各有各的特点。比如说，郭道晖先生更多是一位"法学思想家"。他的思想中浸透着社会主义法学的理想价值，因而他对于现实的批判也是最为彻底的；江平先生是学习罗马法出身的，是民法领域的专家。他的优势在于，他可以运用他的民法知识与吴敬琏这样的经济学家展开合作，进一步开辟社会主义市场经济的法律基础，推动我国的改革开放。

李步云先生是一个更为理性的法学家，他的学说既充满活力，又能在社会主义的话语体系中找到一席之地。他能够在社会主义的框架下发展出一套法治理论与人权理论，作为分析中国当代法律问题的切入点。

因此，李先生的真正优势就在于它的建设性。他关注如何把法治先进的理念贯彻到现实之中，通过诸如"人权入宪"，重新将人道主义带回我们的法律体系之中。这些批判都不是基于遥远的理想，而是对现实的观察。尤其值得注意的是，李先生的理性主义，即他会从法理学的基本原理出发，汇总马克思主义的基本价值观、认识论、方法论，乃至马克思主义法学体系的基本价值、基本制度。所以他的理论中始终保持着建设性的力量。

当然，这三位领域不同、兴趣不同，自然会采取不同的路径。但是他们在推动中国法治进程上的贡献都是巨大的。

（原载于《法治周末》2013 年 8 月 22 日）

责任编辑：陆丽云
　　　　　邓创业
装帧设计：曹　春

图书在版编目（CIP）数据

法治新理念：李步云访谈录／李步云著．－北京：人民出版社，2015.8
ISBN 978－7－01－014825－0

I.①法…　II.①李…　III.①社会主义法制－研究－中国　IV.①D920.0

中国版本图书馆CIP数据核字（2015）第095787号

法治新理念

FAZHI XIN LINIAN

——李步云访谈录

李步云　著

人民出版社 出版发行

（100706　北京市东城区隆福寺街99号）

北京中科印刷有限公司印刷　新华书店经销

2015年8月第1版　2015年8月北京第1次印刷

开本：710毫米×1000毫米 1/16　印张：25.5

字数：230千字　插页：4

ISBN 978－7－01－014825－0　定价：48.00元

邮购地址 100706　北京市东城区隆福寺街99号

人民东方图书销售中心　电话（010）65250042　65289539